崔光华◎著

巴塞尔协议III
对中国银行业资本监管的
适用性研究

Research on the Applicability of Basel III
to Banking Capital Regulation in China

中国财经出版传媒集团

经济科学出版社
Economic Science Press

图书在版编目（CIP）数据

巴塞尔协议Ⅲ对中国银行业资本监管的适用性研究／
崔光华著. —北京：经济科学出版社，2020.12
ISBN 978 - 7 - 5218 - 2176 - 5

Ⅰ. ①巴…　Ⅱ. ①崔…　Ⅲ. ①国际清算银行 - 协议
②商业银行 - 银行监管 - 研究 - 中国　Ⅳ. ①F831. 2
②F832. 33

中国版本图书馆 CIP 数据核字（2020）第 248110 号

责任编辑：杜　鹏　刘　悦
责任校对：王苗苗
责任印制：邱　天

巴塞尔协议Ⅲ对中国银行业资本监管的适用性研究
崔光华　著
经济科学出版社出版、发行　新华书店经销
社址：北京市海淀区阜成路甲 28 号　邮编：100142
总编部电话：010 - 88191217　发行部电话：010 - 88191522
网址：www. esp. com. cn
电子邮箱：esp@ esp. com. cn
天猫网店：经济科学出版社旗舰店
网址：http：//jjkxcbs. tmall. com
固安华明印业有限公司印装
710 × 1000　16 开　17 印张　270000 字
2021 年 8 月第 1 版　2021 年 8 月第 1 次印刷
ISBN 978 - 7 - 5218 - 2176 - 5　定价：88. 00 元
（图书出现印装问题，本社负责调换。电话：010 - 88191510）
（版权所有　侵权必究　打击盗版　举报热线：010 - 88191661
QQ：2242791300　营销中心电话：010 - 88191537
电子邮箱：dbts@ esp. com. cn）

前　言

本书系统地梳理了三代巴塞尔协议下不断演变的资本监管，剖析其金融发展逻辑；归纳、总结《巴塞尔协议Ⅲ》框架下资本监管新规的主要内容与改革重点；在新资本协议整体监管框架下对其影响进行较为系统性的研究，选取资本充足率监管、杠杆率监管、逆周期资本缓冲监管三大改革亮点展开适用性评估分析。基于评估分析，构建中国银行业宏观审慎与微观审慎并重的资本监管体系，提出国际最新监管前沿本土化的政策建议，合理统筹稳步推进《巴塞尔协议Ⅲ》在我国银行业的有效实施，实现中国银行业资本监管的全面升级和完善。

本书突出在不同银行体系特征和利益相关主体实施新巴塞尔资本协议的差异性，针对《巴塞尔协议Ⅲ》的实施对我国银行业资本充足率的冲击、我国银行业资本充足率的达标情况、压力测试情况、我国银行杠杆率现状、可选资本工具现状等分别进行了定性与定量分析，客观评估了《巴塞尔协议Ⅲ》在中国的落地程度。

在资本充足率监管适用性分析部分，测算了资本监管新规对我国银行资本充足率的影响，通过宏观情景压力测试和偿付能力敏感性压力测试考察对我国银行现有资本充足水平的冲击。运用最小二乘法、广义矩阵估计、向量自回归模型分别对资本充足率与银行信贷及宏观经济的关系进行实证研究，评估资本充足率对我国银行信贷与实际国内生产总值的影响。银行资本约束的增强会加大各项冲击对经济波动的影响，在经济运行处于低迷或复苏阶段时不要盲目提高监管标准。但对我国来说，银行业资本长期较为充足，但资本结构单一，资本利用效率不高，《巴塞尔协议Ⅲ》资本充足性要求的提高不会产生太高的执行成本，我国银行业完善资本充足率管理的重点不应简单放在提高监管资本数量上，而应注重提高资本质量，创新、

1

丰富银行资本形式，进而提出新型资本工具——或有资本工具创新的一整套建议。

在逆周期资本缓冲机制监管适用性分析部分，逆周期资本缓冲工具旨在利用超额资本实现更广泛的宏观审慎目标，减少系统性金融风险的积累，抑制银行系统顺周期性对宏观经济波动的放大作用。基于《巴塞尔协议Ⅲ》逆周期资本缓冲模型，设置平滑系数的 HP 单边滤波方法计算"信贷/GDP"的趋势值，运用三种信贷口径的"挂钩变量"，拟计算我国逆周期缓冲资本的计提时间和规模。运用主成分分析法建立我国金融发展监测指标体系，合成我国同期金融发展指数并与逆周期缓冲资本的计提周期进行拟合比较，评估顺周期性缓释效果。逆周期资本缓冲机制对中国银行业具有一定的适用性与可行性，但其并不能完全满足应对顺周期性的监管要求，单一的挂钩变量容易导致逆周期缓冲资本计提周期期限错配，降低商业化银行经济效率，因此，在具体实施过程中，需要在指标口径选择、引入调节的时机的时间因子和调节规模的缓释因子、与其他指标与调控工具配合使用等方面进行合理运用。

在杠杆率监管适用性分析部分，《巴塞尔协议Ⅲ》引入杠杆率监管作为资本充足率监管的补充，能否真正遏制监管资本套利在理论界和业界尚有争议。突出强调监管者与被监管者在信息不对称条件下做出最优化决策，设定不存在资本监管、仅存在杠杆率监管、仅存在内部评级法监管、同时存在杠杆率监管与内部评级法监管四种状态，运用理论模型推导商业银行的最优化行为，评估监管资本套利的收益与成本，判断杠杆率监管遏制银行监管资本套利有效性，改善银行业资本监管中的一大难题。结论显示，当监管者与银行存在信息不对称时，引入杠杆率监管有助于遏制监管资本套利。杠杆率监管会通过降低商业银行有限责任制度所带来的卖权价值、增加商业银行因监管资本套利而被惩罚的威慑力两个途径有效遏制监管资本套利行为。杠杆率监管是对内评法下监管当局甄别能力的有力补充，甄别能力越低，所需的杠杆率要求越高。但引入杠杆率监管也是有成本的，因此，在实际操作中监管当局应权衡考虑遏制监管资本套利与节约资本成本两个方面。

《巴塞尔协议Ⅲ》提出宏观审慎银行业监管理念的重要性，推行的核心动态目标之一就是对系统性风险进行预警并限制金融风险在银行金融体系内的积聚。在对次贷危机理论进行综合分析的基础上，通过逐步回归法构建我国银行业系统性风险压力指数，以此作为中国银行业系统性风险预警模型。连续型金融压力指数法，对于没有发生过金融危机的国家预警银行业系统性风险是一个好的选择。我们发现，目前我国银行业系统性风险的导火索主要是信用风险和流动性风险。系统性风险源自金融机构共同的风险敞口这一观点具备一定的合理性。

总体来说，《巴塞尔协议Ⅲ》对我国银行业资本监管具有一定的适用性和可行性，但必须结合我国银行业实际发展阶段与中国特有的经济环境与银行业结构特征进行调整，在具体实施过程中或逐步稳进推行，或引入调节因子，或与其他监管工具手段协调配合。我们相信，依托巴塞尔协议最新监管要求推进我国银行业资本监管改革，是中国银行业增强国际竞争力的客观要求。对我国现阶段推行《巴塞尔协议Ⅲ》可能产生的影响进行评估，判断其在中国的适用性与有效性，理论上有助于我国银行业监管制度和监管体系逐步与国际监管要求接轨，把握未来监管走向，为建立科学有效的资本监管框架提供决策依据和理论支持；实践上有助于将《巴塞尔协议Ⅲ》的国际统一标准应用到中国银行业监管的具体实践中，合理选择中国银行业资本监管改革的推行路径、监管指标与操作方法，实现国际最新监管前沿的本土化，实现中国银行业监管的全面升级和完善。

因时间以及学术水平有限，书中难免有不妥和疏漏之处，恳请专家学者与读者批评指正。本书为国家社会科学基金青年项目"巴塞尔协议Ⅲ对中国银行业资本监管的适用性评估研究"（项目号13CJY123）成果，感谢本书课题组成员沈庆劼、孙强、石若莹等所做的工作与支持。

崔光华

2020 年 11 月

目　　录

绪　论

　　商业银行是现代市场经济核心的金融主体，商业银行的运行质量、效率及安全已成为一个国家经济发达和稳定程度的重要标志。面对全球经济一体化和信息科技飞速进步，银行业市场竞争日趋激烈，各种新型金融工具的应用更使得商业银行面临的风险不断加大。各国政府参照国际惯例，纷纷加强对银行业的监管，保证其稳健经营，发挥对经济发展的积极作用。巴塞尔协议是全球银行业最重要的资本监管标准，为各个经济体实施银行监管提供了一个国际范围内共同认可的参照物。伴随着银行业经营环境的变化以及在经营过程中不断出现的各种新问题、新矛盾，银行业监管者与被监管者、不同利益主体与利益代表之间不断博弈和利益追逐，从《巴塞尔协议Ⅰ》开创的基于风险的资本监管理念，至 2008 年全球金融危机驱动下《巴塞尔协议Ⅲ》的陆续出台与实施，无论是银行监管理念，还是监管技术，都在不断演变与发展。

　　但是，银行监管是一把"双刃剑"，通过监管降低金融风险，增强银行稳定性与竞争力，以及提高银行运行效率的同时，也有可能由于监管不恰当，不符合监管者特性，带来监管成本的浪费，道德风险的增加，反而会降低金融效率，对银行业快速发展以及银行业对实体经济的支持作用产生制约。

　　基于此，依托巴塞尔协议最新要求推进我国银行业资本监管改革，是中国银行业增强国际竞争力的客观要求。对我国现阶段推行《巴塞尔协议Ⅲ》可能产生的影响进行评估，判断其在中国的适用性与有效性更是刻不容缓。理论上有助于我国银行业监管制度和监管体系逐步与国际监管要求接轨，把握未来监管走向，为建立科学有效的资本监管框架提供决策依据和理论支持；实践上有助于将《巴塞尔协议Ⅲ》的国际统一标准应用到中国银行业监管的具体实践中，合理选择中国银行业资本监管改革的推行路径、监管指标与操作方法，实现国际最新监管前沿的本土化，实现中国银行业监管的全面升级和完善。

资本是商业银行赖以生存和发展的基础，资本监管也一直是银行监管的核心。资本监管对于各国监管当局实施监管来说都是重中之重。巴塞尔委员会自 1975 年 2 月成立至今，推出了一系列银行业监管框架与实施准则，成为全球银行业监管国际统一标准的规范性平台。从《巴塞尔协议Ⅰ》《巴塞尔协议Ⅱ》到目前的《巴塞尔协议Ⅲ》，资本监管始终处于核心地位。我们在梳理商业银行资本监管理论发展脉络的基础上，探索巴塞尔协议的实践演变历程，加深对商业银行监管理念、监管内容以及监管手段改革发展路径的理解，剖析其背后金融监管与金融创新循环推进、监管者与被监管者及不同利益主体之间的博弈与利益纷争。

第一章 商业银行资本监管理论剖析

克里斯多夫·菲尔德（Christopher Fildes，1995）曾经生动地指出："将资本投入银行就像把一桶啤酒给了一个酒鬼，你知道这意味着什么，但是你却无法指导他烂醉如泥之后会撞向哪堵墙。"资本决定了商业银行的经营规模、扩张能力、抵御风险能力以及市场竞争能力，但银行天然的高风险性使资本管理与风险管理密不可分，对商业银行进行资本监管是保障金融体系安全稳健发展的必要措施。本章着重梳理、剖析商业银行监管的理论渊源与发展路径，探寻银行资本监管的理论支撑体系，解释商业银行资本监管的必要性与重要意义。

第一节 银行监管的理论支撑

一、银行监管的概念

"监管"一词可以理解为监督（supervision）和管制（regulation）两层含义。所谓监督，是指持续监察和督促被监管者及其业务活动是否遵循一定的法令、规章、政策和标准，监察其是否背离监管目标并对违反者进行惩处。监督可以是政府专职部门，也可以是媒体和社会大众，建立广泛有效的监督体制是杜绝损害金融消费者权益的最好办法。管制，也可称为规制，通常是依据一定的规制对构成特定社会的个人和构成特定经济主体的活动进行限制的行为。它强调通过规制、组织、协调、控制等行为在金融业或相关行业中达到一定的秩序和状态，实现一定的目标。规制由政府机构制定并执行，直接干预市场配置机制，或间接改变企业和消费者的供需决策的一般规则或特殊行为。

据此，"银行监管"可界定为银行监管职能机构对银行及其业务活动是否合规所进行的监察、督促及规制等一系列行为的总称，以维护银行的稳健经营、实现货币金融政策，促进金融业的秩序稳定和功能发挥，保障国民经济的增长。从金融监督（financial supervision）的职能来看，银行监管是指一国相关金融管理当局对一切银行金融活动的监察和督导。银行监督体系由金融稽核、金融检查、金融监察和金融审计等几种形式组成，它们之间既有各自的属性和分工又相互联系，共同构成完整的监督体系。银行监督的内容和行为执行过程可分为专项监督和全面监督、业务监督和行政监督、现场监督和非现场监督等。银行监督通过对银行执行国家相关金融法规、方针政策的情况进行监督，保证金融管理政策的有效实施，同时还包括监督银行自身强化内部管理、降低经营风险、维护金融业的稳定，促进金融业健康发展。从金融管制（financial regulation）的职能来看，银行监管是指政府职能部门针对银行所实施的强制性管理和控制，是监管部门对银行行为的限制和干预。金融管制的实施主要以法律法规为准绳，配合一些经济和行政手段，其目的是促进市场机制更有效地发挥作用，矫正自由竞争市场的缺陷。银行管制措施既包含通过限制银行间的过度竞争、抑制商业银行的高风险投资行为、降低银行的个别风险，进而降低银行破产的可能性的预防性措施，例如资产负债管制、市场准入管制、利率管制、业务管制、外汇管制等；还包含防止个别银行机构破产波及整个金融业、降低系统性风险的保护性措施，例如存款保险制度、信息披露制度、最后贷款人制度等。

二、银行监管的金融管制理论基础

银行监管是金融监管的重要内容，金融监管实质上是一种与市场经济自发运动相对应的政府行为，监管理论的渊源就是"看不见的手"与"看得见的手"相互作用、对峙发展的过程。在市场经济中，金融市场失灵导致金融资源配置无法达到帕累托最优状态，银行监管作为一种公共产品，是一种降低或消除金融市场失灵的有效手段。银行监管理论的发展实际上是金融管制理论的相关内容，银行监管行为正是金融管制理论及其规则的具体实践。金融管制理论可以划分为两类：一类是用来说明监管的必要性及有效性，主要包括公共利益理论、金融脆弱性理论以及银行挤兑模型；另一类则是用来说明监管的失灵以及管制需要付出的相关成本，要注重监管的合理性、有效性与适度性，主要包括管制俘虏理论、管制成本理论等。

（一）公共利益理论

公共利益理论是在 20 世纪 30 年代世界经济金融危机后提出的，强调政府加强管制的一种理论。该理论认为，单纯自由竞争的市场机制并不能带来资源的优化配置，市场失灵的存在导致低效率和不公正现象的发生，个体的行为可能会损害他人乃至整个社会。因而需要政府等公共部门建立权威机构以提供金融监管来矫正市场失灵，保护公共利益。银行业市场失灵主要表现在信息不对称、外部效应和自然垄断。

1. 市场失灵之信息不对称

信息不对称是指信息在交易双方之间分布不均衡的现象。银行等金融中介的存在，本身在一定程度上解决了信用过程中授信主体之间信息不对称的问题，但同时又形成了银行与存款人之间、银行与贷款人之间、银行与投资人之间的信息不对称，从而导致金融市场中的逆向选择与道德风险问题。私人部门不可能也没有能力直接监管银行运作，不能准确监测和评估银行的财务状况，只有通过代表公共利益的政府对银行的监管，才能克服市场失灵带来的负面影响，提高银行的运行效率，维护金融体系的稳定。

2. 市场失灵之外部效应

金融外部效应可理解为金融行为的私人成本和私人收益向与金融行为无交易关系的第三方或整个社会溢出的现象，外部效应会导致社会资源配置不能实现最优化。银行业高度负债的特征，使其在正常发挥金融中介职能的过程中，通过提高储蓄和投资的数量规模、提高杠杆率来改善社会资源的配置，刺激实体经济的发展。同时，作为货币政策传导的"神经中枢"，商业银行以信贷行为配合货币政策的扩张与收缩，实现货币政策目标。一旦银行出现危机或破产倒闭，银行体系的负外部效应会由整个金融体系来承担，其连锁反应将通过货币信用紧缩破坏经济增长的基础，可怕的传染性会对经济产生巨大的不利影响。银行体系中存在的诸如高负债率和资产与负债的期限及风险不相匹配等负的外部效应，势必需要强化管制，由国家监管平衡损益关系，从而保持整个金融体系的稳定。

3. 市场失灵之自然垄断

自然垄断是指由于资源条件的分布集中而无法竞争或不适宜竞争所形成的垄断。银行业规模经济的特点使其容易发展成为高度的垄断。商业银行越庞大，服务涵盖面越广，越能吸引更多客户，在市场上的竞争地位就越稳固，进而造成一定的行业进入壁垒，限制新的竞争者进入市场。过度的垄断会给消费者福利带来损失，造成经济不效率。因此，需要政府监管机构保持银行业的垄断供给权有政策上的合理性，同时加强监管，以避免寻租、价格歧视等现象的发生，维护金融系统的稳定和安全。

（二）金融脆弱性理论

金融脆弱性理论是在 20 世纪后期特别是在 80 年代以来伴随着金融市场的剧烈动荡以及金融危机的频繁爆发而产生的一种用来解释危机成因、探求金融稳定的理论。该理论认为，金融体系是不稳定的，金融风险无处不在，金融危机在所难免，金融体系本身就存在着脆弱性。银行的内部脆弱性是由银行的特征与运行方式的特殊性决定的。

1. 银行经营具有高杠杆性

杠杆率一般是指资产负债表中总资产与权益资本的比率。银行经营离不开杠杆，当然也缺少不了风险的存在。杠杆水平在很大程度上决定了银行的盈利能力，杠杆倍数越大，银行的盈利空间越大，风险也随之增高。金融监管的不完善以及银行对高利润率的追求共同推高了杠杆。高杠杆，意味着少量的资产收益可以获得成倍资本的回报，但同时少量的资产损失也可能会吞噬银行的全部资本。高杠杆经营是造成银行系统甚至整个经济体系不稳定的重要原因。

2. 银行资产负债表具有特殊性

首先，从银行资产负债的期限结构来看，银行借短贷长，期限错配现象是一种常态；其次，从银行资产负债的约束强度来看，作为银行资金来源的存款可以被客户随时提现，而作为银行资金运用的贷款却不能随时要求收回，因此，银行普遍存在着资金来源与运用约束的不对称性，银行资产负债表这种特殊性决定了银行体系本身具有内在的不稳定性。

3. 银行业容易发生连锁效应导致金融经济危机

以商业银行为中心，形成了经济社会复杂的支付链条和债权债务关系。银行作为这个体系的核心，不仅为众多企业提供流动性支持，还担负着支付与清算职能，银行失控，其连锁效应所造成的经济和社会成本将是灾难性的。明斯基（Hyman Minsky）的金融不稳定性理论认为，商业银行与相关贷款人会一起经历周期性经济危机和破产浪潮，银行的危机通过各种途径传递到整个经济体，导致金融经济危机。顺周期性诱使银行高负债经营：银行早期多将资金流入安全型企业，但经济的持续扩张与繁荣，导致企业预期收益虚高，高风险型企业贷款的数量逐渐增加，甚至超过安全型企业，金融脆弱性出现。随着经济进入下行期，银行提高利率紧缩银根，企业债务负担加重，出现破产倒闭，最终造成银行违约资产上升，带来恶性连锁反应，终极形成金融危机。

（三）戴蒙德—迪布维格银行挤兑模型

银行挤兑是历来经济大危机的共同特征，也是造成危机萧条时期大量经济损失的直接原因。银行挤兑的危害，不仅表现为银行客户突然间大量地提款，更因为挤兑造成极低价格提前收回贷款并清算资产，进而导致破产、生产中断、货币体系瓦解和社会经济萎缩。美国经济学家戴蒙德与迪布维格（Diamond and Dybvig）于1983年共同提出了 D–D 银行挤兑模型，以博弈论为基础对银行挤兑行为进行分析并提出应对方法。该模型认为，银行通过吸收活期存款，为那些需要在不同随机时间提现的人们承担更好的风险分担职责，但活期存款合约存在一种不受欢迎的均衡——银行挤兑，银行挤兑会引发一系列经济问题，造成贷款中断、生产停滞。模型提供了一种应用于阻止银行挤兑的方法，即存款变现的停止以及活期存款保险等。

尽管现代银行制度可以为消费者提供一定的流动性风险保障，但与之相伴的银行挤兑行为有可能同时发生，这在某种程度上也印证了银行制度本身存在一定的不稳定性。为了应对银行挤兑，D－D模型指出存款保险制度是一种有效的方法。但在现实中，存款保险制度也会产生一定的道德风险，银行体系的风险最终会转嫁到政府以及纳税人身上。为了防范银行挤兑行为以及道德风险的发生，有效的银行监管与金融管制是必需的。

（四）管制俘虏理论

美国经济学家乔治·施蒂格勒（George Stigler）指出："经济管制理论的中心任务是解释谁是管制的受益者或受害者，政府管制采取什么形式和政府管制对资源分配的影响。"[①] 管制俘虏理论认为，金融监管机构用个体本位的福利最大化替代了社会整体的福利最大化，有自利动机开展寻租，使管制者成为被管制者的"俘虏"，分享垄断利润，政府管制沦为企业追求垄断利润的手段。三个假设条件为：第一，所有的利益相关者都被假定为有合理的预期；第二，政府管制者、垄断企业和消费者都是纯粹的经济人；第三，忽视政府管制成本对效率的影响。

管制俘虏理论视角下，监管者可能引导资金转移到与政治相关企业，而不是普通社会企业；实力较强的银行反过来"俘获"监管者，从银行的利益出发而不是以社会的最佳利益为出发点进行监管。如果政府监管机构的权力过大，会影响一般社会公众和企业获得信贷资金的能力。可见，市场失灵是政府监管存在的理由，但是管制俘虏理论却强调了政府失灵的可能性。该理论在一定程度上使银行监管理论的发展趋向金融自由化和让市场机制发挥更大的作用，强调注重金融监管在安全与效率之间进行适当的调整，注重监管的合理性和适度性。

（五）管制成本理论

政府依据法律法规对经济进行调控和干预，并尽可能地提供最大化的公共福利。管制成本理论认为，政府管制行为背后意味着财政投入，是需要耗

---

① George J. Stigler. The Theory of Economic Regulation [J]. The Bell Journal of Economics and Management Science，1971，2（1）：3－21.

费资源、付出成本的，管制成本的高低会直接影响政府的行政效率和社会公共利益。管制目标的确定以及管制措施的实施，应该与管制需要付出的成本结合起来考虑。有效的政府管制应该建立在管制成本—收益分析的基础之上，防止高成本管理行为对公众利益的损害，以更小的成本实现系统风险最小化。

银行管制成本包括直接资源成本和间接效率损失两大类：直接资源成本，主要是指管制机构执行管制过程中所消耗的人力、物力、财力等，即行政成本，被管制者为遵守管制规定而消耗的资源，即守法成本。对于行政成本来说，被监管者可以将其转嫁到服务价格中去，而对于守法成本来说，让被监管者承担一定成本正是监管得以实现目标的主要手段之一。间接效率损失，主要是指由于管制的实施而使被管制者改变了原来的行为方式，造成整个社会福利水平出现下降。由于间接效率损失既不表现在政府财政预算支出上，也不表现在私人机构负担成本上，所以具有不易察觉性。间接效率损失包括：其一，道德风险造成效率损失。金融管制可能会促使被管制部门甘愿冒更大的风险去谋取更大的利润，或者虽无意冒风险却疏于风险防范，致使损失发生的可能性增大。其二，金融管制削弱同业竞争，降低行业效率。金融管制会在一定程度上限制被监管机构的活动能力，削弱金融机构之间的业务竞争，不利于金融机构运营效率的提高。其三，管制阻碍金融创新，导致低效率。一些金融管制条例在出台之初是适合当时经济背景与机构发展水平的，但金融领域快速的创新与变革将使当时合适有效的管制措施不再合时宜。如果金融管制机构一味地僵化执行，将可能妨碍金融机构的业务创新，束缚金融机构的发展。其四，管制过于严格，造成效率损失。如果银行管制过于严格，商业银行的相关业务就有可能被转移到其他的金融领域或金融中心，使整个国家经济的利益遭受损失。无论是直接资源成本还是间接效率损失，都会影响金融管制的实施及效果，只有通过监管成本—收益分析，找到管制的有效边界，才能真正判断监管的成功与否，判断监管的有效性和适度性。

三、银行监管的目标与原则

（一）银行监管的目标

银行监管的目标是银行监管理论和实践的核心问题，对银行监管目标的认识直接决定或影响着银行监管理论的发展方向，也主导着实践中具体监管制度和政策的建立与实施。反过来，银行监管理论与实践中的新观点及经验教训也会相应促进银行监管目标的完善。银行监管目标的设定不是一蹴而就的，而是随着外部环境和金融发展循序渐进、不断完善的过程。银行监管目标包含多重内容，"稳定、效率、公平"是银行监管所要达成的理想目标，"稳定"是基础，"效率"是核心，"公平"是宗旨。具体来说，银行监管既要维护货币与金融体系的稳定，又要保护存款人和公众利益；既要保障银行业公平有效竞争，又要规范银行个体的行为，控制风险。

1. 防范金融风险，维护银行体系的稳健安全

商业银行是金融体系的重要组成部分，是各国政府进行市场资源配置和宏观经济调控的作用点和传导中介。维护银行体系的安全和稳健经营，对整个社会经济的运行和发展起着至关重要的作用，具有公共性和全局性。随着全球经济一体化与金融创新的快速发展，金融机构之间的危机传导更为迅速也更具全球性，加上银行业之间的竞争日益激烈，银行业面临不断加剧的经营风险，包括市场风险、流动性风险、信用风险和操作风险等。银行监管的首要目标，就是要维护银行体系乃至整个金融体系的稳健与安全，守住不发生系统性金融风险的底线。

2. 规范银行经营行为，确保公平有效竞争

建立公平竞争的市场秩序是完善市场经济体制的核心，也是银行监管职能的中心任务。竞争是市场经济的基本规律，也是保护先进、淘汰落后、提高市场效率的有效机制。但是，银行业本身的特点使其容易发展出规模经济，形成自然垄断，阻碍有效竞争，造成银行运行效率的缺失。另外，如果银行业竞争过于激烈，又会导致风险增大，银行显著的外部性会造成整个金融体系的不稳定。为了银行业的健康发展，政府监管当局的管理重心应该放在创造适度竞争的环境上，有效规范银行的经营行为，既要避免银行业高度垄断、排斥竞争从而降低效率与活力，又要防止由于过度竞争而危及银行业的安全与稳定甚至引起多米诺骨牌效应的金融危机。因此，银行监管的目标是创造一个公平、有序、高效、适度的竞争环境。

3. 保护存款人和金融消费者的利益

信用中介是商业银行最基本、最能反映其经营活动特征的职能。一方面，银行以吸收存款的形式，把社会上闲置的资金和小额货币集中，然后以贷款的形式借给有需求的经济体使用。在此过程中，银行充当借款方和贷款方的中介。另一方面，银行为商品生产者和商品购买者办理货币的收付、结算等业务，充当支付中介。由于银行与社会各阶层、各部门联系十分广泛和密切，一旦银行在经营中出现问题，会直接涉及社会各个方面的利益，但作为个体金融消费者并没有足够的能力对银行进行有效监控，需要政府对银行业实施监管，充当普通金融消费者代理的角色。因此，银行监管要把保护存款人和金融消费者的利益不受损害作为金融监管的一个重要目标。特别是2008年金融危机后，很多发达国家和地区针对危机中暴露出的只关注金融机构利益诉求而忽视对消费者权益保护的问题进行了全面反思与改革，将消费者保护进一步纳入其监管框架与法律体系，建立了相对完善的金融消费者保护监管框架体系。

4. 提高商业银行运行效率，增强市场信心

监督管制与效率提升不是不可调和的矛盾，它们拥有着相互对立而又相互统一的辩证关系。低效率的银行体系无法实现市场经济资源优化配置，抑制经济发展，也会带来金融体系的不稳定，降低实体经济的增速与效率。银行监管的重要目标就是提升银行运行的效率和透明度，增强市场对银行业稳健发展、支持实体经济的信心。

纵览全球，各国由于经济发展阶段、政治文化背景不同，具体的监管目标也有所差异，但基本内容都包括银行业的稳定与安全、效率与发展、公平与竞争等，只是在追求的偏好与具体监管目标设定上有所不同，表1-1比较了部分国家银行监管具体目标的异同。

表 1 - 1　　　　　　　　　　部分国家银行监管的具体目标比较

国家	监管目标
美国	维持公众对一个安全、完善和稳定的金融系统的信心；为建立一个有效的和有竞争的金融系统服务；保护消费者；允许银行体系适应经济的变化而变化
英国	维护社会公众对金融体系的信心；促进公众对金融体系的了解；确保对投资者提供恰当的保护；减少金融犯罪。同时，维持和促进英国银行体系的稳定、健全、效率及富于竞争性

续表

国家	监管目标
日本	银行业务以公正性为前提，以维护信用、确保存款人的权益，谋求金融活动的顺利进行和银行业务的健全妥善运营，有助于国民经济的健全发展为目的
中国	保护商业银行、存款人和其他客户的合法权益，规范商业银行的行为，提高信贷资产质量，加强监督管理，保障商业银行的稳健运行，维护金融秩序，促进社会主义市场经济的发展

资料来源：根据各国银行监管法律法规整理。

（二）银行监管的原则

银行监管应坚持公开监管、公平对待、分类管理的基本原则。公开监管要求加强银行监管的透明度。公开明确监管适用的法规、政策和监管要求，使银行在明确监管内容、目的和要求的前提下接受监管，同时接受社会公众的监督。公平对待指监管过程中应一视同仁，适用统一监管标准。这一原则与分类管理原则并不矛盾，后者是为了突出重点，提高监管有效性，并不会降低监管标准。分类管理就是根据各类银行的性质特点与地位作用，相应采取差异化措施进行分别监管。

除以上基本原则外，为提高银行监管的有效性，现代商业银行监管还必须遵守以下具体实施原则。

1. 银行监管的适度性原则

避免出现监管不足与监管过度。面临金融科技与金融创新的快速发展，银行的扩张与发展带来风险的累积，系统性风险一旦爆发就会演变成金融危机，监管不足容易导致银行业乃至整个金融业的风险失控。而监管过度（如多头监管、压抑式监管）又会降低银行运转效率、导致经济各部门之间的利益纷争与职能混乱，阻碍金融的经济推动作用。

2. 银行监管的差异性原则

鉴于对 2008 年金融危机的总结，《巴塞尔协议Ⅲ》将部分大规模、在国际交易上有重要影响力的银行视为系统重要性银行，将系统重要性银行和非系统重要性银行的差异化监管要求写入其中。在这样的背景下，差异化监管的思路已是大势所趋。实际上，我们可以按银行承担风险的高低来划分，实施有差别的政策措施。对于经营风险较高的银行，可以采取较高强度的监管，通过提高监管指标、增加监管频率得以实现，对于经营风险较低的银行，则可以相对放松监管，降低监管成本，以实现对整个银行系统运营的有效控制。

3. 银行监管的匹配性原则

银行监管的匹配性原则是指要求银行监管机构督促银行管理能力与其业务复杂性和风险状况相匹配。正如巴塞尔协议中要求对信用风险的计量可以采取标准法或者内部评级法等不同的衡量方法。标准法适用于业务复杂度较低的银行，采用外部评级机构确定的风险权重；而内部评级法允许商业银行采取风险敏感性更高的资本计量方法，适用于表外资产规模较高、国际活跃性较强以及业务比较复杂的银行。

4. 银行监管的前瞻性原则

随着金融市场的深度与广度不断拓展，银行业务范围也在拓展，金融工具不断创新，这客观上需要前瞻性的监管政策与监管技术来与日新月异的金融创新相适应。2007年次贷危机之前，银行通过资产证券化操作将住房贷款大量移出资产负债表，规避资本监管并提高资产流动性。从单个银行来看，资产证券化将高风险低流动性资产剥离，提高了银行效益；但从整个社会来看，风险只是从一个经济主体转移到其他经济主体，并没有消失，反而在整个系统内积聚，蕴含系统性危机。因此，监管当局应该站在宏观审慎层面制定监管政策，而不是仅着眼于个体微观银行。另外，银行信贷行为具有顺周期性。在经济上升期倾向于采取宽松的信贷政策，而在经济下行期则倾向于紧缩信贷。监管机构还要在考虑经济运行周期和金融机构运行模式的基础上，设计前瞻性逆周期的监管模式。

第二节 资本监管的基本原理

一、银行资本的含义与功能

对于资本含义的研究，经济学界有不同的观点。《资本论》认为，资本是生产剩余价值的价值，它不是物，而是一种生产关系。马克思说过，"资本是作为一家新开办企业的第一推动力和持续的推动力""资本只有当它给自己的所有者带来收入或利润的时候，才叫作资本""资本是一种价值物或有价物，资本的本能在于实现价值增值；资本的生命在于运动，离开运动，资本的生命亦将停止""追求剩余价值（利润）的内在冲动与竞争的外在压力促使资本不断膨胀，资本就是由剩余价值（利润）转化而来的"①。

庞巴维克（Bohm-Bawerk，1889）在《资本实证论》中认为，资本是能够产生利息的本钱；威廉·配第（William Petty）在《政治算术》中把资本等同于流动中的货币；亚当·斯密（Adam Smith）在《国民财富的性质和原因的研究》中用"积蓄"和"资本"来解释资本的概念；萨伊（Say）在《政治经济学概论》中认为，资本为产业装备的物品和价值；萨缪尔森认为，资本是一种不同形式的生产要素，是一种生产出来的生产要素，也是一种本身就是经济产出的耐用投入品。

资本是能增值的价值，这是人们对资本本质的共识。任何以盈利为目的的企业，在业务发展初创时期以及今后进行业务经营都需要筹集并投入一定量的资本金，并在以后的业务经营过程中不断地加以补充。那么，究竟什么是商业银行的资本呢？

商业银行资本是指银行投资者为了正常的经营活动及获取利润而投入的货币资金和保留在银行的利润，资本数量增加，银行的安全性也随之提高。从本质上看，属于商业银行的自有资金才是资本，它代表着投资者对商业银行的所有权，同时也代表着投资者对所欠债务的偿还能力。但实际中，一些债务也被当作银行资本，例如商业银行持有的长期债券等。这里我们将商业银行的资本（capital）定义为商业银行自身拥有的或者能永久支配使用的资金②。它作为商业银行业务活动的基础性资金，可以自由支配使用，且在正常的业务经营过程中无须偿还。

商业银行的资本在其日常经营和保证长期生存能力中起到了关键作用。

其一，资本是损失缓冲器。当银行出现预期及非预期性损失时，银行资

---

① 马克思. 资本论（第一卷）[M]. 中文版，北京：人民出版社，1963.
② 李志辉. 中国银行业风险控制和资本充足性管制 [M]. 北京：中国金融出版社，2007.

本可用于抵御风险消化损失，在银行管理层意识到风险并恢复银行的盈利性之前，资本可以通过吸纳损失降低银行破产的风险。

其二，在银行吸收存款之前，资本为银行从建立到经营提供了所需资金。一家银行的建立需要启动资金，为提供金融服务做好准备，例如购买租赁场地、添置办公设备、装备设施甚至聘请专业人员等。

其三，资本能增强社会公众对银行的信心，消除存款人、投资人对银行经济实力的质疑。银行必须有充足的资本，才能使债权人信任银行，相信其在经济周期各阶段都能满足金融消费者的各种需求。

其四，资本为银行规模的增长与业务的拓展提供资金。当银行成长时，它需要补充额外的资本，用来支持并承担新业务和新设施的风险。大部分银行的规模都会超过其初始水平，资本的注入使银行有能力在更多的业务领域和更广泛的地区开展业务，满足市场和客户的各种金融需求。

其五，资本有效地限制银行资产的过度膨胀，规范银行增长以实现长期可持续发展。政府的最低资本要求具有重要意义，管理当局和金融市场要求银行资本的增长大致和贷款及其风险资产的增长一致。因此，随着银行风险的增加，银行资本吸纳损失的能力也会增加，银行的贷款和存款如果扩大得太快，市场和管理机构会给出信号，要求它或者放慢速度，或者增加资本。

二、资本监管的内涵与本质属性

政府监管机构对银行实施资本监管远早于对其他金融机构的监管，银行在获得营业资格前必须要满足最低资本的数量要求，并且在银行的存续运营期内仍然要达到资本监管的最低标准。银行的资本监管实质上就是指资本充足性监管，即监管当局规定银行必须持有的最低资本标准，以保证银行具有相当的偿付能力与风险承担能力。随着金融理论与实践的不断发展，特别是吸取多次金融危机的经验教训，银行资本监管对于资本充足性的认识更为深刻，资本监管的内涵也随之更加完善。

（一）资本数量监管

戈顿（Gorton，1994）发现，银行业从一开始就拥有其独一无二的"牌照价值",这种价值来自政府的准入限制。为了维护银行牌照的特许经营权价值,只有达到一定财力标准的经济主体才能建立商业银行,世界各国都对开设商业银行制定了最低资本数量要求。《中华人民共和国商业银行法》规定:"设立全国性商业银行的注册资本最低限额为十亿元人民币,设立城市商业银行的注册资本最低限额为一亿元人民币,设立农村商业银行的注册资本最低限额为五千万元人民币。"根据美国货币监理署的要求,所有国民银行的最低注册资本要求为100万美元。日本商业银行准入的最低注册资本要求为20亿日元。

银行持有的资本应当保持在既能正常运营,并达到盈利水平,又能承担坏账损失带来的风险,这个资本充足性标准是衡量商业银行是否稳健安全的一个重要指标。国际范围内,对资本充足性的衡量主要采取管理会计原则,普遍使用比率形式,这也是巴塞尔协议重点推荐的方式。资本充足率,是指银行自身资本和加权风险资产的比率,代表了银行对负债的最后偿债能力。银行用少量资本运营大量债权资产,以此来获得高回报,这就是"杠杆原理",也是银行产生系统风险的根源之一。为了让银行具有足够的抵抗能力,最低限度地降低银行业暴发危机的可能性,1988年"巴塞尔银行监管委员会"颁布的《巴塞尔协议Ⅰ》确定了8%的资本充足率标准,并开始在全球范围内推广实施。中国也在20世纪90年代中后期开始把银行业推广使用"资本充足率"作为资本监管指标。

(二)资本结构与资本来源监管

商业银行的资本结构是指商业银行的债务性资本来源与自有资本之间的比例关系。资本结构不仅决定银行的筹资成本,还会影响银行的最终价值。银行是通过经营风险来获取收益的商业性企业,MM资本结构理论也会对其产生影响。况且商业银行对一国经济肩负的责任远多于一般工商企业,银行破产对经济的负面影响也非常巨大,因此,银行的资本结构也会受到更严格的监管。以巴塞尔协议为参考,我们将银行资本划分为不同级别的核心资本和附属资本,核心资本是由股本金和税后留存利润公开储备组成,附属资本包括非公开储备、资产重估储备、普通准备金、(债权/股权)混合资本工具和次级长期债券等,对不同级别资本的结构标准也作出明确监管要求。例如

《巴塞尔协议 I 》规定，签署国银行资本充足率要求达到 8%，核心资本充足率达到 4%，《巴塞尔协议 III 》规定，核心资本充足率不低于 6%。另外，很多国家的《银行法》都明确限制银行股东持有的银行股份比例，以防止大股东对商业银行经营管理的操纵控制，改善公司治理结构，这也可以认为是对银行资本来源结构的一种监管行为。

（三）资本质量监管

2008 年美国金融危机的直接原因之一就是银行监管资本工具的过度创新，复杂多样的新型资本工具降低了资本吸收风险损失的原始作用，直接削弱了监管资本的损失吸收能力，放大了金融机构的杠杆效应，增加了系统性风险。危机表明，资本工具要能够真实地反映银行的清偿能力，需要保证资本质量，满足简单、透明、可理解的标准，反之，过于依赖金融创新的新型资本工具在危机爆发时并不能及时、有效地吸收损失。目前很多国家对银行的核心资本的质量要求有所提高，仅包括所有者权益中最为稳定的部分，质量相当于普通股和留存收益，核心资本净额占监管资本的比例也有所提高。因此，资本监管内涵要求我们在较长时期内维护资本质量，虽然这种做法可能会增加银行筹集资本的成本，但有助于增强银行体系的长期稳定性。当然，在此背景下，开发银行资本新的有效补充渠道也是对银行监管提出的新要求。

（四）资本宏观性监管

传统的资本监管，比较关注微观层面单个银行的资本充足性与资本结构的监管，但银行个体趋利性的制度规避性创新、病毒式创新以及监管套利行为仍然难以避免，一旦个体银行发生大量违约、信贷紧缩以及流动性风险，除了单个银行面临的巨大损失，还会对整个银行体系乃至国民经济产生明显的负外部效应，对银行体系的整体资产价值起到贬值作用，产生违约外的减价出售和巨额社会成本。此外，考虑到经济周期的影响，银行的资产行为具有明显的顺周期性，应适度在经济上行期储备超额资本用于下行期吸收损失，建立逆周期资本约束，降低经济和金融冲击。《巴塞尔协议 III 》在总结次贷危机的经验教训后，在银行资本监管体系中引入了一系列宏观审慎监管理念与监管工具，例如资本留存缓冲、系统重要性银行的额外资本要求、逆周期资本缓冲等。突破单个银行的微观层面，突破单周期的时间维度，宏观层面的资本监管内容已被正式纳入银行资本监管体系范畴，并被世界各国普遍认可与接受。

三、资本监管的内外部约束机制

外部的资本监管必须通过相应的机制设计内化到银行自身的风险管理、公司治理和自我约束之中，充分发挥资本在银行内部治理和外部治理中应有的作用。监管机构和商业银行都必须认识到，强化外部监管约束和加强内部管控是相辅相成、互相补充、互相促进的。来自政府监管机构的外部监管在一定程度上带有行政色彩，注重合规性监管，应在加大对商业银行外部监管的基础上强化银行作为商业性企业的内控制度建设，加强银行业自律规范，增加金融行业信息披露的透明度，形成全社会多主体监督的合力，有效降低成本，提高效率，建立资本监管内外部共同约束机制，达到提前预判和防范化解风险的目的，实现银行业的稳定发展。

《巴塞尔协议Ⅱ》在最低资本要求的基础上增加了外部监管与市场约束对银行风险进行监管，市场是一股强大的推动力，是推动银行合理、有效地配置资源并全面控制经营风险的外在力量，具有内部改善经营、外部加强监管所无法替代的作用。要想完善资本监管制度，应该统一协调、整合各项资本监管改革，在强化《巴塞尔协议Ⅱ》三大支柱的基础上，使商业银行的公司治理能够在商业银行自身市场参与者和监管当局之间目的一致地高效完成。作为公众公司的银行，只有像其他公司一样，建立起现代公司治理结构、理顺委托代理关系、确立内部制衡和约束机制，才能真正建立风险资产和资本的良性配比关系。

单纯强调资本外部监管，虽然能够在一定程度上校正市场的失灵，但是，如果这种监管没有触及银行内部风险治理的根本性缺陷，就很难从根源上解决诱发危机的问题。2008 年金融危机充分暴露了商业银行的公司治理失效和自我约束机制不足带来的巨大社会成本，银行资本监管应该从结果向过程延伸，由被动反映风险向主动预警风险转变，推动银行内部改善公司治理，实施全面风险管理、加强内控机制、强化银行自我约束，实现银行监管内外部约束机制的合力效果。

第三节　银行资本监管的多元价值取向

商业银行的资本是作为对抗风险冲击的缓冲器，也是承担风险、获取回报的传输器，对银行资本进行管理是连接银行风险、资本与价值的综合管理行为。有效的资本管理不仅是来自银行外部的资本监管与约束，也是从银行内部进行风险与资本管理的过程。在对资本监管的研究过程中，我们应认识到资本管理的多元化资本观，从资本约束、风险管理、股东价值最大化等角度理解银行资本监管的价值取向与重要意义。

一、司库的资市观：加强经济资市约束

司库，原指掌管资金或收入的人，司库有责任管理经济体的可用资本，在管理资本时，司库需要关注资本的可获得程度以及投资的方式，关注资本的成本与收益。我们可以从监管者的角度来理解司库，司库要保证银行总的可用资本规模满足当前的和已计划的业务顺利进行，同时达到外部监管当局和银行内部要求或期望的资本充足性指标。引导银行选择适当的资本工具组合，在控制资本成本与收益关系合理的情况下筹集资本，并选择适当的方式进行投资与管理。最终实现满足银行运营资金需求的同时，优化资本结构，降低资本成本，增加股东收益。司库关心的是资本的适度规模与运营方式，他们对于资本管理的主要任务就是确保在任何时候资本都足以保证银行业务的顺利开展。在进行整体资本额度管理的同时，优化资本构成，减少成本并增加股东回报。

如果忽视资本管理，银行单纯以追求利润最大化为目标，一味地扩张资产会成为银行实现利润最简单直接的手段。而一旦资产扩张不受资本约束，追求高额回报的结果必然诱使银行不计风险地盲目扩大规模，积累风险，最

终陷入系统性崩溃的"泥潭",面临破产威胁。强化司库资本观下的资本管理,要求建立风险与资本的约束,不能简单粗暴地追求高利润,业务的拓展必须有足够的资本予以支持,一旦资产规模超出资本限制,现有资本的风险承受能力不足时,银行就必须采取合理手段筹集资本,通过建立资本对资产的约束机制来限制资产的无节制膨胀,通过补充资本数量,提高资本吸收风险的能力,形成安全底线,通过资本防线对银行破产及金融危机进行事前防范和事后补救。

二、风险管理者的资本观:实施风险管理

风险管理者的资本观认为,进行资本监管的核心是有效识别和计量承担各种风险非预期损失所要求的资本数量,判断不同资产结构所面临的风险。风险管理者关注的是资本吸收风险损失的缓冲器作用,在量化银行承担风险的过程中,不仅要达到外部资本监管者资本充足的要求,更要通过内部模型测量银行实际承担的风险及覆盖风险损失需要的资本数量,以保障银行稳健经营。

风险管理者视角的资本管理如图1-1所示。

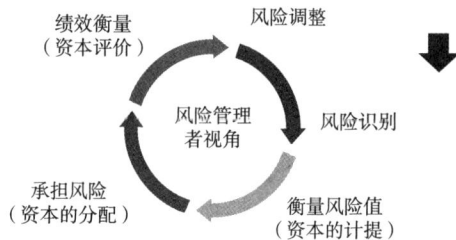

图1-1 风险管理者视角的资本管理

风险管理者资本监管的主要内容包括:根据银行与交易对手实际风险头寸测量风险及潜在损失的大小,在准确识别风险特性的基础上,利用风险模型计量银行各种风险,然后根据既定的资本承担风险策略,采用适当的风险资本管理方式,并依靠合理的组织体系和制度体系实施风险管理与资本配置的决策,在风险调整的基础上进行资本管理效果的评价和反馈,考察银行资本与风险是否匹配,绩效衡量机制与风险收益是否相一致。

需要注意的是，随着金融科技与风险管理技术的发展，风险管理者对银行承担的风险进行量化时，使用的模型往往是复杂多样、高度定量的，风险管理者会创建或选择适合自身特质的模型用于银行的资本配置，银行必须客观认识模型使用的条件与限制，不能在"科学"的外衣下隐藏、转移和积累风险。总体来说，风险管理者角度的资本观就是在给定的置信区间内，确定、分配用于弥补给定时间内资产价值与其他头寸价值的潜在损失的资本计量和资本分配管理。

三、股东的资市观：最大化股东价值

从股东视角进行资本管理，就是通过有效的资本管理实现股东价值最大化，这也是公司管理者的首要目标。这种角度的资本观可以和风险管理者的资本观紧密联系起来，因为银行是有经营风险的，运用高财务杠杆作用创造收益，股东关心的是如何在既有投资资本的基础上承担最小的风险、获取最高的收益、创造最大的价值。从某种程度来说，股东价值最大化是资本管理的最终目标，是银行内部资本管理的核心，也是外部资本监管的微观诉求。

然而，金融系统中信息不对称和信息不完备的现象是客观存在的，商业银行资本监管的又一动因就是现代商业银行普遍应用的所有权或剩余索取权与经营权分离，也就是委托—代理问题。戈顿和罗斯（Gorton and Rosen，1995）在不完全监管的背景下研究得出，银行代理人的风险决策倾向于过度冒险，会偏离相应的最优风险水平。在缺乏有效外部资本监管的条件下，股东在追求价值最大化的过程中可能会出现对高收益、高回报短期盲目的追求，高估自身资本承担风险的能力，给股东带来负面影响。从股东价值角度来看，外部资本监管是提高银行风险信息透明度的有效制度选择。另外，外部资本监管缺失，还会导致银行管理者仅从自身银行个体出发忽视银行体系的关联性与系统性风险，造成银行体系宏观层面风险的累积与爆发，甚至殃及整个金融业与国民经济。这也要求政府监管部门从外部对所有银行实施一定的约束与监管，既为商业银行追求股东价值最大化营造公平竞争的市场秩序与外部环境，也有效地监督其风险的扩张与资本的利用。

　　银行的资本监管不仅是一门科学，更是一门艺术，资本管理的各种价值取向是相互关联、相互促进的，但特定时间内也有可能出现分歧与摩擦。政府监管部门以及银行经营管理者应该将各种资本观融会贯通，整合到现代商业银行的资本管理中去，提高风险控制能力，综合考虑各个利益关联方的权衡结果，确定最佳的资本监管方式，实现银行价值的最大化。

第二章 从《巴塞尔协议Ⅰ》到 《巴塞尔协议Ⅱ》

巴塞尔协议是一个全面的商业银行资本监管框架，它的形成和发展是国际社会对历次重大金融危机应对和反思的结果，从《巴塞尔协议Ⅰ》到《巴塞尔协议Ⅲ》，商业银行监管框架的演进历程不仅体现了金融监管与金融创新的循环发展过程，也反映了监管者与被监管者、不同利益主体之间的博弈和利益追逐。剖析巴塞尔协议框架下银行资本监管的演进逻辑与经验教训，是理解与客观评价以《巴塞尔协议Ⅲ》为框架的现代银行资本监管标准的基础。本章重点对巴塞尔协议的雏形——《巴塞尔协议Ⅰ》和巴塞尔协议的完善——《巴塞尔协议Ⅱ》进行重点研究，下一章继续探讨目前巴塞尔协议的最新发展——《巴塞尔协议Ⅲ》。

第一节 《巴塞尔协议Ⅰ》：开创基于 风险的资本监管

一、《巴塞尔协议Ⅰ》的形成脉络

从银行出现至今，银行危机的爆发一直没有间断，甚至愈演愈烈，其不仅对金融体系产生冲击力，也对经济产生了巨大影响。20 世纪 70 年代以来，金融创新和全球经济一体化不断发展，世界各国的金融监管水平参差不齐，但总体趋于放松监管，一些大型商业银行凭借其雄厚的资本在全球金融市场上取得了重要的地位，而各国金融监管水平的差异带来了国际监管的"真空"地带，出现对这些银行监管的不充分和低效率。70年代后期，正逢西方发达国家出现经济滞胀和低速发展，特别是源于油价暴涨带来的过剩流动性和发展中经济体的石油出口国储蓄流入的拉丁美洲债务危机的爆发，以及布雷顿森林体系崩溃，世界经济与国际货币出现动荡，银行体系也频频爆发问题。1974年6月，拥有8亿美元资产的联邦德国赫斯塔特银行（Bankhaus Herstatt），在遭受4.5亿美元的外汇和其他损失之后，被联邦德国当局关闭。1974年5月，跻身全美最大20家银行之列的富兰克林国民银行（Franklin National Bank）宣布，其在外汇投机中出现巨大损失，同时由于业务扩张太快，银行出现大量不良贷款，消息的披露导致银行资金大量抽逃，仅仅5个月后，有着50年历史的富兰克林国民银行因无力偿还债务而倒闭。两大银行的倒闭使两国经济乃至全球金融业遭受严重影响，也给全球金融业敲响了警钟，以此为直接导火索，国际社会开始重视国际银行统一监管体系的建立。

在国际货币体系与银行市场经历了剧烈动荡之后，经十国集团中央银行行长倡议，1975年2月，巴塞尔银行监管委员会（Basel Committee on Banking Supervision）成立，简称巴塞尔委员会。委员会成员由美国、英国、法国、德国、日本、加拿大、比利时、意大利、荷兰和瑞典十国银行监管当局组成，作为国际清算银行的一个正式机构，各中央银行和银行监管当局的高级代表组成常设秘书处设在国际清算银行，总部在瑞士的巴塞尔。委员会的工作目标是"堵塞监管中的漏洞，改善监管水平，提高全世界银行监管质量"。委员会的主要职责是交流金融监管信息、建立各个领域能够共同认可的最低监管标准、加强各国监管当局的国际合作和协调，维护国际银行体系的稳健运行。巴塞尔委员会自成立以来先后制定了一系列重要的银行监管规定，巴塞尔协议就是其标志性成果。鉴于其合理性、科学性和可操作性，许多其他国家的银行监管部门也承认并自愿遵守巴塞尔委员会制定的协议和协定，特别是那些国际金融参与度比较高的国家和银行组织，事实上巴塞尔委员会已成为银行监管国际标准的制定者。

全球历年金融危机频率如表2-1所示。

表 2 - 1　　　　　　　　全球历年金融危机频率　　　　　　　单位：次/年

时间	银行危机	货币危机	双危机	总计
1880 ~ 1913 年	2.3	1.23	1.38	4.90
1919 ~ 1939 年	4.84	4.30	4.03	13.17
1945 ~ 1971 年	0	6.85	0.19	7.04
1973 ~ 2010 年	3.29	8.48	3.83	13.14

资料来源：依据巴塞尔委员会文本资料整理。

　　1988 年，巴塞尔委员会制定并发布《关于统一国际资本衡量和资本标准的协议》（International Convergence of Capital Measurement and Capital Standards），通常称为《巴塞尔协议Ⅰ》，该协议提出了统一的国际资本充足率标准，开创了基于风险的资本监管的先河，使全球银行业从注重规模转向注重资本、注重资产的质量等因素，体现了资本的质与量的统一，提升了整个银行体系的安全性与稳定性。1996 年，巴塞尔委员会又发布了《资本协议市场风险补充规定》作为此前的延伸，这两份文件的主要内容被认为共同构成了《巴塞尔协议Ⅰ》。1997 年东南亚金融危机的爆发，再次引起了巴塞尔委员会对金融风险的深入思考，并于 1997 年 9 月推出了《有效银行监管的核心原则》，为《巴塞尔协议Ⅰ》提出的银行监管框架提出了实施的具体标准。《巴塞尔协议Ⅰ》对国际银行业产生了深远的影响，它所开创的基于风险的资本监管已经成为银行业风险测量和资本管理的基本模式。

二、《巴塞尔协议Ⅰ》的主要内容

　　《巴塞尔协议Ⅰ》开创了基于风险的资本监管，体现了资本的质与量的统一，从此掀开了银行业资本监管新的篇章。其主要内容包括以下三部分。

（一）规范银行资本标准与构成

　　《巴塞尔协议Ⅰ》明确界定了银行资本的标准与构成，防止商业银行有意或无意地扩大资本认可范围可能导致的不审慎经营问题。协议将商业银行的资本分为核心资本和附属资本两大类：核心资本，又称一级资本，是银行可以永久使用和支配的自有资金，是银行资本中最稳定、质量最高的部分，可长期用来吸收经营管理过程中产生的损失，是银行资本的核心。核心资本主要包括实收资本和公开储备。附属资本，又称二级资本，只能在有限时间内起到吸收损失的作用，主要包括非公开储备、重估储备、普通贷款损失准备、次级债和混合资本工具等。巴塞尔委员会于1991年11月的修订中将一般准备金也计入附属资本，附属资本也是衡量银行资本充足状况的重要指标。

（二）确定风险加权资产计算方法

《巴塞尔协议I》确定了风险资产加权制，是指对银行的资产加以分类，根据不同类别资产的风险性质确定不同的风险系数，以不同的风险系数为权重求得风险加权资产。对于资产负债表内的风险权重，确定0、20%、50%、100%四个档次（见表2-2），对于资产负债表外业务确定0、20%、50%、100%四个档次的信用转换系数（见表2-3），以此与资产负债表内对应项目的风险权重相乘，作为表外项目的风险权重，即：

$$表内加权风险资产 = \sum（表内资产 \times 对应风险权重）$$

$$表外加权风险资产 = \sum（表外资产 \times 信用转换系数 \times 对应表内风险权重）$$

表2-2　　　　　《巴塞尔协议I》表内资产风险权重对照参考

风险权重	内　　　容
0风险权重的资产	（1）现金； （2）币值稳定、并以此对央行融资的债券； （3）对经济合作与发展组织（OECD）成员国，或对国际货币基金组织达成借款总体安排相关的特别贷款协议的国家的中央政府或央行的其他债权； （4）用现金或者用OECD国家中央政府债券作担保，或由OECD国家的中央政府提供担保的贷款
20%风险权重的资产	（1）对多边发展银行的债权以及由这类银行提供担保，或以这类银行的债券作抵押的债券； （2）对OECD国家内的注册银行的债权以及由OECD国家内注册的银行提供担保的贷款； （3）对OECD以外国家注册的银行余期在1年内的债权以及由OECD国家内注册提供担保的贷款； （4）托收中的现金款项； （5）对非本国的OECD国家的公共部门机构的债权，以及由这些机构提供担保的贷款

续表

风险权重	内　　容
50% 风险权重的资产	完全以居住为用途的房产作抵押的贷款
100% 风险权重的资产	（1）对私人机构的债权； （2）对 OECD 之外的国家的中央政府的债权； （3）对公共部门所属的商业公司的债权； （4）房屋设备和其他固定资产； （5）不动产和其他投资； （6）所有其他资产

资料来源：根据巴塞尔协议文件整理。

表 2 - 3　　　　　　《巴塞尔协议 I 》表外业务信用转换系数参考

信用转换系数	内　　容
0% 信用风险转换系数表外业务	类似初始期限在 1 年以内的，或可以在任何时候无条件取消的承诺
20% 信用风险转换系数表外业务	有自行偿付能力的与贸易有关的或有项目
50% 信用风险转换系数表外业务	（1）某些与交易相关或有项目； （2）票据发行融通和循环包销便利； （3）其他初始期限在 1 年以上的承诺
100% 信用风险转换系数表外业务	（1）直接信用替代工具，如保证和承兑； （2）销售和回购协议以及有追索权的资产销售； （3）远期资产购买、超远期存款和部分缴付款项的股票和代表承诺损失的证券

资料来源：根据巴塞尔协议文件整理。

（三）提出统一的国际资本充足率标准

资本、加权风险资产和资本充足率是银行资本监管的核心三原则，《巴塞尔协议 I 》对商业银行总资本与加权风险资产之比即资本充足率的具体指标设定了最低资本要求。其中，商业银行的总资本充足率不得低于 8% ，核心资本充足率不得低于 4% 。这一国际资本充足率标准的设定，为全球银行设定了统一的参考，促使银行注重资本对风险资产的限制作用。起初巴塞尔协议只要求银行针对信用风险进行资本计提，20 世纪 90 年代中期，随着金融创新的不断推动，衍生品交易使银行通过资产证券化方式与金融市场的联系更为紧密，在 1996 年公布的《资本协议市场风险补充规定》中，针对与日俱增的市场风险，巴塞尔协议也提出了对应的资本准备金要求，完善了风险覆盖范围。

三、《巴塞尔协议Ⅰ》的意义与评价

(一)《巴塞尔协议Ⅰ》的意义与影响

《巴塞尔协议Ⅰ》确定了其在银行监管历程中的核心地位,开创了基于风险的资本监管机制,对国际范围内银行资本监管意义重大。

第一,建立了统一的国际性标准,为国际银行业的资本监管提供了基础性框架,为各国银行之间的竞争提供了公平的环境。对银行资本内涵和外延的规范确定,避免各国通过不同会计处理人为增加银行账面资本,进而增加银行经营风险。统一的资本充足率限制也在共同认可的层面上公平限制了各国银行风险业务的无节制增长,增强整个银行业的安全与稳健性。

第二,开创了基于风险的资本监管机制,拓展了银行监管新的方向,激励商业银行强调风险管理,增强银行体系的安全与稳健。推进单纯资产负债管理向风险管理的过渡,资本充足率成为监管核心,反映银行以自身资本承担风险、吸收损失的能力,形成资本与风险两位一体。资本充足率通过引入风险加权资产,此协议下重点覆盖了信用风险和市场风险,为风险资本管理的发展奠定了基础。

第三,监管重心转移到对银行资本充足性的重点关注,不再过多纠结母国与东道国的权责划分;监管视角也从单纯的银行体外转向银行体内。事实上,巴塞尔委员会发布协议文件并不具备法律效力,但其提供的统一监管标准参考得到了国际范围内的认同。监管理念的转变和监管技术的革新,使巴塞尔协议长期成为世界范围内影响最大的银行监管准则。

(二)《巴塞尔协议Ⅰ》的局限性

由实施效果来看,《巴塞尔协议Ⅰ》也存在一定的局限性,特别是20世纪90年代后期,伴随着国际金融市场的发展,金融创新和风险管理技术日益更新,其暴露出风险管理和政策实施的一些缺陷,资本监管有效性有待改进。

首先,并未全面覆盖银行面临的风险,且已有风险资产计量缺乏风险敏感性。协议初期仅考虑了信用风险加权风险资产,后期虽涉及了市场风险,但对交易账户利率风险、操作风险、声誉风险及流动性风险并未覆盖，且风险计量模型、参数选择以及全面风险管理手段不能跟上银行风险不断复杂化的趋势。协议中的风险权重分档过于简单，没有充分考虑同类资产的信用差异，难以真实反映银行风险。

其次，资本充足率的计算方法引起监管套利，与监管初衷有所背离。金融监管者和金融市场参与者是一对天生的矛盾体，每个金融机构都有动机去降低监管的成本，监管套利就是如此。资本充足率的计算给银行不同类型的资产赋予不同的风险权重，银行有动机通过各种手段来处理自己的资产负债结构，例如把表内高风险权重的资产证券化变成风险权重更低的资产，甚至利用通道业务转移到表外，或通过其他会计手段调整表内各种资产的规模，从而节约资本。监管套利降低了银行的经营资本成本，一定程度上逃避监管，会使银行倾向于资产质量更差的资产组合，导致系统性增大，削弱了《巴塞尔协议Ⅰ》的监管有效性。

最后，统一标准有待差异化执行，采用经济合作与发展组织"富国俱乐部法"缺乏公平性。《巴塞尔协议Ⅰ》规范了资本充足率标准，为全球银行设定了统一的参考，但对于不同国家的经济发展阶段、不同的会计准则、不同银行规模、国际活跃度和融资成本差异等条件，看似一视同仁的资本监管标准可能会在一定程度上造成不公平竞争。另外，《巴塞尔协议Ⅰ》采用经济合作与发展组织"富国俱乐部法"，成员与非成员、成员之间风险权重的设定差距较大，信用分析评判的信用标准存在国别扭曲，没有充分反映国家转移风险，静态的资本管理理念未能用动态的观点看待成员和非成员的信用变化。

第二节　《巴塞尔协议Ⅱ》：坚持以资本监管为核心

一、《巴塞尔协议Ⅱ》的改进

20世纪90年代以来，经济全球化与金融创新进一步发展，金融机构之间的竞争日趋激烈，银行业创新层出不穷，大量金融衍生工具的使用使银行业务趋于多样化和复杂化，信用风险和市场风险更加复杂的同时，其他风险的影响力与破坏力也显现出来，发生多起巨额亏损和银行倒闭事件。在全球金融管制放松以及金融科技、通信、IT 等技术发展的助力下，银行特别是大银行的风险管理技术与风险计量模型推陈出新，规避管制的水平和能力也有所提高。相比之下，《巴塞尔协议Ⅰ》中的风险管理技术与风险模型开始落后于时代的发展，不适应新技术、新问题的挑战，降低了资本监管的有效性。在理论界和实务界的批评与质疑声中，巴塞尔委员会于 1998 年开始着手修订新一轮巴塞尔资本协议，对《巴塞尔协议Ⅰ》进行全面修订（见表 2 - 4）。

表 2 - 4 　　　　　　　　　　《巴塞尔协议Ⅱ》修改进程

时间	重要事件
1996 年 6 月	通过《巴塞尔协议Ⅱ（第一征求意见稿）》
2000 年 1 月	第一次定量影响测算（QIS1）
2000 年 2 月	第二次定量影响测算（QIS2，QIS2.5）
2001 年 1 月	通过《新协议草案》
2001 年 6 月	通过《巴塞尔协议Ⅱ（第二征求意见稿）》
2002 年 10 月	出台协议建议的最新版
2002 年 10 月	第三次定量影响测算（QIS3）
2003 年 4 月	通过《巴塞尔协议Ⅱ（第三征求意见稿）》
2003 年 8 月	通过《巴塞尔协议Ⅱ跨国实施的高级原则》
2004 年 11 月	第四次定量影响测算（QIS4）的指导意见
2005 年 4 月	通过《巴塞尔协议Ⅱ在跨国银行交易活动中的应用及对双重违约影响的处理》
2005 年 7 月	通过《第五次定量影响测算（QIS5）的征求意见稿》

资料来源：根据巴塞尔委员会文件整理。

从 1999 年 6 月巴塞尔委员会颁布的第一份新资本充足性框架草案《新资本协议（第一征求意见稿）》开始，经过长达 5 年反复修改和逐步完善，2004年 6 月 26 日，十国集团的央行行长一致通过《资本计量和资本标准的国际协议：修订框架》，简称《巴塞尔协议Ⅱ》，并承诺从 2007 年 1 月 1 日开始实施。从具体内容与实施框架来看，《巴塞尔协议Ⅱ》延续了《巴塞尔协议Ⅰ》以资本监管为核心的风险监管思路，监管范围与监管手段更加广泛、更加复杂，并对银行资本监管规则进行了更新，在最低资本要求的基础上增加了外部监管与市场约束对银行风险进行监管，包括三大支柱：一是最低资本要求；二是监管当局对资本充足率的检查；三是市场约束即信息披露。

二、《巴塞尔协议 II 》的"三大支柱"

（一）第一支柱：最低资本要求

《巴塞尔协议 II 》坚持以资本充足监管为核心，仍然沿用 8% 的最低资本充足率标准，有关资本构成的各项规定也保持不变。但《巴塞尔协议 II 》对风险资产的界定进行了调整，并修正了各类风险的计量方法，由原来的单纯反映信用风险加上了反映市场风险和操作风险的内容，风险覆盖范围更为广泛，风险敏感性也更强（见表 2 - 5）。

表 2 - 5　　　　衡量信用风险、操作风险和市场风险的主要方法

信用风险	操作风险	市场风险
（1）标准法 （standardized approach）	（1）基本指标法 （basic indicator approach）	（1）标准法 （standardized approach）
（2）内部评级初级法 （foundational internal rating based approach）	（2）标准法 （standardized approach）	（2）内部模型法 （internal models approach）
（3）内部评级高级法 （advanced internal rating based approach）	（3）高级计量法 （advanced measurement approach）	

资料来源：巴塞尔银行管理委员会. 统一资本计量和资本标准的国际协议：修订框架［M］. 北京：中国金融出版社，2004.

《巴塞尔协议 II 》衡量信用风险采用标准法或内部评级法，基于内部评级法又有基本法和高级法的区别，其复杂程度依次递增。《巴塞尔协议 II 》的一大革新之处在于允许银行根据自身的风险管理水平和业务复杂程度选择不同的衡量方法。标准法基于外部信用评级机构对交易对手的主权风险、公司风险的评级确定风险权重。实力较强的银行可以采用内部评级法，避免由于外部信用评级机构信息不充分或其他人为因素，导致评级结果的偏差。内部评级法依赖四类参数数据：违约概率（probability of default，PD）、违约损失率

(loss given default, LGD)、违约风险暴露 (exposure of default, EAD) 以及暴露期限 (maturity, M),要求银行自身建立这些风险指标数据的监测体系,并进行模型度量。内部评级法的运用反映出银行监管方式的重大转变,标志着从管制资本到经济资本的转变和由"静态"合规性监管向"动态"审慎性监管转变。它为商业银行提供了先进风险管理技术的创造空间,有利于促进银行风险管理水平与竞争能力的提高。同时对监管机构也提出更高要求,即有能力评估和监督银行内部复杂的风险管理系统,判断其合理性与有效性。《巴塞尔协议Ⅱ》从标准法、初级内部评级法和高级内部评级法循序渐进,建立良好的激励机制,鼓励银行不断改进和完善自身风险管理体系。监管当局的监管重点也从单一最低资本充足水平转向兼顾银行内部的风险管理体系的建设。

《巴塞尔协议Ⅱ》采用两类方法衡量市场风险,分别是标准法和内部模型法。标准法采用"堆积木"的方式将商业银行交易资产划分为利率、汇率、股票和商品四类,并按照相应权重计算所需资本,然后加以汇总作为整体市场风险的资本保证金。这种方法又叫作刚性监管法,计算简便,但略显粗糙,不能准确计量银行持有资产面临的市场风险损失。内部模型法是基于在险价值 (VaR) 的计算模型,此模型基于概率和统计理论估计交易资产在未来时刻在预先给定的置信概率水平下可能发生的损失额度与在险价值。VaR 模型能够更精确地计算交易资产面临的市场风险,在具体运用中,巴塞尔监管委员会允许各商业银行根据自己所持的交易资产选取相适用的 VaR 内部计量技术,这也是内部模型方法的特点。

《巴塞尔协议Ⅱ》的又一革新就是首次将操作风险纳入监管范畴,操作风险被界定为由于不完善或有问题的内部操作过程、人员、系统或外部事件而导致的直接或间接损失的风险,并明确要求商业银行应为抵御操作风险造成的损失而安排资本。在具体衡量方法中,可采用基本指标法、标准法和高级计量法 (AMA),前两者是按固定比率确定操作风险所需资本,而高级计量法允许银行采用自己的方法来评估操作风险,风险敏感度更高。基本法是自上而下的,以商业银行前 3 年总收入的平均值乘以 0.15 的系数。标准法是自下而上的,总收入仍作为反映商业银行业务规模和相关各产品操作风险规模的一项指标,但商业银行必须计算每一产品线的资本要求。高级计量法如内部度量法、损失分布法最大的优势在于银行可使用自身的损失数据来计算监管资本要求，更加真实地反映了银行所承受的操作风险。

（二）第二支柱：监管当局的监督检查

随着银行业务的多元化以及外部环境的复杂化，巴塞尔委员会意识到仅仅依靠对最低资本充足率的监管是不够的，于是委员会开始强调监管当局的监督检查作用，监督银行的日常行为，这成为《巴塞尔协议Ⅱ》主体框架的第二支柱。通过有效和及时的监督检查，防止银行在资本不充足的情况下从事高风险投资活动，导致银行坏账增加以及破产风险加大，引起金融业乃至整个国民经济的混乱。监管当局的监督检查是资本充足率监管的重要补充，增强了商业银行加强风险管理的外部压力。第二支柱要求遵循以下指导原则：第一，银行应具备与自身风险状况相适应的评估总量资本的一整套程序，以及维持资本水平的战略；第二，监管当局应检查和评价银行内部资本充足率评估情况及其战略，以及银行监测和确保满足监管资本比率的能力，若对结果不满意，监管当局应采取适当的监管措施；第三，监管当局应鼓励银行的资本高于最低监管资本比率，并有能力要求银行持有高于最低标准的资本；第四，监管当局应争取及早干预从而避免银行的资本低于抵御风险所需的最低水平，如果资本得不到保护或恢复，需迅速采取补救措施。此外，要求银行披露计算各种风险最低资本的内部模型方法的特点。监管当局监督检查的其他内容包括监督检查的透明度以及对换银行账簿利率风险的处理、加强跨境监管的交流与合作等。

（三）第三支柱：市场约束

《巴塞尔协议Ⅱ》是从公司角度要求银行的，对银行内部信息的披露情况十分重视，强调银行必须及时提供可靠的信息，以市场的力量来约束银行的行为，市场约束是《巴塞尔协议Ⅱ》监管框架的第三支柱。市场是一股强大的外在力量，它能够积极推动银行更为审慎合理、有效配置资源并全面控制经营风险，具有内部改善经营、外部加强监管所无法替代的作用。由于银行可以采用内部评级法及各种内部模型对资本充足性进行测算，更大的自主权容易导致银行自觉性不高的问题出现，因此，充分有效的信息披露变得尤为重要。信息披露可以让监管当局、利益相关者以及市场参与者及时全面地了解银行的风险状况和资本水平，市场让公众监督检查对银行起到激励约束作用。市场纪律的约束会督促银行完善法人治理结构、理顺委托代理关系、加强风险管理和内部控制、提高经营管理和盈利能力。只有资本充足、风险信息披露记录良好的银行，才能以更优惠的条件从市场上获得支持，而风险偏高的银行则要支付更高的风险溢价。巴塞尔委员会制定了统一的信息披露框架，披露的信息包括核心信息和附加信息两个部分，对信息披露要求定性与定量披露相结合。市场约束是前面两大支柱的有力补充，使市场参与者能够掌握商业银行的风险轮廓和资本水平。由于新巴塞尔协议允许商业银行使用内部计量方法，因此，公开的信息披露就有利于外部监督，并对商业银行的风险管理与资本管理提出切实的要求。

《巴塞尔协议Ⅱ》的三大支柱如图 2 - 1 所示。

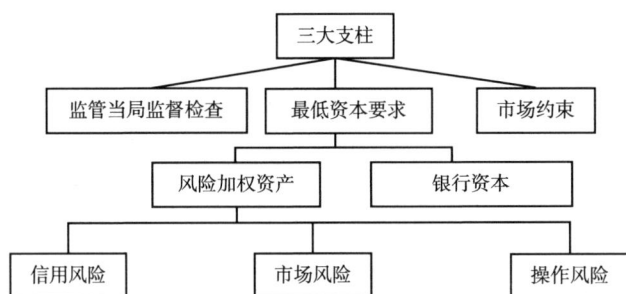

图 2 - 1 《巴塞尔协议Ⅱ》的三大支柱

三、《巴塞尔协议Ⅱ》的实施与影响

实施《巴塞尔协议Ⅱ》对银行的制度、技术、数据和人才等方面都有较高的要求，按照《巴塞尔协议Ⅱ》过渡期安排，十国集团等发达国家有两年的缓冲期准备，非成员国等新兴国家则更为宽松，各国可以按照新协议的要求加快建设风险管理体系。但是，2007 年美国次贷危机的爆发引发了全球金融危机，全球银行业遭受了巨大的冲击，打乱了各国实施《巴塞尔协议Ⅱ》的步伐，各国进展速度缓慢，理论界与银行界对巴塞尔协议的质疑也纷纷而起。直至 2009 年后，各国非常规经济政策效果拉动全球经济企稳回升，实施与改进巴塞尔协议的工作再次提上了各国金融监管的日程。2009 年 9 月 25 日 G20 匹兹堡峰会指出，主要经济体 2011 年底前开始实施《巴塞尔协议Ⅱ》，与此同时，《巴塞尔协议Ⅲ》的制定也在紧锣密鼓地稳步推进。但是，国外大型银行的已有实践表明，《巴塞尔协议Ⅱ》的提出与实施确实对银行风险管理与资本监管带来了许多积极影响。

第一，坚持以资本充足率为核心，完善资本监管框架。《巴塞尔协议Ⅱ》建立了互为补充的有效资本监管的三大支柱，坚持和发展了原有的以资本充足率为核心的监管思路，将资本充足列为第一支柱。同时，新增了监管当局的监督检查和市场约束作为第二支柱和第三支柱，从监管当局、商业银行和其他市场参与者三个方面对银行资本监管与风险管理进行强化。监管方式纳入外部监管，强化监管机构对银行的日常监督检查作用，避免银行在追求利润最大化的动机下利用信息不对称违背监管规则。加强信息披露，引入市场约束机制，通过市场奖惩机制促使银行加强风险管理，保持充足的资本水平，推导银行和金融体系稳定发展。

第二，扩大风险资本要求覆盖范围，测量方法允许差异化实施。《巴塞尔协议Ⅱ》对风险的认识更加系统、全面，在原有重点关注信用风险的基础上，对交易账户市场风险、操作风险、法律风险都纳入资本充足率的计算，要求为之配置相应资本。《巴塞尔协议Ⅱ》还推荐了不同的风险资本计量方法：对信用风险，规定了标准法、内部评级初级法与内部评级高级法；对市场风险，规定了标准法与内部模型法；对操作风险，规定了基本指标法、标准法和高级计量法。各商业银行可以根据自身的风险管理水平与模型处理能力选择适合自己的模型，既提高了监管资木的风险敏感性，又鼓励银行由简入繁、不断积累数据，提高自身的风险管理能力。

第三，鼓励银行使用内部评级法。《巴塞尔协议Ⅱ》提出了更加多样和灵活的风险计量方法，并倡导银行在符合条件的基础上使用内部评级法与内部模型法。银行自由度的增加，一方面正向激励银行提高风险管理水平，创建或选择适合自己的风险评估模型，减少了外部监管机构对银行的过度监控，避免对银行经营效率的妨碍；另一方面由于监管当局要求银行及时提交完备的内部风险评估程序与制度安排以及相关资本策略，供监管机构监督审核，也有利于监管当局吸收大型银行先进的风险管理技术，提高资本监管有效性。

第三节　金融危机暴露《巴塞尔协议Ⅱ》的问题

2008 年由银行"次贷危机"引起的国际金融危机对于实施不久的《巴塞尔协议Ⅱ》形成了事实上的冲击，国际银行界对其监管有效性产生了一些批评与质疑。从另一个角度理解，此次金融危机正是为《巴塞尔协议Ⅱ》的实施提供了某种程度的"压力测试"，揭示出其存在的问题与不足，为其未来的改进和修订指明了方向。

一、有效资本抵御风险可得性差

《巴塞尔协议Ⅱ》坚持了资本监管的核心地位，对于资本充足率约束的强化着重在分母，加大了风险加权资产计量的风险敏感性，但对于分子——监管资本的要求并没有变化。资本的定义范畴相对宽泛，银行有动机也有能力通过所谓的金融创新渠道补充资本金，达到监管标准，但是银行实际有效抵御风险的资本质量和数量都是不足的，特别是在危机爆发的时刻。金融危机前，美国很多银行一级资本充足率虽然合格，但其组成中普通股的占比却逐年下降，普通股已经失去了其在一级资本中的主导地位，直接导致危机发生时银行可自由支配的资金不足，如表 2－6 所示。

表 2－6　　　　危机前美国银行业普通股占权益资本的比例　　　　单位:%

年份	1966	1975	1985	1995	2000	2005	2006	2007
普通股占比	29.56	24.14	17.23	10.26	5.89	3.54	3.28	3.15

资料来源：钟永红，李政. 美国商业银行资金来源结构的变迁与启示［J］. 金融论坛，2008 (6).

在金融市场与金融创新不断发展的大背景下，银行的经营模式由"购买—持有"转向"发起—分散"，很多大银行不再依靠资产负债表内持有贷款产生利息收入，而是利用贷款资产证券化进行信用风险管理，特别是巴塞尔协议规定可计入银行附属资本的次级债的大量发行，造成了银行资本充足率虚高而遇到危机时真正有效抵御风险的资本不足。金融衍生工具的发展使银行很容易利用抵押债务工具（collateralized debt obligation，CDOs）等结构化金融产品出售给投资者，次级债券市场迅速发展。据统计，次级债券余额由 2002 年底的 1 670 亿美元上升到 2006 年底的 7 320 亿美元，经过反复打包处理，最终出售给非银行机构投资者的次级贷款违约比例比未证券化的高 20% [①]。银行过度依赖信用衍生工具来转移风险，掩盖了基础资产恶化与银行高质量资本不足的弊端，弱化了银行监管者与市场参与者监控风险的能力，最终导致表面虚高的银行资本在危机时刻不能真正起到吸收风险损失的作用。资本质量不高，有效资本数量不足是对银行资本监管中暴露出的一大弊端。

二、对系统性风险监管缺失

从《巴塞尔协议 I 》到《巴塞尔协议 II 》，银行监管当局一直关注的是微观层面的风险管理与稳健经营，被监管对象只是单个银行的资本充足性与风险控制能力。外部监管机构的监管逻辑是确保银行风险转移出银行的过程是真实的，资本充足率的计算是符合监管要求的，但是并不关注风险本身转移出银行后实际承担者是谁以及风险的化解状况，这种监管逻辑导致银行系统性风险没有得到应有的重视，忽视了金融机构之间的风险传染性以及整个金融体系的宏观稳健性。系统性风险是指金融机构从事金融活动或交易所在的整个系统（机构系统或市场系统）因外部因素的冲击或内部因素的牵连而发生剧烈波动、危机或瘫痪，使单个金融机构也不能幸免，从而遭受经济损失的可能性。在《巴塞尔协议 II 》框架下的银行监管，对金融市场一体化与金融创新增加的金融机构之间的关联性认识不足，内部模型系统性风险因子也考虑不足，一旦系统性风险在整个银行体系乃至金融体系内积聚，最终爆

---

① Lee, J. Y., "Experiences Learnt from the Subprime Crisis", Presented at the 3rd Trilateral Supervisory Cooperation Seminar, 2008 March 26, Chengdu China.

发带来巨大损失。系统风险虽然发端于个体银行，但风险的成本与损失却由整个市场体系的所有参与者承担，微观个体银行的冒险行为给整个金融体系乃至宏观经济带来负的外部性。

三、加剧了顺周期影响的波动性

《巴塞尔协议Ⅱ》的主要改进之处在于提高了资本充足率的风险敏感性，允许使用不同的方法计量风险。而相比于《巴塞尔协议Ⅰ》固定不变的风险权重，风险敏感性越强，风险与经济周期波动的联系越紧密，银行资本监管的顺周期性越显著。内生于经济周期的指标变动会通过影响银行风险评估与信贷决策的顺周期变动，对宏观经济的周期性波动产生放大作用。《巴塞尔协议Ⅱ》指导银行采用的标准法和内部评级法度量信用风险，标准法下银行资产的风险权重取决于外部评级机构，例如标准普尔、穆迪等知名评级机构多采用全周期（through the cycle）模型评估借款人的风险暴露与还款能力，为提高评估效果其风险参数一般会选取较长数据区间以覆盖不同经济阶段，过度依赖外部评级机构难免受到经济周期波动的影响。而内部评级法是基于银行长期积累的数据与内部开发的评级模型，很多银行会采用时点评级模型（point at time），以企业当前的经营和财务信息、行业信息、宏观经济信息和市场信息为基础，依据统计分析如期权定价理论等量化测算。内部评级模型对风险的敏感度要远高于标准法，因而顺周期性也更明显。拉贝尔、杰克逊和特莫科斯（E. Catarineu-Rabell, P. Jackson. D. P. Tsomocos, 2005）对银行内部评级模型的选择进行了研究，认为对借款人违约概率评级模型选择取决于经济周期中的某一点，会导致经济衰退时资本要求大幅提高：内部评级采取全周期模型，在经济衰退期，监管资本要求提高的幅度约为15%，而采用时点模型，监管资本要求提高的幅度将在40%~50%。佩代尔佐利与托里切利（C. Pederzoli and C. Torricelli, 2005）的研究指出，在随机游走式预期的信用风险预期模式下，监管资本要求会出现较强的顺周期性，监管资本要求会在经济繁荣期下降，在经济衰退期增大。

四、对表外业务与交易账户监管不足

监管套利加大了银行进行表外业务创新的动力，但《巴塞尔协议Ⅱ》并没有对表外业务的有效监管提出相应的监管措施。银行的表外业务形式多样，既可以提供金融中介服务，也可以涉及高风险金融衍生工具市场，在给银行带来收益的同时也蕴藏着各种风险，包括信用风险、市场风险、流动性风险等，且风险之间的替代关系非常复杂。以金融衍生品为例，危机爆发前，其规模迅速增长，已远远超过银行总资产，对其监管不足蕴含着极大的风险，如表2－7所示。金融衍生工具类表外业务，自由度大、透明度低，也无规模的限制，按监管要求大多数不需要计提资本准备金或者只有很低的风险调节系数，在金融衍生工具高杠杆率的作用下，微小的失误也会给银行带来巨大的损失，威胁到银行的安全。

表2－7　　　　　　危机前美国银行业金融衍生品与银行总资产比值

年份	金融衍生品总值（万亿美元）	银行总资产（万亿美元）	倍数
1993	11.8	3.7	3.2
2002	56.3	8.4	6.7
2004	88.3	10.1	8.7
2006	132.2	11.9	11.1
2007	173.4	12.7	13.6
2008	201.1	13.8	14.5

资料来源：Federal Deposit Insurance Corporation. Quarterly Banking Profile.

巴塞尔委员会将银行资产分为银行账户和交易账户两类。2008年金融危机导致银行交易账户损失严重，预先计提的市场风险资本远远低于发生的损失，资本没有完成损失吸收的职能，加剧了危机的深化。《巴塞尔协议Ⅱ》缺乏对交易账户工具的流动性以及计价方式的关注，由于交易账户和银行账户的交界模糊，银行账户的金融工具收益日益短期化、受市场波动的影响加大，交易账户金融工具的价格与市场流动性关联升高、风险敏感性增强；且资本要求差异化明显，在实际操作中，银行出现从银行账户向交易账户划转的现象。

五、对"影子银行"体系监管缺失

"影子银行"体系是过去 30 多年全球最大的金融创新，主要是指那些快速推动金融创新工具发展的非传统金融中介机构和金融业务，例如对冲基金、投资银行、特殊目的机构（SPV）等。《巴塞尔协议Ⅱ》并没有对这些特殊金融机构与金融产品制定特别的监管规定，"影子银行"体系在缺乏监管的条件下迅速壮大，利用高杠杆以及创新性经营，导致风险在不同金融机构间蔓延，加速系统性风险积聚。据统计，2007 年初，美国"影子银行"系统的总资产约为 6.5 万亿美元，而同期美国前五大商业银行的总资产仅为约 6 万亿美元①。"影子银行"体系已发展为与传统商业银行体系平行的金融系统，成为美国货币创造的主体之一。"影子银行"的快速发展在金融系统内积累了大量风险。以信用违约掉期（CDS）为例，2001～2006 年美国房地产市场繁荣期间，投资银行把次级房地产贷款分类打包后出售给对冲基金，同时通过购买 CDS 转移债务违约风险。在房价上涨时，出售 CDS 的违约率几乎为零，因此，出售 CDS 的机构不用持有实际债券也能发行 CDS，导致 CDS 规模急速膨胀，由 1997 年的 1 800 亿美元增加到 2008 年的 62 万亿美元。CDS 的过度交易使整个金融体系系统性风险上升，最终造成巨大损失。对"影子银行"进行有效监管，强化信息披露，成为未来金融监管的主要内容，为巴塞尔协议的修订和完善指明了方向。

---

① 高蓓. 影子银行体系与商业银行经营稳定性［M］. 北京：中国社会科学出版社，2016.

第三章 《巴塞尔协议Ⅲ》：危机后的资本监管改革

金融危机的爆发是金融体系内部矛盾以及金融体系与经济体系之间矛盾的释放，它既对金融监管有效性进行了检验，暴露金融监管制度的缺陷与不足，更为改进与完善监管制度提供了机会与契机。巴塞尔委员会在 2008 年金融危机后对银行业的资本监管理念与监管规则进行了一系列补充和修订，银行监管进入了《巴塞尔协议Ⅲ》时代。

第一节 《巴塞尔协议Ⅲ》的两阶段修订进程

从 2008 年危机爆发到 2010 年的 3 年时间，作为应对危机的快速产物，一系列加强银行监管的文件陆续出台，并在 2010 年 12 月正式公布了《巴塞尔协议Ⅲ》文本终稿。经过长达 7 年的反复研究、评估和商榷，2017 年 12 月，巴塞尔委员会又发布了"《巴塞尔协议Ⅲ》：后危机改革的最终方案"，作为对 2010 版《巴塞尔协议Ⅲ》的补充和修订。《巴塞尔协议Ⅲ》分两个阶段完成修订，后危机时代银行资本监管国际规则的改革尘埃落定。

一、增强银行和银行体系稳健性的国际监管框架

第一阶段《巴塞尔协议Ⅲ》的补充与修订集中在 2008 年危机爆发后至 2011 年，针对危机暴露出的原有协议中的监管漏洞，例如资本质量不高、未

关注系统性风险、流动性风险与顺周期性等问题，巴塞尔委员会陆续推出一系列新的资本监管新规与风险管理计量方法，一方面为了渡过短期内金融危机带来的难关；另一方面更是为了长期内银行机构与银行体系的稳定安全提供保障。这一系列文件中，巴塞尔委员会先后公布的《流动性风险管理和监管的挑战》《稳健的流动性风险管理和监管原则》《流动性风险计量、标准和监测的国际框架（征求意见稿）》，集中对造成此次危机的流动性风险进行探讨，提出了流动性风险管理和监管的基本原则与具体制度框架；《新资本协议框架完善建议》《增强银行业抗风险能力（征求意见稿）》等为整体银行监管框架的修订提供了意见；《交易账户新增风险资本计提指引》《新资本协议市场风险框架的修订稿》对银行特别是交易账户的市场风险监管提出新的要求；《银行金融工具公允价值评估实践的监管指引》《稳健的压力测试实践和监管原则》等对市场风险的评估，以及原协议中公允价值暴露在流动性缺乏情况下计量困难的缺陷，提升压力测试在风险管理中的地位。最终这些改革措施在 2010 年 7 月和 9 月召开的中央银行主管和监管首脑理事会（Group of Governors and Heads of Supervision，GHOS）会议上确认通过，并于 2010 年 11 月召开的 G20 首尔峰会上公开得到各国批准，在实施上设计了 2013 ~ 2019 年的达标过渡期。2010 年 12 月 16 日，巴塞尔委员会公布了《巴塞尔协议Ⅲ》正式文稿，包括《巴塞尔协议Ⅲ：一个更稳健的银行及银行体系的全球框架》和《巴塞尔协议Ⅲ：流动性风险计量、标准和监测的国际框架》，新的银行监管国际标准正式推出，如表 3 – 1 所示。

表 3 – 1 　　　　　　　　第一阶段《巴塞尔协议Ⅲ》部分系列文件

发布时间	核心文件名称
2008 年 2 月	《流动性风险管理和监管的挑战》
2008 年 9 月	《公允价值的度量与建模》
2008 年 9 月	《稳健的流动性风险管理和监管原则》
2009 年 5 月	《稳健的压力测试实践和监管原则》
2009 年 7 月	《交易账户新增风险资本计提指引》
2009 年 7 月	《新资本协议市场风险框架的修订稿》
2009 年 7 月	《新资本协议框架完善建议》
2009 年 12 月	《增强银行业抗风险能力（征求意见稿）》

续表

发布时间	核心文件名称
2009 年 12 月	《流动性风险计量、标准和监测的国际框架（征求意见稿）》
2010 年 5 月	《巴塞尔协议Ⅱ和资本要求的修订》
2010 年 6 月	《巴塞尔协议Ⅱ委员会和规制改革》
2010 年 6 月	《巴塞尔委员会关于巴塞尔协议Ⅱ市场风险框架的调整》
2010 年 7 月	《逆周期资本缓冲的建议（征求意见稿）》
2010 年 7 月	《监管理事会就巴塞尔委员会针对资本和流动性的一系列改革的共识》
2010 年 8 月	《实施更高资本和流动性要求对宏观经济影响的评估》
2010 年 9 月	《巴塞尔协议Ⅲ：更安全的金融体系》
2010 年 9 月	《采取宏观审慎决策的挑战：各方角色》
2010 年 10 月	《巴塞尔委员会对金融危机的应对：给 G20 的报告》
2010 年 10 月	《校准监管的最低资本要求和资本缓冲：一个自上而下的方法》
2010 年 11 月	《巴塞协议Ⅲ与金融稳定》
2010 年 12 月	《各主权国家实施逆周期资本缓冲的指引》
2010 年 12 月	《巴塞尔协议Ⅲ：一个更稳健的银行及银行体系的全球监管框架》
2010 年 12 月	《巴塞尔协议Ⅲ：流动性风险计量、标准和监测的国际》
2010 年 12 月	《实施更高资本和流动性要求对宏观经济影响的最终评估报告》

资料来源：巴塞尔委员会官方网站，2010 年 12 月。

二、后危机时代银行监管改革的最终方案

第二阶段《巴塞尔协议Ⅲ》的补充与修订是在 2017 年底最终完成的。根据第一阶段《巴塞尔协议Ⅲ》定量测算结果，巴塞尔委员会认为很多大型银行需要补充资本金才能满足其要求，因此，在实施上设计了 2013～2019 年的过渡期。在此期间，巴塞尔委员会并没有停下来，持续对 2010 年版《巴塞尔协议Ⅲ》中尚未解决及现行监管框架中争议较大的焦点问题反复研究讨论与评估。2017 年 12 月 8 日，巴塞尔委员会发布了《巴塞尔协议Ⅲ：后危机改革的最终方案》，并于 2022 年正式开始实施，作为对 2010 年的《巴塞尔协议Ⅲ：增强银行和银行体系稳健性的国际监管框架》的补充修订。"最终方案"的核心内容是重新构造了风险加权资产的计量监管框架，过渡期为 2022～2027 年。至此，《巴塞尔协议Ⅰ》至《巴塞尔协议Ⅲ》完成了对资本充足率监管

指标三个基本要素的改革，包括分子上合格的资本标准、分母上风险加权资产的计量方法，以及资本充足率监管要求的提高，后危机时代的国际银行业资本监管规则改革最终敲定。经过两个阶段的补充与修订，《巴塞尔协议Ⅲ》最终落地，它的逐步实施将会对我国乃至全球银行业的资本监管带来持久的重要影响（见表3-2）。

表3-2	第二阶段《巴塞尔协议Ⅲ》部分系列文件
发布时间	核心文件名称
2013年1月	《巴塞尔协议Ⅲ：流动性覆盖比率与流动性风险监管工具》
2014年10月	《巴塞尔协议Ⅲ：净稳定现金比率》
2016年1月	《市场风险的最低资本要求》
2016年3月	《降低信贷风险加权资产的变化——内部模型方法的约束》
2016年8月	《巴塞尔标准的实施——G20领导人关于实施巴塞尔协议Ⅲ监管改革的报告》
2016年9月	《有效银行监管核心原则在金融监管机构监管中的应用指导》
2017年3月	《会计规定的监管处理——过渡方式和过渡安排》
2017年3月	《支柱三披露要求——巩固和加强框架》
2017年4月	《问题资产的审慎处理.不良风险和容忍的定义》
2017年6月	《逆周期资本缓冲政策实施的范围》
2017年7月	《巴塞尔标准的实施》
2017年10月	《净稳定融资比率的实施与衍生负债的处理》
2017年12月	《监督和银行压力测试：实践范围》
2017年12月	《巴塞尔协议Ⅲ监测报告——累积定量影响研究结果》
2017年12月	《主权风险的监管处理（讨论稿）》
2017年12月	《巴塞尔协议Ⅲ：后危机改革的最终方案》

资料来源：巴塞尔委员会官方网站，2018年1月。

第二节 《巴塞尔协议Ⅲ》的主要改革

巴塞尔委员会前任秘书长韦恩·拜尔斯指出："既深刻又简单，既强大又不成为负担，既考虑风险又便于理解，既灵活多变又持续适用，适用常态环境又接受危机的教训，基于共识又源于广泛的实践，平衡规则和监管……"这是

《巴塞尔协议Ⅲ》倡导的银行监管原则导向。《巴塞尔协议Ⅲ》注重从银行个体和银行体系两个层面强化银行监管，实施微观审慎和宏观审慎并重的监管机制。它延续了以资本充足率、监管检查、市场约束三大支柱为支撑，继续以资本监管为主，不仅对资本充足率这个核心监管指标进行了补充与修订，更注入了杠杆率监管、流动性风险监管、逆周期监管等新的监管理念和监管手段。

一、全方位强化资本充足率监管

资本充足率是资本与风险加权资产（risk-weighted assets，RWA）的比例。《巴塞尔协议Ⅲ》对资本充足率的三个基本要素——分子资本、分母风险加权资产和资本充足率监管要求全部进行了改革与完善。

（一）提升资本基础的质量、一致性和透明度

银行的风险暴露需要由高质量的资本基础作为支撑，《巴塞尔协议Ⅲ》对资本的定义进行了修订，缩小了资本范围，将监管资本细化为核心一级资本、一级资本和二级资本，制定了资本工具的合格性标准，建立了普通股充足率的监管指标，重点提高一级资本工具吸收损失的能力，在全球范围内统一了资本扣减项目和审慎调整项目。《巴塞尔协议Ⅲ》强调一级资本的主要形式必须是普通股和留存收益，突出了股东必须对银行直接承担风险的原则，缩小了银行利用复杂资本结构向市场或者政府转嫁风险的空间。通过统一的资本定义和结构划分，使全球不同经济体、不同银行机构在资本质量上具有更高的透明度与可比性。对于一级资本的具体改革措施如表3-3所示。

表3-3 《巴塞尔协议Ⅲ》提高资本质量改革措施

一级资本组成	计算方法	改革措施
核心一级资本（普通股权益资本）	普通股（含留存收益） -商誉（扣减项） =有形普通股资本 -其他扣减项 =净普通股资本（普通股一级资本）	主要成分必须是普通股，包括留存收益；不包含类似债券的资本工具；剔除扣减项（商誉、超过递延所得税资产、抵押服务权和财务额度的金融等）；扣减项是全球统一的标准

续表

一级资本组成	计算方法	改革措施
其他一级资本	+优先股 +其他无限期的损失吸收工具（仅包括无限期的、类似债券的资本工具）	资本工具必须满足严格的准入标准；仅包含无限期的类似债券的资本工具；包括诸如政府救助的例外的资本工具；剔除创新混合债券工具
一级资本	=一级资本（持续经营假设下的资本）	加强一级资本结构的披露（包括所有的监管调整、主要特征、比率解释）
应急资本	或有可转换债券	在一定条件下可以转换为普通股的资本工具

资料来源：巴塞尔委员会官网，Improving the Quality of Tier One Capital。

（二）重新构造风险加权资产计量监管框架

作为计算资本充足率的分母，风险加权资产的计量方法不同会直接导致最终结果的差异，影响资本监管的有效性，而且还会对银行的经营决策产生影响。在《巴塞尔协议Ⅰ》中，外部监管赋予不同类别资产固定的风险权重，计算方法虽简单却过于粗糙。《巴塞尔协议Ⅱ》为提高风险加权资产的风险敏感性，为不同类型的风险提供了多种计量方法可供选择，更鼓励有条件的银行采用内部模型计量风险。但金融危机及监管实践也暴露了这种过于复杂的计算方法的缺陷：一方面，银行利用风险加权资产计量方法的自主选择权实施对自己有利的监管套利，弱化资本监管的约束；另一方面，不同计量方法导致不同经济体不同银行个体的风险权重差异明显，资本充足率指标缺乏可比性。

2017年底发布的《巴塞尔协议Ⅲ：后危机改革的最终方案》重点对风险加权资产计量监管框架进行了改进，旨在平衡其风险敏感性、简单性和可比性。其主要改革内容包括：简化风险加权资产可供选择的计量方法，限制银行选择不同风险加权资产计量方法的权利，如表3-4所示；增强标准法的风险敏感性，降低对外部评级的依赖，提供标准信用评估法（standardised credit risk assessment approach，SCRA），要求必须按标准法计算风险加权资产，以使各银行具有可比性，风险权重设置如表3-5所示；围绕风险暴露分类、风险驱动因子选择进行完善，加强房地产行业对银行资产风险的影响，单独增设"房地产风险暴露"资产类别；注重提升银行内部模型方法的稳健性，设置模型参数底线，如表3-6所示；同时对模型结果设置资本底线，要求内部模型方法计算的风险加权资产不得低于标准法计量结果的一定比例，使银行采用模型法的资本节约有了更强的约束，根据《巴塞尔协议Ⅲ》的过渡期安排，自2027年起，所有银行的资本底线水平为内部模型法的72.5%；同时强化风险加权资产的信息披露，增强市场约束的有效性，防止银行通过监管套利导致资本计提不足，低估自身风险。

表3-4   《巴塞尔协议Ⅲ》信用风险资产计量模型选择

风险暴露类型	新标准允许使用方法	与原有标准的变化
银行和其他金融机构	标准法、内部评级初级法	不再允许使用内部评级高级法
集团总收入超过5亿欧元的所属公司	标准法、内部评级初级法	不再允许使用内部评级高级法
其他公司	标准法、内部评级初级法或内部评级高级法	无变化
特殊借款机构	标准法、监管分类标准、内部评级初级法或内部评级高级法	无变化
零售类	标准法、内部评级高级法	无变化
权益类	标准法	所有内部评级法都不再使用

资料来源：巴塞尔委员会官网，FinalisingBasel Ⅲ In Brief，2017年12月。

表3-5   《巴塞尔协议Ⅲ》标准信用评估法风险权重

	评级	A级	B级	C级
银行	"基准"风险权重	40%①	75%	150%
	短期风险暴露权重	20%	50%	150%
	评级	投资级		其他
企业	非中小企业	65%		100%
	中小企业（SME）	85%		

注：①在SCRA法下，如果对手银行在满足A级分类所有标准的基础上，还能满足CET1核心一级资本比例达到或超过14%，且Tier1杠杆率达到或超过5%，无外部信用评级的银行也可获得30%的风险权重。

资料来源：巴塞尔委员会官网，2017年12月。

表3-6　　　　　　《巴塞尔协议Ⅲ》设置的内部模型风险参数底线

风险参数	违约概率 PD	违约损失率 LGD	
适用模型	内部评级法初级法 内部评级法高级法	内部评级法高级法	
参数底线	0.05%	无担保	有担保
		25%	金融资产：0
			应收账款：10%
			商业地产或住房：10%
			其他实物担保：15%

资料来源：巴塞尔委员会官网，2017年12月。

（三）资本充足率要求标准适度提高

巴塞尔委员会在强化资本质量的同时也提高了资本充足率监管要求。一级核心资本是银行资本吸收风险损失的最高形式，监管要求提升2.5%至4.5%，并新增2.5%的留存缓冲资本防御风险，普通股所占充足率水平达到7%。维持其与其他各级资本充足率指标的级差不变，外加留存缓冲资本后，银行核心一级资本充足率达到7%、一级资本充足率达到8.5%、总资本充足率10.5%。此外，在宏观审慎监管理念的指导下，为弥补资本充足率指标的顺周期性，新协议增加了逆周期缓冲资本，各国家可根据具体情况在0～2.5%幅度之内自行确定。考虑系统性风险在机构间的传递，确认系统重要性银行（SIB）还会适度提高其资本充足率要求，如表3-7所示。

表3-7　　　　《巴塞尔协议Ⅲ》后对资本充足率层次和监管要求　　　　单位:%

项　　　目	核心一级资本	一级资本	总资本
最低资本要求	4.5	6	8
储备超额资本	2.5	—	—
通常时期资本要求	7	8.5	10.5
逆周期超额资本	0～2.5	—	—
极端条件下资本要求	9.5	11	13
系统重要性银行附加资本	1～3.5	—	—
极端条件下系统重要性资本要求	10.5～13	12～14.5	14～16.5

资料来源：根据《巴塞尔协议Ⅲ》的要求整理。

二、引入杠杆率监管作为补充

危机前，很多大银行的高杠杆经营过度累积了表内外风险，资产证券化等业务的风险无法依靠现有的资本计提有效吸收。危机爆发带来的系统性风险与"影子银行"体系中大量的表外业务风险暴露，无法单纯依靠风险加权的资本充足率监管指标提前预警及有效控制。《巴塞尔协议Ⅲ》客观评估了内部模型对于加权风险资产计算的影响与缺陷，引入风险中性的杠杆率作为基于风险最低资本要求的辅助工具，以规避模型风险和限制任何通过计量技术降低风险权重并节约资本的行为。

杠杆率指标的计算过程简单、透明，其定义为一级资本（包括核心一级资本及附属一级资本）与总风险暴露（表内和表外）的比率。《巴塞尔协议Ⅲ》中杠杆率的监管红线为3%，银行必须始终满足3%的最低杠杆率要求，作为风险资本监管的补充，杠杆率监管一定程度上抑制了监管资本与银行自身计算的经济资本的偏离过大所导致的监管套利。杠杆率监管限制了银行业杠杆的积累，也避免了破坏稳定的去杠杆化过程，损害更广泛的金融体系和宏观经济，相当于用一个非风险性的担保措施来加强基于风险的需求。

此外，为了保持风险加权指标和杠杆率要求的相应作用，《巴塞尔协议Ⅲ》最终方案还对全球系统重要性银行提出必须满足更严格的杠杆率缓冲资本要求，其面临的资本约束取决于核心一级资本风险加权比及其杠杆率。以适用于1%风险加权资本缓冲的全球系统性银行为例，其核心一级资本风险加权要求和杠杆率指标要求的资本标准如表3-8所示。

表3-8　全球系统重要性银行核心一级资本风险加权要求与杠杆率要求　　单位:%

核心一级资本风险加权比率	一级资本杠杆率	最低资本节约比率 （以收入的百分比表示）
4.5 ~ 5.375	3 ~ 3.125	100
>5.375 ~ 6.25	>3.125 ~ 3.25	80
>6.25 ~ 7.125	>3.25 ~ 3.375	60
>7.125 ~ 8.0	>3.375 ~ 3.50	40
>8.0	>3.50	0

资料来源：巴塞尔委员会官网，2017年12月。

三、新增流动性风险监管指标

金融危机是金融监管制度的试金石。2008年金融危机早期，许多银行尽管资本水平充足，但仍因为流动性管理不审慎而陷入困境，出现流动性危机，事实证明，流动性对于金融市场和银行业稳健运行十分重要。2008年，巴塞尔委员会发布了《流动性风险管理和监管稳健原则》，制定了流动性监管框架，为管理和监管融资流动性风险提供了指导意见。基于稳健原则，《巴塞尔协议Ⅲ》制定了《流动性风险计量、标准和监测的国际框架》，重点制定了两个融资流动性风险监管最低标准：流动性覆盖率（liquidity coverage ratio，LCR）和净稳定资金比例（net stable funding ratio，NSFR）。这两个指标的设计旨在达到两个相互独立但又相互补充的目标。

流动性覆盖率通过确保银行持有充足的优质流动性资产来应对未来30天内的重大压力的冲击，以提高银行抵御短期流动性风险的能力。其标准定义为：

$$流动性覆盖率 = \frac{优质流动性资产储备}{未来\ 30\ 日现金净流出量} \geqslant 100\%$$

在监管当局设定的严重流动性压力情景下，能够保持充足的、无变现障碍的优质流动性资产，流动性覆盖率的标准是不低于100%。优质流动性资产储备要求具有流动性市场特征，被普遍持有并满足可供交易的条件，即使在严重非系统性的市场压力下，无论通过出售还是抵押借款，其获取流动性的能力依然良好。能作为该储备的资产主要有两类："一级"资产可以无限制地纳入储备，包括现金、中央银行准备金、由主权实体、中央银行、国际货币基金组织、国际清算银行等发行或担保保障性高的可交易证券和债务型证券等；"二级"资产最多只能占储备的40%，包括由主权实体、中央银行、国际货币基金组织、国际清算银行等发行或担保的风险权重稍高的可交易证券等。

净稳定资金比例通过建立附加激励机制，促使银行以更加稳定的资金来源支持业务持续发展，从而提高中长期应对流动性风险的能力。该指标以一个年度为监测期，促使银行保持可持续的资产负债期限结构。该指标定义为：

$$净稳定资金比例 = \frac{可用的稳定资金}{所需的稳定资金} > 100\%$$

净稳定资金比例是流动性覆盖率指标的有力补充，在执行意愿上属强制执行的最低要求，降低银行利用结构调整造成期限错配引发的流动性风险，增加长期稳定的资金来源，提高监管有效性。银行可用的稳定资金主要由资本类、优先股（期限 ≥ 1 年）、债务（有效期 ≥ 1 年）、存款单（无确定到期日）、银行非系统性压力事件爆发时未被取走的资金组成。可用的稳定资金需要按不同类别将银行权益和负债的账面价值乘以 0、50%、80%、90%、100% 中相应的系数加权求和。

四、实施逆周期监管缓解亲周期效应

2008 年国际金融危机充分显现了金融体系的亲周期性，这种亲周期性显著放大了实体经济的波动幅度，实体经济的震荡反过来进一步扩大了金融体系的风险，构成了一个不断强化的反馈循环。《巴塞尔协议Ⅲ》明确将逆周期资本监管融入了后危机时代的银行监管框架。风险加权计量时，用跨周期违约概率（through-the-cycle PD，TTC－PD）或下行期违约概率（downturn PD）取代时点违约概率（point-in-time PD，PIT－PD）作为内部评级法风险权重的模型输入参数。改革"已发生损失"的贷款损失拨备会计准则，转向基于"预期损失"的贷款损失拨备会计准则，提高贷款拨备的前瞻性。

逆周期监管最重要的改革措施之一，就是在商业银行持有的最低资本标准基础之上，要求银行超额持有"留存超额资本"（conservation buffer）和"逆周期超额资本"（countercyclical buffer）。经济复苏回暖，银行信贷增长，利润增加，提前防备经济衰退时吸收损失的需要，提前多计提逆周期超额资本，避免过度冲击资本充足指标，保障经济在下行期也有能力提供正常信贷金融支持，熨平经济周期的影响。逆周期超额资本要求为风险加权资产的 0 ~ 2.5%，具体标准取决于监管当局对于系统性风险累积程度的判断。超额资本必须由普通股一级资本或其他具有完全损失吸收能力的资本来满足。

特别需要指出的是，实施逆周期资本缓冲依托于巴塞尔协议三大支柱，它的计提直接影响资本充足性监管，即第一支柱；实施过程中主权国家的自由裁量权需要外部监管，即第二支柱；计提逆周期监管指标的准确性与有效性需要依赖大量信息披露要求，即第三支柱。逆周期监管措施的提出是为了实现更广义的宏观审慎目标，保护银行业免遭系统性风险的损伤，确保整个银行业在压力时期仍有可用资源以保证信贷供给，且其偿付能力不受质疑。

五、增强对系统重要性银行监管

在时间维度上，顺周期性放大了冲击效应，而系统重要性银行之间过度的关联性则从机构维度将冲击传递到整个金融体系和实体经济，2008年金融危机凸显"大而不倒"银行的道德风险与系统性风险的关联作用，监管当局意识到系统重要性银行应当具有超过最低资本标准的损失吸收能力。所谓"系统重要性银行"是指业务规模较大、业务复杂程度较高、一旦发生风险事件将给地区或全球银行体系乃至金融体系带来冲击的银行机构。巴塞尔银行监管委员会设置了一系列评定系统重要性银行的评估指标和额外的抵御风险能力的要求，包括银行规模、与其他银行的关联度，以及在某类业务或市场中的可替代性等，就是看这家银行在全球市场中的影响力如何。2011年11月二十国集团（G20）戛纳峰会通过核准，并最终在《巴塞尔协议Ⅲ》中对其提出更高的资本监管要求。

全球系统重要性银行关系到全球金融系统的稳定，因而需要具备额外的抵御损失的能力。《巴塞尔协议Ⅲ》对这些银行提出了1%～2.5%的附加资本金要求，且附加资本必须完全由普通股权益构成。具体而言，系统重要性银行被分为四类，最高级别要求拥有超过《巴塞尔协议Ⅲ》下限（7%）2.5%的普通股一级资本缓冲。其他级别依次分别为超过7%下限2%、1.5%和1%。如果无法达到资本金要求，监管者有权暂停其股息派发，并施加限制措施。在特定条件下，最具系统重要性的银行在满足最高的附加资本要求之后，还必须额外满足 1% 的附加资本要求，这就使一家系统重要性银行可能面临最高 3.5% 的附加资本。采用普通股一级资本作为系统重要性银行额外资本缓冲工具，是因为股本是最昂贵的资本形式，这样的附加要求可以抵消系统重要性银行相对非系统重要性银行所拥有的更为低廉的融资成本优势，是最简便、最有效的抵御损失风险的方法。

第三节　从巴塞尔协议发展看
银行资本监管的演变

银行资本监管的目标是保障银行机构有足够的资本抵御风险，维护整个银行体系的稳健运行，银行资本监管一直是巴塞尔协议的核心内容。从《巴塞尔协议Ⅰ》到《巴塞尔协议Ⅲ》已然成为世界各国实施银行监管共同参照的国际标准，巴塞尔协议的演变过程体现了金融监管制度不断适应金融发展的过程。通过对巴塞尔协议演进的梳理可以看出其背后银行资本监管的发展逻辑，在监管理念、监管模式、监管规则、监管技术等方面的不断变革。

一、监管理念：微观审慎与宏观审慎并重

结合银行外部金融经济环境与银行主体内部管理创新的发展，银行监管理念经历了"自由放任—宏观控制—微观审慎—微观审慎与宏观审慎并重"的逻辑轨迹，如图 3-1 所示。

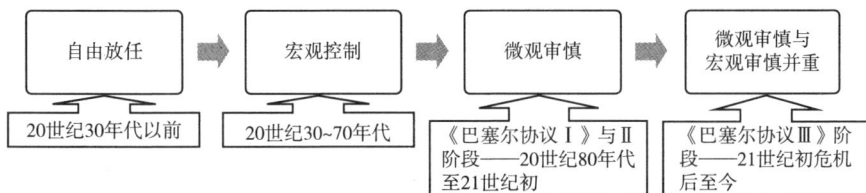

图 3-1　监管理念的发展轨迹

20 世纪 30 年代的经济大萧条之后，工业革命以来资本主义奉行的"自由放任"监管理念对解决危机束手无策。相对于已具有相当规模的银行等金融机构来说，金融监管法规和相应的监管机构设置是极为不匹配的。随着金融脆弱性开始得到各国的重视，大危机促使主要国家开始注重金融监管制度和金融安全网的全面建设。此阶段各国政府普遍采用的金融监管理念是以"宏观控制"为主的，注重对金融市场结构和金融产品价格的监管，以求维持金融市场的稳定，防止金融危机的发生，金融业由自由走向了规制。

至 20 世纪七八十年代，困扰发达国家多年的经济"滞胀"宣告了凯恩斯主义宏观经济政策的终结，金融自由化理论逐渐发展起来并在金融监管理论界与实际金融机构中产生巨大影响。一方面，金融自由化理论认为政府从宏观层面实施的控制形成了严格而广泛的金融监管，使个体金融机构和整体金融体系的效率下降；另一方面，金融监管作为一种政府行为，也受到政府解决金融市场不完全性问题能力的限制，信息不完全和不对称现象在金融监管过程中也会出现。如果说 20 世纪 30～70 年代的金融监管理念的核心是金融体系的安全优先，那么，此阶段的金融自由化则推崇效率优先原则。特别是对于银行业来说，消除对各国银行机构在利率水平、业务范围和经营地域等方面的限制，以保障银行业的公平竞争，提高银行的活力和效率。因此，金融监管的理念由宏观控制转变为注重对金融机构经营和业务活动的监管，金融监管的重点从金融市场"宏观控制"向金融机构内部转移，逐步形成"微观审慎"的新监管理念。

《巴塞尔协议Ⅰ》与《巴塞尔协议Ⅱ》的出台和发展，标志着"微观审慎"理念占据了银行监管的主要舞台。巴塞尔协议在《银行业有效监管核心原则》中更明确地提出审慎监管理念，《巴塞尔协议Ⅱ》对信用风险、市场风险、操作风险都提出了更为全面与复杂的模型予以资本覆盖，对在审慎监管要求方面也提出了制定和实施资本充足率管理、风险管理、资产质量、内部控制、损失准备计提、关联交易、风险集中度、流动性管理等内容。无论是关于资本充足率的监管内容，还是涉及风险管理和内部控制的内容，其着眼点都是注重银行个体的稳健经营与风险管理。然而，尽管很多大银行拥有先进的风险计量模型、复杂多样的资产证券化手段转移风险、较为完善的内部控制制度，它们仍然没能在 2008 年的金融危机中避免损失甚至破产。银行监管当局在理论研究与实践中都意识到，微观审慎的监管理念指导下，监管当局只注重单个银行、单个市场的局部风险，而忽视银行体系、金融体系内部的复杂关联性，忽视顺周期性与机构"大而不能倒"的系统性风险，忽视金融与实体经济的互相影响与平衡关系，导致危机爆发时金融秩序的失控以及整个金融体系大量的损失。

《巴塞尔协议Ⅲ》在危机后出台，表明国际监管标准以及各国监管当局开始注重宏观审慎，试图建立宏观审慎监管与微观审慎监管并重的监管理念，增强金融体系应对系统性冲击的能力。宏观审慎监管是为了维护整个金融体系的稳定，防止银行体系乃至金融系统对实体经济的负外部溢出效应。与微观审慎监管自下而上的监管方式不同，宏观审慎监管采用自上而下的监管模式，着重关注系统性风险的内生性特征，而不只关注外生性风险，注重对金融危机的防范。《巴塞尔协议Ⅲ》从横截面与时间两个维度进行宏观审慎监管：横截面维度指特定时间内，因金融机构之间的相关性与同质性而产生的共同风险敞口，在金融机构之间的分布与相互作用；时间维度则关注金融体系风险随时间的分布变化，如何抑制金融体系内在的顺周期特征。

值得注意的是，宏观审慎监管理念不是建立在推倒或否定微观审慎监管理念的基础上的，而是随着全球金融一体化与金融创新的发展，在银行监管当局对金融危机之后进行反思与经验总结的基础上形成的。宏观审慎与微观审慎并重，意味着两者需要协调发展，互相补充、互相辅助，宏观审慎监管弥补微观审慎监管难以克服的系统性金融风险监管不足问题，而宏观审慎监管又要依赖于有效的微观审慎监管，现代银行体系需要一个宏观与微观层次分明、功能互补、有效协调的银行监管体系。

二、监管手段：从单一约束到多重约束

《巴塞尔协议Ⅰ》开创了基于风险的资本监管，在界定银行资本与风险加权资产的基础上提出了银行资本监管的核心指标——资本充足率。通过在国际范围内建立统一的资本充足性监管标准，为国际金融市场上的各国银行提供了一个相对公平的竞争环境。由此，资本充足率监管成为世界各国银行资

本监管核心的单一约束条件。《巴塞尔协议Ⅱ》的主要改进在于建立了最低资本要求、外部监管和市场约束的"三大支柱",但资本监管仍然是其毫无疑问的核心,资本充足率也仍然是资本监管明确要求的单一约束指标。《巴塞尔协议Ⅱ》只是进一步强化了资本充足率这个约束条件,通过建立全面风险管理框架,允许银行使用内部模型法,使用一系列更为复杂的风险计量模型,重在提高资本充足率的分母——风险加权资产的风险敏感性,使资本充足率这一约束条件能够将资本与风险更为紧密地联系起来。

金融危机是金融制度的试金石,也是推动金融监管制度变迁的动力。2008 年全球金融危机使银行业重新认识了系统性风险的形成机理、金融风险的传染机制、银行风险的计量模型、银行资本计提原则等问题,暴露出危机之前银行单一约束监管框架的不足与漏洞。过度依赖银行内部模型计量的风险加权资产、过于"亲周期"的计提方式、眼花缭乱的金融创新工具等,使危机发生时有效吸收损失的资本数量不足;复杂的内部模型计量的资本充足率本身也缺乏透明性与可比性,造成银行监管套利与不公平竞争;忽视对风险成因和扩散机制的系统性分析;对银行资产负债的期限错配、流动性风险导致资金链断裂、系统性风险导致体系崩溃等问题缺乏有效的监管手段。因此,《巴塞尔协议Ⅲ》超越《巴塞尔协议Ⅰ》和《巴塞尔协议Ⅱ》在强化资本充足率监管的同时,引入了杠杆率、流动性指标(流动性覆盖率、净稳定资金比例)、大额风险暴露等一系列量化监管要求,构建了多重约束的资本监管框架。

根据丁伯根原则(Tinbergen's rule),政策工具的数量或控制变量数至少要等于目标变量的数量,多种约束的资本监管框架能够更有效地应对银行体系存在的多重金融摩擦和外部性。传统的资本充足率监管注重解决个体银行以及银行体系资本清偿力不足的问题,难以完全应对银行面临的所有问题。多重约束的监管框架丰富了银行监管的工具箱,用风险敏感性的资本充足率指标与非风险敏感性的杠杆率指标相结合,再辅助以流动性指标与集中度指标的约束,组合运用监管手段,更能有效解决银行业系统性风险的累积、缓解流动性风险、集中度风险等监管缺失,减少不确定性给金融体系与实体经济带来的负外部效应,保障银行业与金融业的稳健与安全。

三、监管模式：规则监管与原则监管

在国际范围内，规则和原则是法理构成的两种典型的对应规范，规则是明确具体的，多着眼于主体行为及各种情况的共性；而原则的着眼点不仅限于它们的共性，也关注它们的个别性。国际上将银行监管模式分为规则性监管和原则性监管：规则性监管（rule-based regulation）是指银行监管机构通过制定各种具体的规则为被监管银行机构设定明确的权利和义务，并据此要求银行达到保障各种金融业务正常运营的监管目的。原则性监管（principle-based regulation）是指基于原则的监管，英国金融服务管理局（financial service authority，FSA）将原则化监管界定为①，更多地依赖于原则并且聚焦于结果，以高层次的规则作为手段，从而达到所期望实现的监管目标。

《巴塞尔协议Ⅰ》与《巴塞尔协议Ⅱ》主要体现的是规则性监管，巴塞尔委员会制定的《关于统一国际资本衡量和资本标准的协议》与《资本计量和资本标准的国际协议：修订框架》等其监管规范标准是以规则为主导，以过程监管为导向，具体规则作为银行监管机构实施监管的主要依据，而原则性条文仅具有昭示监管目标的意义，一般不作为行政依据，其监管的重点在于规范银行经营管理的过程和行为。2008年金融危机后，很多原先奉行严格的规则性监管的国家开始进行反思和讨论，完全的规则性监管往往难以适应金融市场的快速变化，如果监管当局试图为每一类型金融工具设定明确的监管规则，不仅不能达到防范所有风险的目的，反而诱导了监管套利的发生。英国、美国、加拿大、德国、日本、新加坡等国纷纷引入了原则性监管模式，全球范围内掀起了强化原则性监管的浪潮。巴塞尔委员会公布的《巴塞尔协议Ⅲ》一系列文件中，些许体现出原则性监管的端倪。原则性的监管内容在建立和发展监管标准方面发挥基础性作用；注重基于结果导向的监管，而非以过程为导向的监管；赋予被监管银行机构一

---

① 英国金融服务局（Financial Service Authority，FSA），2013年审慎监管局（PRA）和金融行为监管局（FCA），《原则性监管——基于结果导向》，2013。

定的"自由裁量权",可以自行决定其在经营过程中管理风险与资本的最有效方式。例如,《巴塞尔协议Ⅲ》为抵御资本监管在时间维度上的顺周期性,对监管当局制定了逆周期超额资本计提机制的程序和指引,为各国逆周期超额资本机制的要求、逆周期超额资本决策时应遵循的原则以及逆周期超额资本计算方法的一般参考提供了指引,但特别指出支持运用自我判断和共同参考指引的原则。各国监管当局可在其监管辖区内利用可获得的最佳信息对系统性风险的积聚进行评估并进行超额资本计提具体决策。对此,《巴塞尔协议Ⅲ》只提供原则目标与共同的参考指引,如表3-9所示。

表3-9 《巴塞尔协议Ⅲ》实施逆周期超额资本指引

原则	内容
原则1:目标	超额资本决策应有明确的目标,即保护银行体系免遭受信贷过度增长时系统性风险带来的潜在损失
原则2:共同的参考指引	信贷/GDP是超额资本决策的有效参考基准,但不是监管当局制定和解释超额资本决策时的主导因素。监管当局应解释超额资本决策时所使用的信息以及使用的方式
原则3:误导信号的风险	在评估信贷/GDP指标和其他指标所含的信息时,应注意可能产生误导信号的要素行为
原则4:迅速释放	压力迅速释放超额资本有助于缓解监管资本要求对信贷供给的约束
原则5:其他宏观审慎工具	逆周期超额资本是监管当局可以运用的一系列宏观审慎工具中的一个重要手段

资料来源:巴塞尔银行监管委员会. 第三版巴塞尔协议 [M]. 北京:中国金融出版社,2010.

当然,我们不能把规则性监管与原则性监管严格对立起来,原则性监管在执行层面也需要明确相应的规则,两者可能相互转化。规则和原则更多的是一个连续统一体而非不相关的概念,两者之间存在着大量的重叠和交叉。总体来看,原则性监管在一定程度上增强了监管的弹性,能够促进被监管机构进行自主经营;提高整体的市场效率,促进了金融创新发展;降低了总体监管成本,节约社会监管资源;能更有效地聚焦监管目标,适应多变的市场环境。

四、监管技术：从简单到复杂再回归简约统一化

从《巴塞尔协议Ⅰ》到《巴塞尔协议Ⅲ》，银行资本监管技术经历了一个由简单到复杂再回归简约统一化的过程。银行可以说是经营风险的金融机构，提高银行资本监管技术的风险敏感性一直是银行监管当局追求的目标之一。1988 年，《巴塞尔协议Ⅰ》创建了基于风险的资本监管框架，通过资本充足率指标将资本与风险进行挂钩，为国际银行业的资本监管提供了基础性框架。资本充足率的计算依赖于风险加权资产，旧协议中主要覆盖了银行账户的信用风险，并基于不同资产类型设置了一组相对简单的风险权重。然而，旧协议中固定风险权重的分档过于简单，没有充分考虑同类资产的信用差异，难以真实反映银行所承担的风险，风险敏感性不足。

20 世纪 90 年代后，随着金融市场复杂化与金融创新的发展，对银行资本监管的要求提高，监管资本的计提需要覆盖更全面的风险类型和风险来源，不同风险特征的风险暴露需要计提与之匹配的资本。2004 年，巴塞尔委员会适时推出了更具风险敏感性的《巴塞尔协议Ⅱ》，全面覆盖了信用风险、市场风险以及操作风险三大风险范畴，并允许有条件的银行使用更为复杂的内部模型计提信用风险和操作风险的监管资本。利用内部评级高级法计量信用风险、基于风险价值（VaR）的内部模型法取代标准法计量市场风险、使用高级计量法计量的操作风险，银行业风险建模技术的不断精进，大幅提高了监管资本的风险敏感性。然而，2008 年国际金融危机的爆发揭示了《巴塞尔协议Ⅱ》监管框架的一些缺陷，很多顶尖的国际大银行尽管拥有了复杂的风险模型与相对完善的管理体系，仍未能预测到危机并损失惨重。为了应对危机，《巴塞尔协议Ⅲ》对银行资本监管框架进行了补充与完善。

针对危机暴露出的缺陷，《巴塞尔协议Ⅲ》一方面继续提高资本覆盖的风险范围与风险敏感性，特别是针对资产证券化和交易账户的资本监管，提出了全新的证券化资本计量分层体系和计量模型，在交易账户市场风险方面新增违约风险、信用迁徙风险和流动性丧失风险，风险头寸划分更为细致，在资本计量上提出采用预期尾部损失细化对投资组合尾部风险的资本要求。在

交易对手信用风险方面，增加信用估值调整盯市损失与中央交易对手的资本计提，因而具有风险敏感性更高的优点。此外，《巴塞尔协议Ⅲ》还补充了包括流动性指标、系统性重要银行附加资本要求、大额风险暴露监管等新要求，体现了后危机时代更加全面和敏感地捕捉并处理各类风险的监管技术改革方向。另一方面《巴塞尔协议Ⅲ》的一系列监管改革也体现出后危机时代银行资本监管回归简单性和可比性的核心思想。回归，不一定是倒退，而是一定程度的反思，银行资本监管回归简单化与可比性正是对监管模型过于复杂化、缺乏透明度与可比性的问题。过度复杂的风险和资本计量模型可能引发对量化结果的过度依赖，引发顺周期等系统性风险，降低银行内部管理层风险决策的审慎性与效率。银行内部合规成本与监管当局外部监管成本都会因而大大增加，从而提高监管难度，信息披露不完全也会降低市场约束的效力。还有最重要的，复杂的模型和监管规则潜在诱导增加了监管套利的发生，不同银行利用不同内部模型的计量结果严重缺乏可比性，使监管标准失去了国际范围内的示范效应。2008 年版《巴塞尔协议Ⅲ》提出了简单、透明的杠杆率指标，作为资本充足率的补充，防止模型风险和计量误差提供额外的保护，减少银行的监管套利。2013 年 7 月，巴塞尔委员会发布了《监管框架：风险敏感性、简单性和可比性的平衡》，提出了在保证风险敏感性的同时兼顾简单性和可比性的监管理念。2017 年 12 月，"巴塞尔协议Ⅲ：后危机改革的最终方案"简化了风险加权资产的计量方法，例如将原有的三种操作风险计量方法简化为一种；提高了标准法的风险敏感性和可用性，并保持其简单性；限制银行在模型使用方面的选择权力；强化风险加权资产的信息披露，提高市场约束效力。此外，危机后《巴塞尔协议Ⅲ》也从定量分析到再提定性分析，加强前瞻性、极端条件下压力测试的监管要求，避免对定量分析的绝对崇拜。在银行业务开展上，也对高杠杆的衍生品业务、批发业务、投行业务等加强监管，回归简约战略。

五、商业银行的自律、他律与监管博弈

（一）银行的自律与他律

从某种程度来说，银行危机的发生实质上可以归结为银行机构的自律与

他律问题。银行机构的自律与他律就像鸟儿的左右翅膀，缺少任何一方都会影响鸟儿的展翅飞翔。银行监管可以从促进内部自律和外部监管两个方面入手，良好的银行监管离不开外部监管和银行本身的自律机制，以外部监管为主的他律是对银行自律的强化和监督，两者的统一才是最有效的监管方式。

银行的自律可以通过加强内部控制制度的途径来实现。美国权威机构COSO 委员会（The Committee of Sponsoring Organizations of the Treadway Commission）认为，内部控制是一种为合理保证实现经营的效果和效率、财务报告的可靠性及符合法律和规章制度三大目标的程序。1998 年，巴塞尔委员会公布的适合所有表内外业务的《内部控制系统评估框架（征求意见稿）》，进一步强调了银行董事会和高级管理层对内控的影响，描述了一个健全的内部控制系统及其基本构成要素，提出了供监管当局评价银行内部控制系统的若干原则。1997 年，巴塞尔委员会通过的《银行业有效监管核心原则》再次强调内部控制，指出其在"有效银行监管"中的重要地位，把商业银行内部控制的目标分解为操作性目标、信息性目标和合规性目标。2002 年中国人民银行颁布的《商业银行内部控制指引》对商业银行内部控制的界定是：商业银行为实现经营目标，通过制定和实施一系列制度、程序和方法，对风险进行事前防范、事中控制、事后监督和纠正的动态过程和机制。银行的自律是防御金融风险的有效手段，有助于建立预防管理、建立和健全风险资本补偿制度、建立风险应急制度，与银行的外部监管（他律）形成一种互补机制。而金融运行同时离不开金融监管，由于银行的特点及其在国民经济中的特殊地位，要有效地发挥自律必须通过他律来强化和监督，银行监管当局必须发挥外部监管的权威性和有效性。银行业的他律即外部监管，应遵循依法、公开、公正和效率的原则，以及独立监管原则、审慎监管原则、协调监管原则和跨境合作监管原则等。

（二）银行监管的博弈分析

根据美国经济学家凯恩提出的规避管制创新理论，金融机构为获取利润而规避政府管制的行为是金融创新产生的主要动因。对于银行监管而言，监管与控制过程以及由此而产生的规避行为同样会形成一种辩证形式的动态博弈关系。监管当局的管制在某种程度上类似于隐含的税收，阻碍了商业银行利用包含管制以外的所有获利机会追求最大化的利润，因此，商业银行会通过创新行为来逃避监管当局的监管，尽快适应监管当局的各项规章制度。但当银行监管当局评估发现监管效果较差，或者发生金融创新危及银行体系安全与稳定，甚至导致金融危机时，政府监管当局又会加强管制，调整监管理念，强化监管手段，进而导致商业银行新的适应过程以及新一轮的创新。政府监管当局的监管和商业银行规避管制引起的创新总是不断交替，形成一个动态博弈过程。正是这样的过程，推动了被监管者的金融创新与监管者的监管水平不断交互发展与提升。随着金融市场的发展与银行竞争的日益激烈，为追求更丰厚的利润与市场占有份额，商业银行有动机利用监管制度的漏洞与不足进行逐利，因此，为保障银行体系的安全稳健经营，防止风险外溢导致金融危机的损失，银行监管当局有必要不断评估其监管效果，并相应改进与提升监管水平，形成一个不断向前推进的动态博弈过程，即"监管—创新—再监管—再创新"，如图 3 - 2 所示。

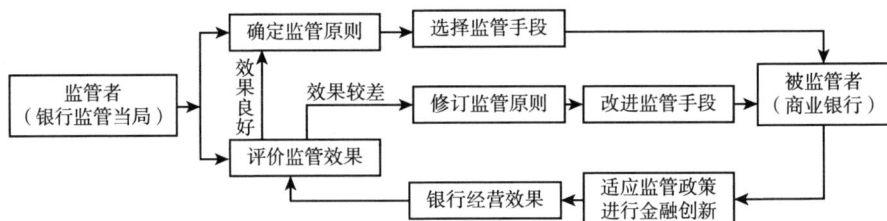

图 3 - 2　银行监管的博弈流程

　　巴塞尔协议关于银行资本监管内涵与监管手段的发展及演进，体现了银行监管博弈的动态过程与均衡结果，是监管者与被监管者之间的利益博弈不断交替前进的动态过程。监管者根据评估选择强化监管或者放松监管的策略，监管当局付出相应的监管成本；被监管者的策略空间可选择合规经营或者违规经营，前者付出合规成本，收获正常收益，后者若未被有效监管则能获得超额违规收益，一旦违规行为受到有效监管，则会被处以相应惩罚，责令改正。监管者与被监管者之间形成动态不完备信息博弈，如果再考虑到监管者与被监管者的合谋行为（如监管机构的滥用职权和被监管机构的行贿等行为）、多个政府监管机构的相互制约与影响、相关竞争者与利益相关者的共同作用，以及不同国家监管当局的协调合作与非合作监管，这个博弈过程将更为复杂。《巴塞尔协议Ⅲ》经历了监管内容不断丰富、监管手段不断改进、监管思想不断成熟的过程，银行监管者必须同步甚至前瞻性地跟进金融创新与银行发展，实施动态监管。一方面，避免"监管不足"，运用先进的监管理念与科学的监管技术，降低风险，保障银行稳健运行；另一方面，避免"监管过度"，有效整合微观审慎与宏观审慎监管，保持银行合理范围的创新活力，在安全与效率之间寻找均衡点。

第四章 中国银行业及资本监管的发展

距离 2008 年国际金融危机已经过去 10 余年了，国际银行业的格局发生了重大变化，中国银行业在全球银行业中的实力显著提升。《巴塞尔协议Ⅲ》无疑已成为后危机时代全球银行监管领域最有影响力的国际标准，从《巴塞尔协议Ⅰ》至《巴塞尔协议Ⅲ》其变革方向始终代表着银行风险管理和银行资本监管的发展趋势与改革方向。我们有必要根据我国的市场条件与经济体制特有的实施基础与内外部条件评估《巴塞尔协议Ⅲ》在我国的实施与落地情况，从而合理选择中国银行业资本监管改革的推行路径，实现国际最新监管前沿的本土化，完成中国银行业监管的全面升级和完善。

第一节 中国银行业发展现状分析

2018 年，中国迎来了改革开放 40 周年，中国银行业历经 40 年激荡岁月，发生了历史巨变。从一元银行体制到多种类型银行业金融机构并存，从银行间无序竞争、高风险运行到有序发展、风险可控运行，从长期封闭发展到全面对外开放，银行业发展历经跌宕起伏、波澜壮阔。时代的发展变迁没有终点，变革与转型也没有终点。目前，我国银行业处在金融改革与转型的关键时期，机遇与挑战并存，客观分析我国银行业的实际发展现状，对于评估其发展水平与监管适用性是非常必要的。本节的数据资料来源为万得（Wind）金融数据库、中国银行保险监督管理委员会监管报告以及各银行公开年报资料。

一、银行业整体运行状况

（一）银行机构体系日趋完善

改革开放以后，中国进入了市场化为导向的经济转轨时期，为了降低改革过程中的"摩擦成本"，使改革实现"帕累托"改进，我国采取了保持存量，推动增量改革，以增量改革促存量改革的渐进式转轨方式。中国银行业从"大一统"的银行体系到二元银行体系的过渡，区分为中央银行职能与商业银行职能，随着我国银行体系的功能不断强化，商业银行体系进一步积极构建为多层次的银行体系。根据我国银保监会公布的统计数据，截至 2019 年 12 月末，我国银行业金融机构共有 4 607 家，其中，开发性金融机构 1 家、政策性银行 2 家、住房储蓄银行 1 家、大型商业银行 6 家、股份制商业银行 12 家、民营银行 18 家、外资法人银行 41 家、都会商业银行 134 家、农村商业银行 1 478 家、农村互助银行 28 家、农村信用社 722 家、村镇银行 1 630 家、农村资金相助社 44 家、信托公司 68 家、金融租赁公司 70 家、消费金融公司 24 家、汽车金融公司 25 家、钱币经纪公司 5 家、企业团体财政公司 258 家、金融资产治理公司 4 家、贷款公司 13 家、其他金融机构 23 家。在一系列改革措施的推进下，银行业金融机构体系日趋完善，多元化的机构体系为实体经济和广大百姓提供了差异化、多层次的金融服务。

（二）资产负债规模总体上升

2007 年底，中国银行业资产规模为 7.2 万亿美元，低于美国银行业的 13.05 万亿美元、德国银行业的 11.26 万亿美元、法国银行业的 10.48 万亿美元，略高于日本银行业的 6.75 万亿美元。而截至 2016 年底，中国银行业资产规模攀升至 33.42 万亿美元，美国、德国、法国和日本银行业规模分别为 16.78 万亿美元、8.26 万亿美元、8.78 万亿美元和 9.16 万亿美元，分别仅为中国银行业规模总量的 50.2%、24.7%、26.3% 和 27.4%。2007～2016 年，中国银行业资产规模增速为 364.2%，美国、德国、法国和日本银行业分别仅为 28.6%、−26.6%、−16.2% 和 35.7%。我国银行业金融机构资产规模成为全球最大的银行体系，分机构类型来看，资产规模较大的依次为大型商业银行、股份制商业银行、农村中小金融机构和城市商业银行，占银行业金融机构资产的份额分别为37.3%、18.7%、12.9%和12.2%，商业银行合计占比81.1%。数据显示，截至2019年底，我国银行业金融机构总资产规模持续增长至2 825 146亿元，其中商业银行总资产占比一直保持在82%以上，如图4-1、图4-2所示。

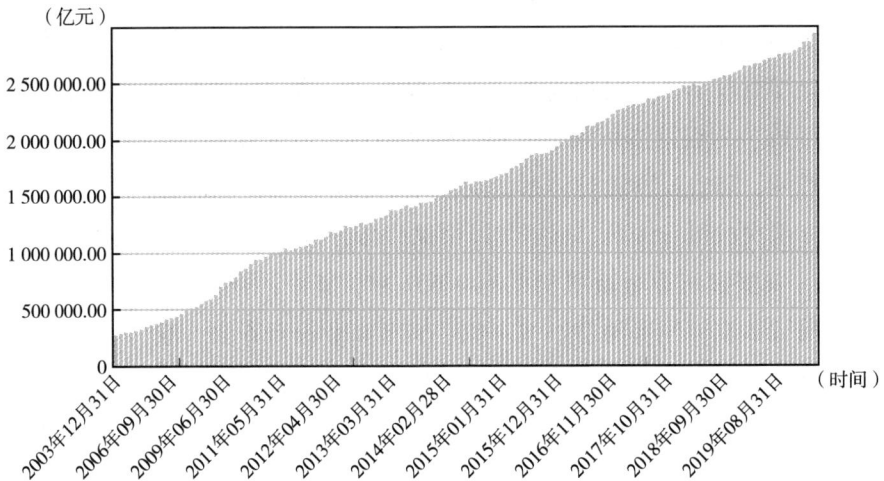

图4-1　银行业总资产规模变化趋势

资料来源：万得（Wind）金融数据库。

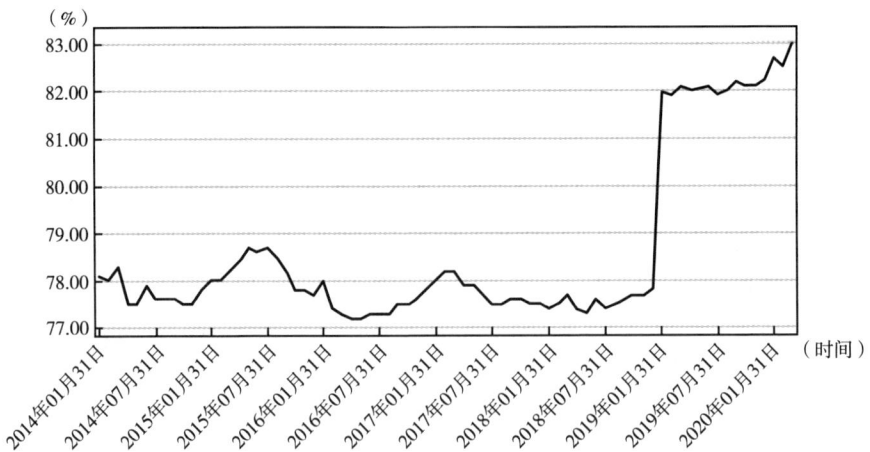

图4-2　商业银行总资产占比银行业金融机构总资产比例变化趋势

资料来源：万得（Wind）金融数据库。

我国商业银行的总资产和总负债规模持续增长，截至 2019 年底，总资产规模达到 2 323 369 亿元，同比增长 9.12%，总负责规模为 2 130 922 亿元，同比增加 8.66%。其中，大型商业银行总资产 1 105 731 亿元、总负债 1 011 011 亿元；股份制商业银行总资产 508 351 亿元、总负债 467 328 亿元；城市商业银行总资产 372 750 亿元、总负债 344 974 亿元。近年来，我国商业银行总资产与总负债基本保持了增长趋势，但由于监管层去杠杆、防风险及宏观审慎评估（macro prudential assessment，MPA）考核等原因，部分银行"缩表"，银行在资产端、负债端也出现一些波动，面临较大压力，如图 4 – 3、图 4 – 4 所示。

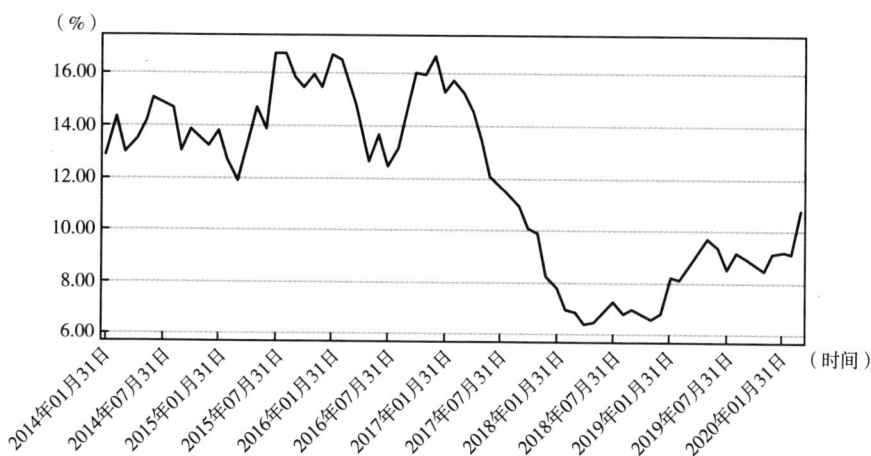

图 4 – 3　商业银行总资产增长率变化趋势

资料来源：万得（Wind）金融数据库。

根据标准普尔公布的 2019 年全球银行资产排名，中国工商银行、中国建设银行、中国农业银行、中国银行分别以 4 万亿美元、3.4 万亿美元、3.3 万亿美元、3.1 万亿美元位列全球银行资产排名前四位。实际上，这四家银行都已被巴塞尔银行监管委员会列为"全球系统重要性银行"，2011 年，国际化程度最高的中国银行最早入选，随后，中国工商银行、中国农业银行和中国建设银行分别在 2013 年、2014 年和 2015 年入选，并建议对其实施 1% ~2.5% 的附加资本要求。

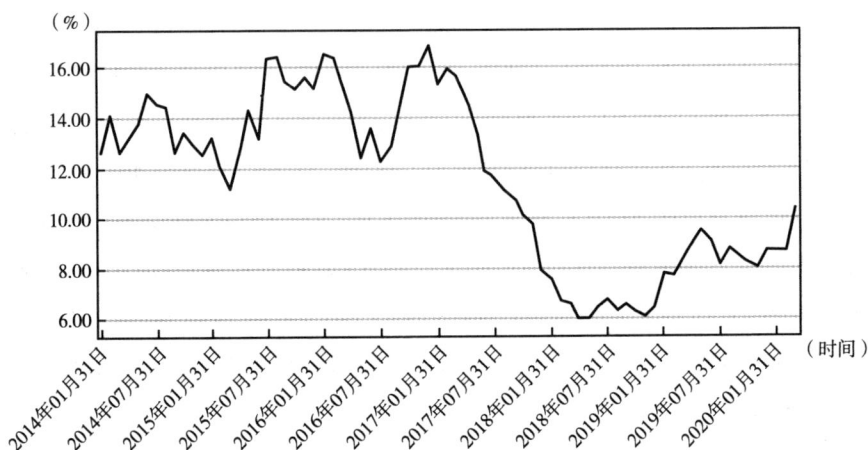

图 4 - 4　商业银行总负债增长率变化趋势

资料来源：万得（Wind）金融数据库。

（三）存贷款增速放缓

　　截至 2019 年底，我国各项存款余额 192.9 万亿元，同比增长 8.7%，增速比 2018 年初下降 1.8 个百分点；各项贷款余额 153.11 万亿元，同比增长 12.3%，增速比 2018 年初下降 0.9 个百分点。各项存款与贷款持续增长，但增长速度逐渐放缓，变化趋势如图 4 - 5 ～图 4 - 8 所示。从期限来看，人民币

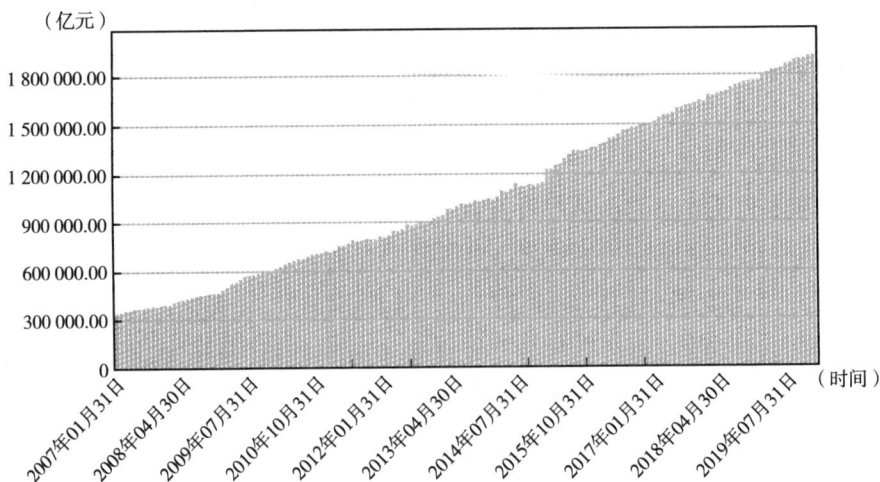

图 4 - 5　各项存款余额变化趋势

资料来源：万得（Wind）金融数据库。

中长期贷款增长较快，截至 2019 年末，中长期贷款余额为 96.41 万亿元，同比增长 13.89%。分机构来看，股份制商业银行、城市商业银行和农村金融机构贷款同比增加较多。

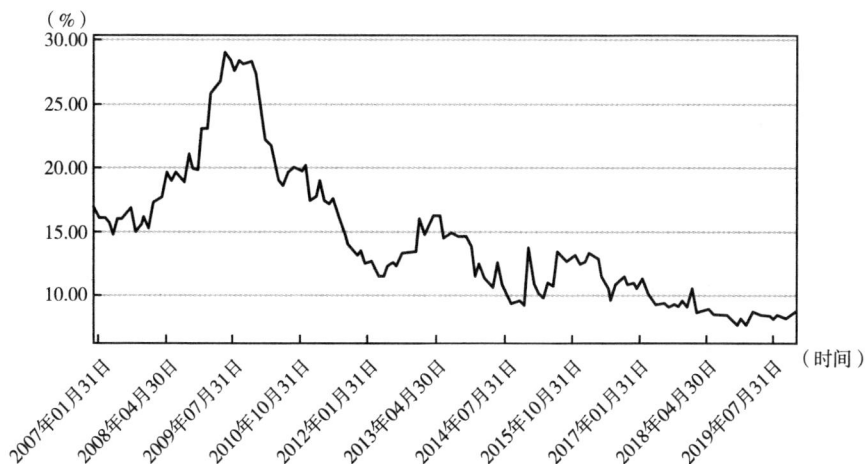

图 4-6　各项存款余额同比增长率变化趋势

资料来源：万得（Wind）金融数据库。

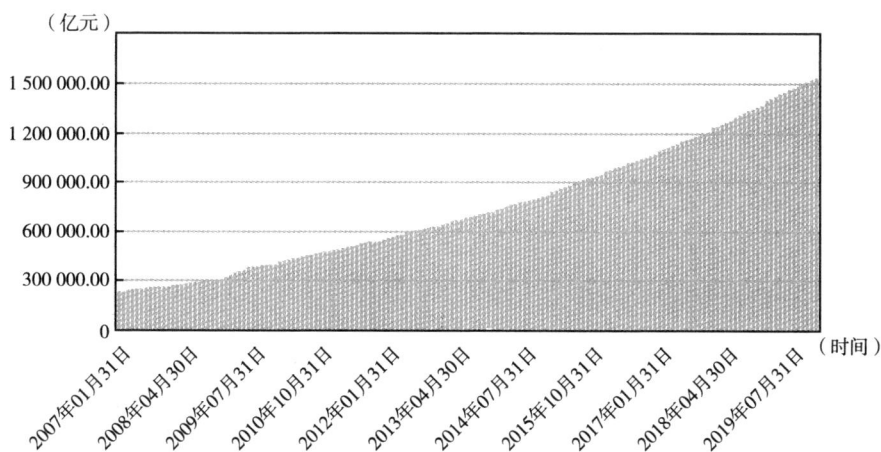

图 4-7　各项贷款余额变化趋势

资料来源：万得（Wind）金融数据库。

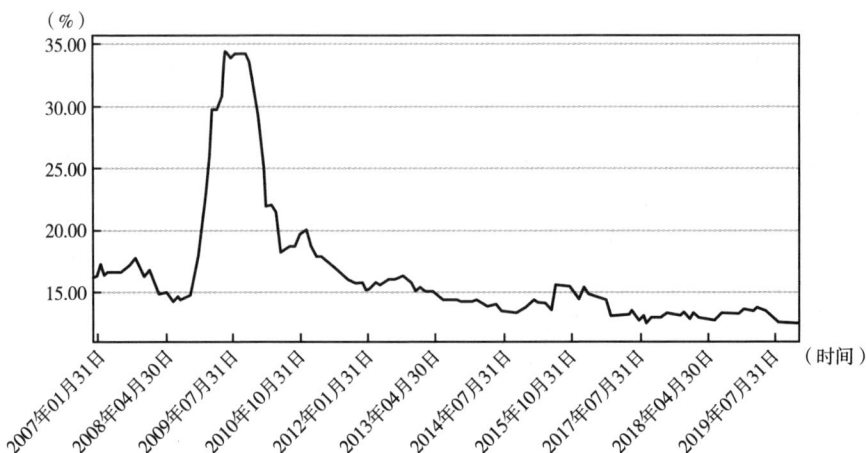

图4-8　各项贷款余额同比增长率变化趋势

资料来源：万得（Wind）金融数据库。

　　总体来说，我国银行业呈现稳健运行态势，资产负债持续增长，盈利持续增加，银行业金融机构服务实体经济与社会发展的水平继续提升，整体风险可控。但目前我国银行业面临的整体宏观经济处于"L"形平台期，在经济稳定运行基础还不牢固的背景下，部分领域的风险有所积累，银行业要把防控金融风险放到更加重要的位置上，银行业应继续加大改革和创新力度，实现持续健康发展，为经济社会发展创造良好的金融环境。

二、银行业稳健性分析

（一）资本充足性分析

　　为与国际新监管标准接轨，我国《商业银行资本管理办法（试行）》于2013年1月1日开始实施，具体要求系统重要性银行和其他银行资本充足率的监管标准分别满足11.5%和10.5%。2013~2018年6年的过渡时间内，中国银行业逐渐实行《巴塞尔协议Ⅲ》，大银行资本充足率水平要求比以往高了3.5个百分点。截至2019年底，我国商业银行资本净额为22.22万亿元，同比增加17.1%，一级资本净额18.13万亿元，同比增加17.05%。资本充足率达到14.64%，一级资本充足率达到11.95%，较2018年基本持平，且均高于

《巴塞尔协议Ⅲ》要求。此外，为适应《巴塞尔协议Ⅲ》对资本的新要求，我国一方面拓展银行业务，加快上市步伐；另一方面发行可转换债券成为银行重要的资本补充手段，这一情况此前很少发生，2017 年以来，我国已有 11 家上市银行公布发行或者拟发行可转债的相关公告，计划募资共计 2 195 亿元，如图 4 – 9、图 4 – 10 所示。

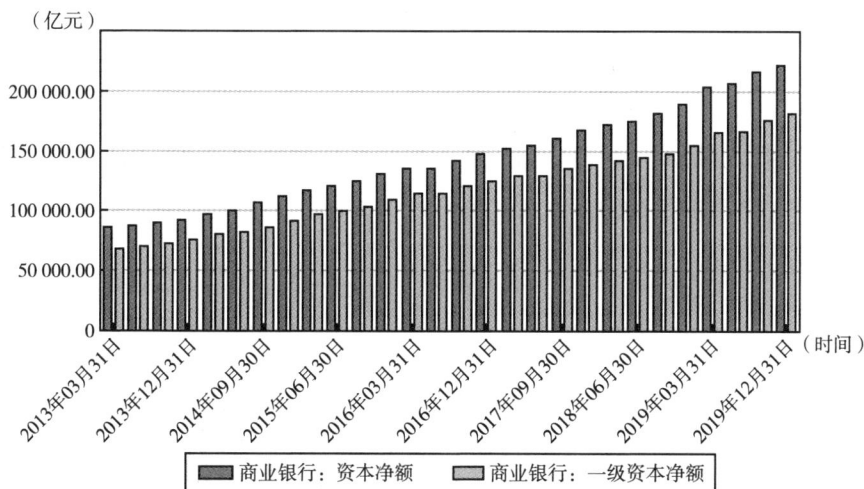

图 4 – 9 商业银行资本净额与核心资本净额变化趋势

资料来源：万得（Wind）金融数据库。

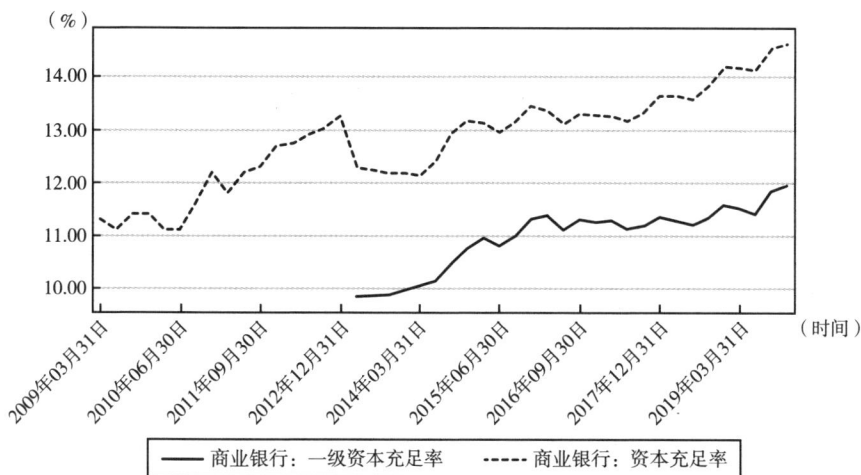

图 4 – 10 商业银行资本充足率与核心资本充足率变化趋势

资料来源：万得（Wind）金融数据库。

（二）风险抵补能力分析

截至 2019 年底，商业银行贷款损失准备金余额为 44 909 亿元，拨备覆盖率为 186.08%，贷款拨备率为 3.46%，在基本保持稳定的基础上小幅上升。从机构类型来看，大型商业银行拨备覆盖率为 234.33%，股份制商业银行拨备覆盖率为 192.97%，城市商业银行拨备覆盖率为 153.96%，民营银行拨备覆盖率为 391.12%，农村商业银行拨备覆盖率为 128.16%，外资银行拨备覆盖率为 313.90%，基本符合 150% 的监管要求。总体来说，我国银行业财务状况较为稳健，信用风险防范能力较强，但也应该注意拨备计提对平滑经营绩效以及会计核准的准确性和对外披露财务数据的真实性的影响，如图 4 – 11、图 4 – 12 所示。

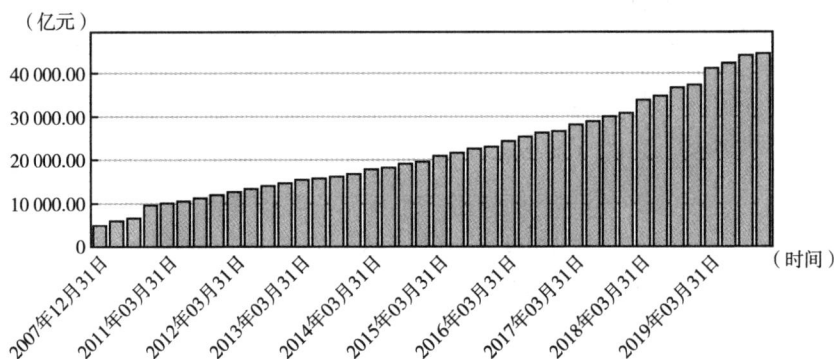

图 4 – 11　商业银行贷款损失准备金余额变化趋势

资料来源：万得（Wind）金融数据库。

（三）流动性分析

从流动性来看，我国银行业各项流动性指标都处于非常稳健的水平。截至 2019 年底，我国商业银行流动性比例为 58.46%，高出监管最低标准（25%）1 倍，连续 10 余年维持在 40% 以上，人民币超额备付金率为 2.61%，存贷比（目前已由监管指标改为监测指标）为 75.4%。截至 2019 年底，流动性覆盖率为 146.63%，高于监管最低标准 100%。整个银行业流动性充足，资产负债匹配性较强，如图 4 – 13 所示。

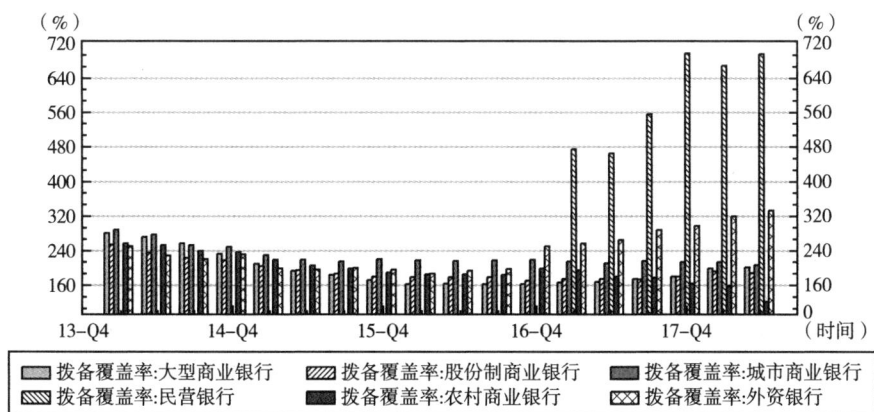

图 4 - 12 不同机构类型银行拨备覆盖率变化趋势

资料来源：万得（Wind）金融数据库。

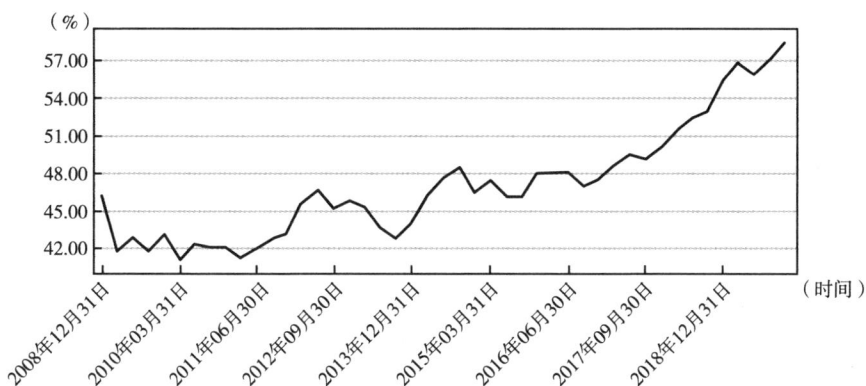

图 4 - 13 商业银行流动性比例变化趋势

资料来源：万得（Wind）金融数据库。

三、银行业资产质量分析

近年来，受国内宏观经济增速放缓、供给侧结构调整等因素影响，我国银行业资产质量压力凸显。自 2011 年以来商业银行不良贷款余额持续攀升，从 2011 年的 4 279 亿元飙升至 2016 年的 15 122 亿元，翻了 3 倍多。至 2017年，伴随宏观经济复苏迹象，银行资产质量才逐渐趋稳，但进入 2018 年初，不良贷款余额指标又开始抬头。截至 2019 年底，我国商业银行不良贷款余额为 24 135 亿元，同比增长 19. 16%，如图 4 – 14 所示。

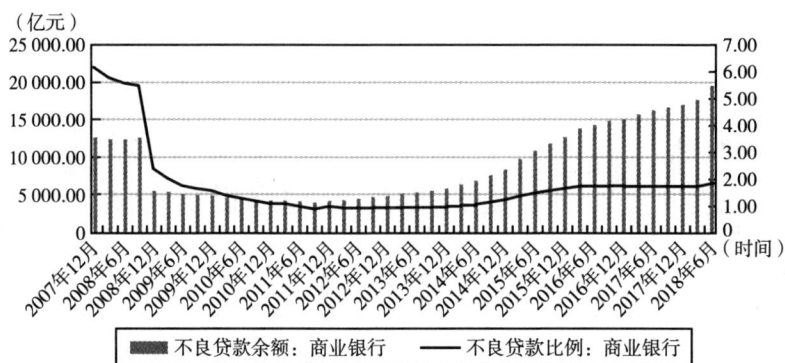

图 4 – 14　商业银行不良贷款余额与不良贷款率变化趋势

资料来源：万得（Wind）金融数据库。

不良贷款率指标变化趋势则稍有不同，2008 年金融危机后，我国商业银行在应对危机条件下取得了不良贷款余额和比例"双下降"的成绩。但在 2011 年后不良贷款率指标除在 2014～2015 年出现明显上升，其余阶段相对平稳，很多上市银行还呈现出不良贷款余额上升但不良贷款率下降的情况，这为银行转型带来了基础和时间窗口。截至 2017 年底，我国银行不良贷款率为 1. 74%，连续五个季度稳定在 1. 74% 的水平，但至 2018 年 6 月不良贷款率指标又上升至 1. 86%，至 2019 年底仍维持在 1. 86% 左右。从 2016 年的地产加杠杆到 2017 年的消费加杠杆，商业银行努力寻找着转型途径以减轻不良贷款的压力，2018 年我国银行业严监管态势仍将持续，提高资产质量、防控金融风险将是未来银行业的工作重点。

从银行业内部分机构类型来看，行业内部出现分化，国有大型商业银行近期表现最为突出，如图 4 – 15 所示。

2017 年国有大型商业银行的不良贷款率先企稳回落，由 2016 年末的 1. 68% 降至 2017 年第一季度的 1. 64%，直至 2018 年 6 月的 1. 48%，在各类银行机构中表现最佳，"五大银行"的关注类贷款占比与逾期贷款占比也实现双降。根据 2017 年一季度统计数据，中国建设银行资产质量最先企稳好转，逾期贷款占比仅为 1. 51%，远低于其他国有银行；不良贷款认定标准严格，不良贷款/逾期贷款比例超过 100%；尽管农业银行不良贷款率较高，但其逾期贷款占比与工商银行、交通银行相差并不大，且不良贷款认定标准更为严格，如图 4 - 16 与表 4 - 1 所示。

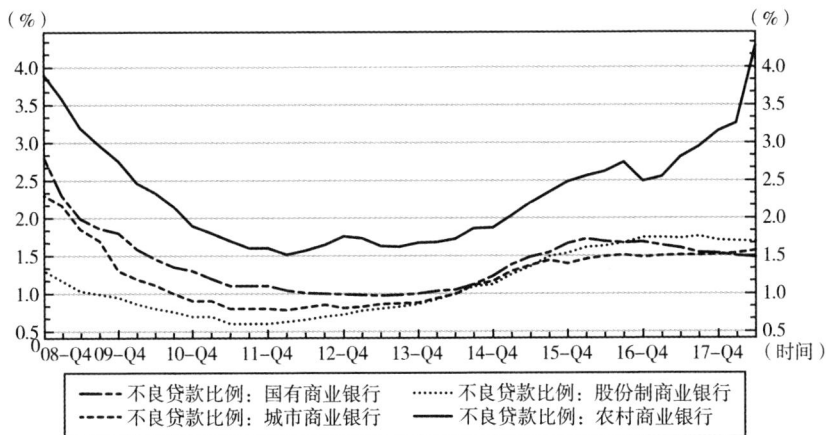

图 4 - 15　不同类型银行机构不良贷款率变化趋势

资料来源：万得（Wind）金融数据库。

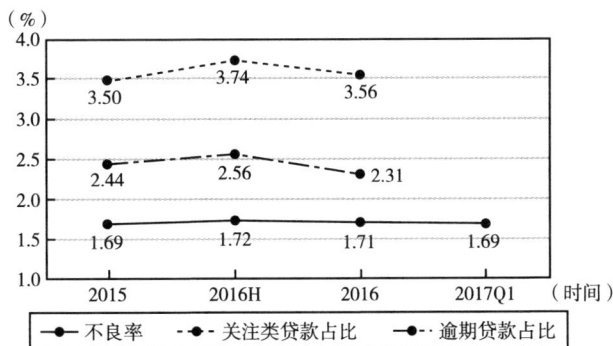

图 4 - 16　国有大型商业银行资产质量表现

资料来源："五大银行"公开数据。

现阶段，股份制商业银行处于风险暴露期，不良贷款率高于国有大型商业银行与城市商业银行，股份制银行内部也出现一定分化。其中，截至 2017 年一季度，招商银行逾期贷款占比最低，资产质量最优，逾期贷款占比、关注类贷款占比均最低，不良贷款率也较上年度下降。招商银行、兴业银行、光大银行的逾期贷款占比不足 3%，且不良贷款率、不良生成率有所下降，资产质量逐渐好转，如表 4 - 2 所示。但随着银监会对银行业资产分类认定标准趋严，部分股份制银行不良贷款率恶化的压力会继续增大。对于城市商业银行来说，由于受到经营范围所限，城市商业银行业务主要集中在当地区域，其资产质量与其区域经济相关度高。在 16 家上市银行中，南京、宁波、北京城市商业银行的资产质量最优，不良贷款率与逾期贷款占比也最低。其中，宁波银行 2016 年末逾期贷款占比仅为 1. 15%，在所有上市银行中最低，不良贷款率仅为 0. 91%。如表 4 - 3 所示。

表 4 - 1		国有大型商业银行资产质量比较				单位:%
国有大型商业银行	不良贷款率（2016 年末）	不良贷款率（2017 年一季度）	关注类贷款占比	逾期贷款占比	不良贷款/逾期贷款	不良贷款/逾期 3 个月以上贷款
农业银行	2. 37	2. 33	3. 88	2. 83	84. 05	118. 32
工商银行	1. 62	1. 59	4. 47	2. 65	61. 19	108. 32
中国银行	1. 46	1. 45	3. 11	2. 15	68. 04	130. 00
建设银行	1. 52	1. 52	2. 87	1. 51	100. 33	146. 56
交通银行	1. 52	1. 52	3. 02	2. 64	57. 68	71. 90

资料来源："五大银行"公开数据。

表 4 - 2		股份制商业银行资产质量比较				单位:%
股份制商业银行	不良贷款率（2016 年末）	不良贷款率（2017 年一季度）	关注类贷款占比	逾期贷款占比	不良贷款/逾期贷款	不良贷款/逾期 3 个月以上贷款
招商银行	1. 87	1. 76	2. 09	2. 14	87. 47	127. 67
中信银行	1. 69	1. 74	2. 65	3. 26	51. 82	84. 18
浦发银行	1. 89	1. 92	3. 82	2. 98	63. 48	82. 96
民生银行	1. 68	1. 68	3. 75	3. 50	48. 09	66. 06
兴业银行	1. 65	1. 60	2. 59	2. 15	77. 10	127. 11
光大银行	1. 60	1. 54	3. 78	2. 87	55. 69	80. 36
华夏银行	1. 67	1. 69	4. 20	4. 72	35. 46	44. 40
平安银行	1. 74	1. 74	4. 11	4. 11	42. 40	63. 41

资料来源："五大银行"公开数据。

表 4 - 3 城市商业银行资产质量比较 单位:%

城市商业银行	不良贷款率（2016 年末）	不良贷款率（2017 年一季度）	关注类贷款占比	逾期贷款占比	不良贷款/逾期贷款	不良贷款/逾期 3 个月以上贷款
北京银行	1.27	—	1.46	2.22	57.30	133.23
南京银行	0.87	0.87	1.93	1.70	51.46	83.38
宁波银行	0.91	0.91	1.33	1.15	79.32	121.30
上海银行	1.71	1.15	2.16	1.31	89.84	113.84
贵阳银行	1.42	1.47	3.95	4.07	34.77	84.16
杭州银行	1.62	1.61	4.82	3.12	52.03	60.70
江苏银行	1.43	1.43	3.01	2.28	62.87	70.25

资料来源:"五大银行"公开数据。

四、银行业盈利能力分析

（一）资产利润率与资本利润率

2008 年国际金融危机以来，相比全球银行业盈利水平的明显下降，我国银行业基本保持了较好的盈利态势。2010～2016 年，美国、欧元区和日本银行业的平均资产收益率分别为 0.96%、0.4%和 0.33%。

而同期，我国银行业平均资产收益率一直在 1.2%以上。我国商业银行净利润从 2010 年的 7 637 亿元增长至 2019 年的 19 932 亿元，保持了增长态势，但是，从净利润增速来看，我国整体经济下行压力仍然存在，互联网金融继续向银行业核心业务渗透，利率市场化进程持续推进，银行利润空间进一步被压缩，商业银行的利润增长显著放缓。在金融改革与银行转型的大背景下，商业银行逐步开始战略调整，非利息收入占比有所增加，收入成本比控制良好，综合影响下其盈利增长上涨幅度在 2015 年后有所回升，如图 4 - 17 所示。

资产利润率和资本利润率方面保持在正常水平，2019 年，我国商业银行资产利润率为 0.87%，资本利润率为 10.96%，高于国际同行水平。虽然与前期高速增长阶段相比略有降低，但这样的资产和资本回报率比较稳定、比较健康、可持续性较强。2019 年，我国商业银行资本利润率相比 2011 年该指标20.40% 的水平连续 6 年小幅下降，反映出我国银行业资本盈利能力在整体经济发展放缓与银行风险管理水平下受到挑战，资本稳健增值始终仍是我国商业银行追求的目标。资产利润率指标将银行的盈利能力与整体资产规模挂钩，2019 年，我国商业银行资产利润率中，国有大型商业银行资产利润率为0.94%，高于其他类型商业银行机构，股份制商业银行资产利润率为 0.86%、城市商业银行资产利润率为 0.70%、农村商业银行资产利润率为 0.82%。但整体来说，银行业资产利润率自 2011 年后连续处于下降趋势，至 2018 年前两个季度稍有所回升，如表 4 - 4 与图 4 - 18 所示。

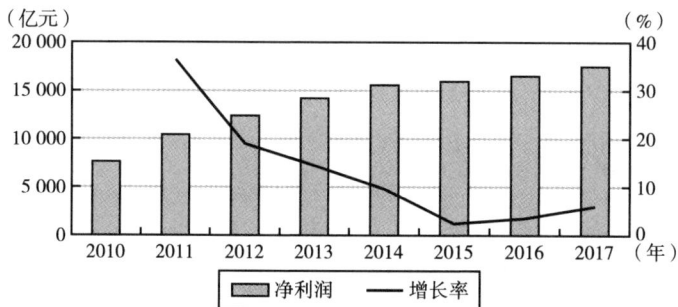

图 4 - 17　国有大型商业银行资产质量表现

资料来源：万得（Wind）金融数据库。

表 4 - 4　　　　　　**商业银行资产利润率与资本利润率**　　　　　　单位：%

年份	商业银行：资本利润率	商业银行：资产利润率
2010	19.20	1.20
2011	20.40	1.30
2012	19.85	1.28
2013	19.17	1.27
2014	17.59	1.23
2015	14.98	1.10
2016	13.38	0.98
2017	12.56	0.92
2018	11.73	0.90
2019	10.96	0.87

资料来源：万得（Wind）金融数据库。

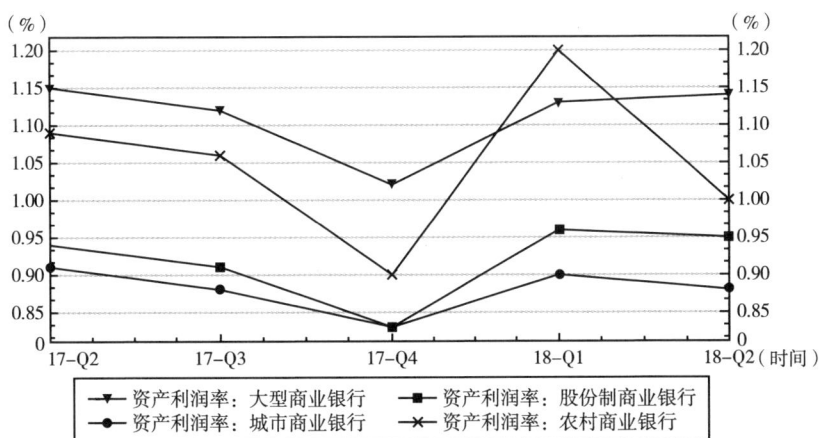

图4－18　分机构类型商业银行资产利润率表现

资料来源：万得（Wind）金融数据库。

（二）利息收入水平

目前，息差收入仍是我国银行业收入结构中最主要的组成部分，占整体营业收入的70%以上，是商业银行最主要的盈利来源。截至2016年，18家全国性商业银行的利息净收入达到2.75万亿元，较2015年下降5.47%，利息净收入的下降成为影响银行整体利润回落的主要因素。在银行发展转型推动下，我国银行业的盈利结构也在不断优化，非利息收入占比持续提升。2019年底，我国商业银行的非利息收入占比为21.93%，较2010年提升4.43个百分点；净息差为2.20%，比2010年下降0.3个百分点，如表4－5所示。商业银行成本收入比如图4－19所示。

表4－5	商业银行非利息收入占比与净息差	单位:%
年份	非利息收入占比	净息差
2010	17.50	2.50
2011	19.30	2.70
2012	19.83	2.75
2013	21.15	2.68
2014	21.47	2.70
2015	23.73	2.54

续表

年份	非利息收入占比	净息差
2016	23.80	2.22
2017	22.65	2.10
2018	22.11	2.18
2019	21.93	2.20

资料来源：万得（Wind）金融数据库。

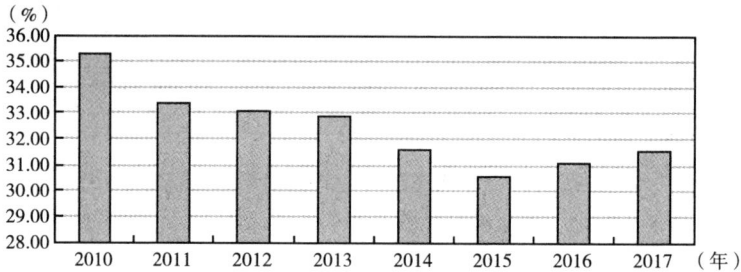

图 4-19 商业银行成本收入比

资料来源：万得（Wind）金融数据库。

（三）成本控制水平

成本收入比是反映为取得单位收入而耗费的成本，在数值上等于营业费用与营业收入之比，按照我国银行监管当局要求，该指标不应高于 45%。2019年，我国商业银行成本收入比为 31.68%，比 2018 年上升了 0.84 个百分点。

2018 年是中国改革开放 40 周年，金融改革进一步深化，我国银行业的监管将继续趋严，金融去杠杆将持续，商业银行通过做大资产规模盈利、空转资金套利的空间愈发闭塞，只有全面提升服务实体经济的效率和水平，实现稳健提升盈利能力，方能行稳致远。

第二节　中国银行业资本监管发展历程

中国银行业实力的提升离不开监管改革所创造的良好环境。40 多年来，改革开放进程取得辉煌成绩，中国银行业的发展变迁脉络体现了中国特色与中国智慧。20 世纪 90 年代中期，我国银行业监管当局开始借鉴巴塞尔协议，不断改革和完善我国的银行资本监管制度，特别是 2008 年以来的 10 年，中国银行业监管制度建设取得显著成效。本节将对中国银行业资本监管制度的发展历程进行总结，并特别结合《巴塞尔协议》与我国资本监管实践，剖析国际规则与本土规则的借鉴与融合。

一、银行体系初步建立时期的行政型资本监管：1978~1994 年

改革开放之前，我国金融业实行"大一统"制度，全国只有中国人民银行一家银行，承担发行国家货币、经理国家金库、管理国家金融、稳定金融市场等任务。中国人民银行作为国家金融管理和货币发行的机构，既是管理金融的国家机关，又是全面经营银行业务的国家银行，既是宏观经济政策的制定机构，也是金融业监管部门。中国人民银行本身就是银行业监管的主体，这在一定程度上使我国银行业的发展受到了阻碍。

1978 年，中国人民银行从财政部独立出来，从此经济体制改革拉开序幕。1979~1984 年，中国农业银行、中国银行、中国建设银行、中国工商银行先后成立，四家大型银行按专业进行分工开展业务。1983 年，国务院颁布《关于中国人民银行专门行使中央银行职能的决定》，1986 年《中华人民共和国银行管理暂行条例》颁布，从法律上明确了人民银行作为中央银行和金融监管当局的职责。在此阶段，我国属于二元银行体系，四家大型银行是按专业进行分工并开展业务，国家对专业银行承担无限责任，专业银行没有严格意义上的资本金，经营资本主要为国家拨付的信贷基金，因此，作为监管机构的人民银行也无须对专业银行实施资本约束。可以说，这一阶段的银行监管本质上就是行政管理。与此同时，随着金融改革的深化与经济发展的需要，1986~1992 年，中国交通银行、中信实业银行、招商银行、深圳发展银行、兴业银行、广东发展银行、中国光大银行、上海浦东发展银行、华夏银行等股份制银行相继成立。我国银行体系逐步由二元银行体系转为初步建立多层次银行体系，商业化的要求与银行的运行特点需要对银行法人的资本与资产负债业务开展进行相关的资本监管。

二、银行商业化转型初期的整顿型资本监管：1994～2003 年

1993 年 12 月 25 日，国务院颁布《关于金融体制改革的决定》，明确提出建立以国有商业银行为主体的金融体系，实施由国家专业银行向国有商业银行的战略性转型。1994 年，中国农业发展银行、国家开发银行和中国进出口银行三家政策性银行成立，将政策性信贷从商业银行中分离，把国家专业银行办成真正的国有商业银行。同时，我国开始清理和整顿金融机构与金融业，力图建立合理的金融秩序，这一阶段我国金融监控立法取得重要进展，一系列监管法律法规陆续出台，银行监管工作开始真正走上有法可依和依法监管的轨道。1995 年国家颁布了《中华人民共和国中国人民银行法》《中华人民共和国商业银行法》《中华人民共和国保险法》《中华人民共和国票据法》，这些法律法规为推进我国银行业改革和加强银行业监管奠定了法律基础。

应该说，我国银行业的资本监管对《巴塞尔协议》监管理念和监管方法的参考与借鉴就是从 1994 年前后开始的。随着政策性业务与商业银行业务的分离，我国商业银行开始实施贷款限额下的资产负债比例管理。1994 年，中国人民银行发布了《商业银行资产负债比例管理考核暂行办法》，明确了商业银行资本充足率的计算方法与最低资产充足率要求，参照巴塞尔银行监管委员会制定的《有效银行监管的核心原则》，规定资本充足率不得低于 8%，核心资本充足率不得低于 4%。1995 年的《商业银行法》再次强调了该标准。1996 年、1997 年中国人民银行又先后两次对资本充足率计算方法进行了局部调整，该方法一直沿用到 2003 年。具体来说，资本净额与表内、外风险加权资产总额的比例不得低于 8%，其中核心资本比率不得低于 4%；附属资本不能超过核心资本的 100%。根据不同资产的种类，我国设定了六个档次的风险权数，风险权数分别为 0、10%、20%、50%、70%、100%，根据风险权数计算出相应的加权风险资产。表外资产项目是指不反映在资产负债表上，但有可能随时转换为表内项目的资产。信用转换系数是衡量表外资产转换为表内资产的风险程度的指标。将表外资产项目的本金数额乘以信用转换系数，

得出的数额根据表内同等性质的项目进行加权，从而获得相应的风险权重资产数额。表内的资产和风险权数规定以及表内的资产和风险权数规定如表 4 - 6和表 4 - 7 所示。

表 4 - 6 　　　　　　　　　　风险加权资产风险权数

（一）现金	1. 库存现金		0
	2. 存放中国人民银行款项		0
	3. 存放中国人民银行款项		10%
（二）存放中国人民银行款项	1. 对我国中央政府的债权		0
	2. 对中国人民银行的债权		0
	3. 对一级国家和地区的中央政府与中央银行的债权		0
	4. 对二级国家和地区的中央政府与中央银行的债权		10%
（三）对二级国家和地区的中央政府与中央银行的债权	1. 对二级国家和地区的中央政府与中央银行的债权		20%
	2. 对我国省市政府投资的公共企业的债权		50%
	3. 对我国省市政府投资的公共企业的债权		70%
	4. 对我国省市政府投资的公共企业的债权		100%
（四）对一般企业和个人贷款	1. 信用贷款、透支		100%
	2. 担保贷款（1）保证贷款	①商业银行及政策性银行保证	10%
		②非银行金融机构保证	50%
		③中国境内注册外资或中外合资银行保证	10%
		④中国境内注册的外资或中外合资非银行金融机构保证	50%
		⑤中国境外注册的金融机构保证——一级国家和地区	20%
		⑤中国境外注册的金融机构保证——二级国家和地区	100%
	2. 担保贷款（2）抵押贷款	①土地房屋产权转让抵押	50%
		②居住楼宇抵押贷款	50%
		③动产物业抵押	50%
		④其他抵押	100%
	2. 担保贷款（3）质押贷款	①人民币存单质押	0
		②外币存单质押	10%
		③一级国家及地区和中国政府的国债质押	0
		④二级国家及地区的国债质押	10%

续表

（四）对一般企业和个人贷款	2. 担保贷款 （3）质押贷款	⑤现汇质押	10%
		⑥金融债券质押	10%
		⑦商业银行及政策性银行承兑票据贴现	10%
		⑧商业承兑汇票贴现	50%
		⑨其他质押	50%
	3. 融资租赁		100%
（五）同业拆借	1. 对本国同业拆借	（1）商业银行	10%
		（2）非银行金融机构	50%
		（3）中国境内注册外资或中外合资银行	10%
		（4）中国境内注册外资或中外合资非银行金融机构	50%
	2. 对中国境外注册的金融机构	一级国家和地区	20%
		二级国家和地区	100%
（六）其他			100%

资料来源：中国人民银行《关于印发商业银行资产负债比例管理监控、监测指标和考核办法的通知》。

表 4 - 7　　　　　　　　　　　　**信用转换系数**

项　　目	系数
1. 等同于直接授信	100%
2. 和特定交易有关的或有项目	50%
3. 短期的可自动清偿和与贸易相关的由于货物移动所产生的或有项目	20%
4. 回购协定	100%
5. 有追索权的资产销售	100%
6. 买入远期资产	100%
7. 部分缴付款项的股票和代表承诺一定损失的证券	100%
8. 超远期存款	100%
9. 票据发行和循环包销便利	50%
10. 初始期限为一年以下的可随时无条件取消的承诺	0
11. 初始期限为一年或一年以上的其他承诺	50%
12. 利率、汇率合约	暂不考核

注：一级国家和地区是指 OECD 组织的成员国及沙特阿拉伯和中国香港地区；二级国家和地区指 OECD 组织的成员国、沙特阿拉伯、中国香港地区以外的国家和地区。

资料来源：中国人民银行《关于印发商业银行资产负债比例管理监控、监测指标和考核办法的通知》。

　　在当时的监管制度下，我国银行业对资本的作用以及资本监管的重要性还缺乏足够的认识，基本只是停留在资本充足率计算和提交报表层面，并没有真正将资本抵御风险作为银行资本监管的重要目标。与《巴塞尔协议Ⅰ》相比，我国当时的资本充足率要求也更为宽松，例如资产风险权重放宽了标准，对于我国特大型或大型国有企业、非银行金融机构债权等给予了十分优惠的风险权重，没能真实有效地反映企业信用风险状况。对于合格抵质押品，《巴塞尔协议Ⅰ》只承认现金以及极少数高质量金融工具，而我国将范围扩大到商业汇票、土地房屋、居住楼宇以及动产物业等实物资产，并给予了较优惠的风险权重。受金融市场发展水平所限，我国的资本结构较为单一，资本成本高，附属资本补充渠道严重不足。从本质上说，我国银行业资本监管当时并没有真正吸收《巴塞尔协议》以资本抵御风险的精髓。一方面与《巴塞尔协议Ⅰ》标准相比，资本充足率被高估；另一方面随着我国粗放经济增长模式下信贷资产的高速扩张，资本约束效应难以发挥，出现大量不良资产，资本充足率绝对值出现下降。据测算①，如果按照《巴塞尔协议Ⅰ》的标准，我国 2001 年底的国有商业银行核心资本充足率和资本充足率的计算结果为5.65% 和 3.7%，比我国资本充足率监测指标和考核办法的计算结果分别低2.12% 和 1.33%。1994～2003 年，我国四家国有商业银行的资本充足水平不断下降，至 2003 年底，只有中国银行达标，十家股份制商业银行中也只有一半勉强达标。1999 年底，国有商业银行的不良贷款余额达到 28 236 亿元，不良贷款率高达 44%。我国监管当局也采取了很多措施在降低资本不足导致的银行脆弱性，1998 年，向四大国有银行定向发行 2 700 亿元特别国债以补充其资本，1999 年，成立四家金融资产管理公司剥离国有银行 14 000 亿元不良资产，1994～2003 年，招商银行、民生银行、浦发银行、华夏银行相继上市融资，拓展资本补充渠道。至 2003 年，我国包括国有商业银行和股份制商业银行在内的中国主要银行，不良贷款余额仍高达 21 022 亿元，占比达 17.9%，银行业资本监管与风险管理状况亟待改善。

---

　　① 资料来源：中国人民银行管理司. 关于我国现行资本充足率计算方法与 1988 年巴塞尔委员会资本协议计算方法差异的报告［R］. 2002 - 3 - 19.

三、银行市场化改革时期的风险型资本监管：2003～2012 年

经过长期积累的风险不断暴露，我国政府与银行业监管当局认识到必须要全面加强银行资本监管与风险防控。2003 年，根据第十届全国人民代表大会第一次会议批准的国务院机构改革方案，设立中国银行业监督管理委员会（简称"银监会"），行使银行监管职能。2003 年 12 月 27 日，第十届全国人民代表大会常务委员会第六次会议通过《中华人民共和国银行业监督管理法》，修改《中华人民共和国中国人民银行法》，修改《中华人民共和国商业银行法》，以法律形式明确中国银监会的法律地位和职能，中国银监会负责对全国银行业金融机构及其业务活动监督管理的工作，规定了银监会监管的目标、监管的原则、监管的职责，强化了监管措施，切实解决了当前中国银行业存在的问题，特别是监管手段薄弱的问题。2003 年，我国政府启动了新一轮国有银行市场化改革，通过"注资—财务重组—股份制改造—引进战略投资者—境内外上市"等一系列改革措施，陆续完成国有商业银行改制上市。同时，批准设立一批新的股份制商业银行、城市商业银行以及农村金融机构等，实现我国银行业存量改革与增量改革并举，多层次并存，有序竞争的新局面逐渐形成。

在此阶段，我国银行资本监管重心逐渐由整顿合规监管转向风险监管，对于资本抵御风险的核心功能有了更深刻的认识。2004 年，中国银监会颁布了《商业银行资本充足率管理办法》，实现了资本充足率监管与《巴塞尔协议Ⅰ》的实质性接轨，明确了资本充足率监管的具体实施要求与市场约束机制，构建了相对完整的银行业资本监管框架。新的资本监管制度设计了激励相容的原则，与资本充足率监管、银监会监督检查与信息披露相辅相成，这在一定程度上与《巴塞尔协议Ⅱ》的监管框架相互呼应。新的监管办法要求，商业银行资本应抵御信用风险和市场风险，其中，资本充足率 =（资本 – 扣除项）/（风险加权资产 + 12.5 倍的市场风险资本）；核心资本充足率 =（核心资本 – 核心资本扣除项）/（风险加权资产 + 12.5 倍的市场风险资本）。商业银行资本充足率不得低于 8%，核心资本充足率不得低于 4%，商业银行的附属资

本不得超过核心资本的100%，计入附属资本的长期次级债务不得超过核心资本的50%。新的监管办法严格按照《巴塞尔协议Ⅰ》设定了各类资产的风险权重，取消了原有资本充足率计算中对于我国特大型或大型国有企业、非银行金融机构债权等过于优惠的风险资产权重，以及土地房屋产权、居住楼宇、动产物业等抵押贷款的优惠，且随着我国利率市场化、汇率形成机制改革的不断深化，对我国商业银行市场风险也要求计提相应的资本覆盖风险。2005年底，中国银监会将混合债务资本工具也纳入附属资本范畴，不仅拓宽了商业银行资本补充渠道，还在一定程度上降低了资本成本。2009年银监会发布《关于完善商业银行资本补充机制的通知》，强化了核心资本吸收损失抵御风险的作用。2003年至2012年底，我国商业银行的核心资本和附属资本分别由8 122亿元和1 091亿元增加到64 340亿元和17 585亿元，分别增长了6.9倍和15倍[①]。银监会不仅要求银行自身承担资本抵御风险管理的责任，制定并实施资本规划，更对商业银行资本充足率实行现场检查和非现场监控，监督其资本充足率有关规章制度的制定和执行情况，以及信用风险和市场风险状况。根据商业银行的风险状况及风险管理能力，银监会可以要求单个银行提高最低资本充足率标准。为加强信息披露，银监会要求银行披露包括风险管理目标和政策、并表范围、资本、资本充足率、信用风险和市场风险等相关信息。

在新的监管标准下，我国银行业严格控制信贷盲目扩张，通过3年过渡期，实现资本充足率达标。资本充足率从2013年底的-2.98%提高到2012年底的13.25%，同期达标银行数量由8家增加到509家，彻底扭转了我国银行业资本充足率恶化的趋势。此外，在资本充足约束下，商业银行通过财务重组，大幅提高了资产质量，2003年至2012年底，不良贷款余额从22 049亿元下降到4 928亿元，不良贷款率从17.6%下降到1%。我国商业银行信贷扩张、资产结构调整、利润分配、资产质量提高等各个方面都受到了资本约束风险机制的正向引导，银行经营审慎性开始提高。

---

① 王胜邦. 商业银行资本监管：理论、制度和技术［M］. 北京：中国金融出版社，2016.

四、银行后危机时代的审慎型资本监管：2012年至今

2008年国际金融危机的爆发在世界范围内使商业银行监管制度受到严峻挑战，在吸取危机经验教训的基础上，根据《巴塞尔协议Ⅱ》与《巴塞尔协议Ⅲ》并行推进的原则，我国于2012年6月颁布了《商业银行资本管理办法（试行）》，包含资本充足率计算和监管要求、资本定义、信用风险加权资产计量、市场风险加权资产计量、操作风险加权资产计量、商业银行内部资本充足评估程序、监督检查、信息披露等内容。该办法自2013年1月1日起施行，标志着我国银行资本监管制度在稳步推进《巴塞尔协议Ⅱ》实施的过程中，开始引入《巴塞尔协议Ⅲ》审慎监管的新理念和新指标，被业界称为"中国版巴塞尔协议Ⅲ"。我国银行监管在实现向国际标准看齐的同时，力图通过激励相容的监管体制推动中国银行业资本监管与风险管理的全面升级和完善，以确立我国银行业中长期稳定发展的制度边界。

后危机时代，银行监管理念上的革命在于加强审慎性监管，对于商业银行安全性与效益性的权衡更加注重了前者。对于审慎监管规则的最新发展要求：首先，从单家银行的资产方扩展到资产负债表的所有要素，包括提高交易对手信用风险权重，关注银行规模，引入杠杆率指标；引入流动性覆盖率和净稳定资金比率，对资产负债表双方期限匹配提出明确要求，要求有高质量流动性资产，降低对短期批发性融资的依赖性；提高资本充足率标准和资本质量要求，提升银行资金来源的稳定性。其次，从单家银行稳健性扩展到整个金融体系的稳定性，调整结构，制定和实施中长期信贷发展战略，降低信贷业务的资本占用；强化管理，完善风险战略和风险偏好的框架设计，提高风险管理的精细化和前瞻性；创新服务，为资产业务提供稳定的资金保障，降低经营成本。最后，从金融体系的稳健性过渡到金融体系与实体经济之间的内在联系，明确将逆周期因子引入资本和流动性监管框架，以维护银行体系信贷供给能力的长期稳定，支持实体经济平稳增长。中国银监会对商业银行明确实施了新的监管指标要求，增强实施新监管标准的主动性和自觉性，积极推动业务转型，加快转变方式，提升风险管理能力，打造银行业稳健运

行的微观基础，特别是新四大监管工具已成为我国银行业加强审慎性监管的重要手段：新资本定义、杠杆率、贷款拨备比率、流动性覆盖率和净稳定资金比率指标，其实施要求如表4-8所示。

表4-8 我国商业银行新监管工具实施时间

新监管工具	系统重要银行		非系统重要银行	
	达标期限	达标水平（%）	达标期限	达标水平（%）
资本充足率	2013 年底	11.5	2016 年底	10.5
杠杆率	2013 年底	4	2016 年底	4
流动性覆盖率	2013 年底	100	2013 年底	100
净稳定资金比率	2016 年底	100	2016 年底	100
贷款拨备比率	2013 年底	2.5	2016 年底	2.5

资料来源：根据中国银行保险监督管理委员会文件要求整理。

值得注意的是，目前我国银保监会对大型银行的资本充足率监管要求为11.5%，对中小银行的资本充足率监管要求为10.5%，高于《巴塞尔协议Ⅲ》中银行资本监管的最低要求。实际上，欧盟、英国、瑞士、新加坡等已经或将要实施的监管标准也都高于《巴塞尔协议Ⅲ》的最低要求。例如，新加坡提出的核心一级资本充足率要求为9%，总资本充足率要求为12.5%；瑞士对系统重要性银行提出的核心一级资本充足率要求为10%，总资本充足率要求为19%。此外，在坚持与国际标准基本一致的前提下，我国银行资本监管注重与中国国情相结合，主要表现为：一是下调了对小微企业、个人贷款及信用卡授信的风险权重。小微企业风险权重从100%下调至75%，未使用信用卡的信用转换系数从50%细分为20%和50%两个档次。二是鉴于国内银行贷款损失准备较高的实际情况，《商业银行资本管理办法》提高了实施内部评级法的商业银行超额贷款损失准备计入二级资本的上限。三是对银行已发行的不合格资本工具给予10年过渡期逐步退出，缓解银行资本补充压力。

根据国内商业银行资本充足率水平，并考虑资本监管对信贷供给和经济发展的影响，我国《商业银行资本管理办法》设定了6年的资本充足率达标过渡期，商业银行应于2018年底前全面达到相关资本监管要求，并鼓励有条件的银行提前达标。过渡期内，未达标的银行将制定并实施分阶段达标规划，银保监会将根据银行达标规划的实施进展，采取相应监管措施，而不是硬性要求在《商业银行资本管理办法》开始实施时就立即达标。按照 2017 年年报，我国一级资本充足率尚有 7 家银行没有达标，46 家银行超出标准 8.5% 不足 1 个百分点，说明多家银行存在补充一级资本充足率的压力。截至 2017 年 12 月，我国商业银行整体资本充足率为 13.65%，保持在较高水平，核心一级资本和一级资本占比都较高，核心一级资本充足率为 10.75%，一级资本充足率为 11.35%，各级资本充足率均满足中国银保监会《资本管理办法》及《巴塞尔协议Ⅲ》要求。此外，2015 年 11 月 15 日至 16 日，二十国集团（G20）于土耳其举行领导人峰会，决定为强化金融机构的抗风险能力，确定全球系统重要性银行总损失吸收能力（TLAC）的共同国际标准（total loss-absorbing capacity，TLAC）。针对包括我国的工商银行、中国银行、建设银行和农业银行在内的 30 家全球系统重要性银行，实施比《巴塞尔协议Ⅲ》更为严格的监管要求，自 2019 年起不得低于 16%，自 2022 年起不得低于 18%；TLAC 监管对于杠杆率也有要求，要求自 2019 年起不得低于 6%，自 2022 年起不得低于 6.75%。在 TLAC 监管框架下，我国四大银行均面临着较大的资本补充压力。目前，我国监管部门已着手探索 TLAC 监管规则与国内银行业实际情况有效对接的途径，但其具体执行时间、实施程序、监管标准等有待进一步确定。

第三节 《巴塞尔协议Ⅲ》在中国的实施

一、"中国版巴塞尔协议Ⅲ"的监管目标

"中国版巴塞尔协议Ⅲ"——《商业银行资本管理办法》自 2013 年 1 月 1 日起施行，按照"实质重于形式"的原则，在总体上遵循并达到国际标准的前提下，依据国内相关法规，充分考虑国内银行经营管理实践和所面临的突出风险，坚持国内资本监管的成功经验，进一步明确了资本定义、资产风险权重、商业银行分类标准和分类监管措施等方面的监管要求。实施新的资本管理办法，旨在加强商业银行资本监管，维护银行体系稳健运行，保护存

款人利益，使商业银行资本能够抵御其所面临的风险，包括个体风险和系统性风险。

长期来说，实施"中国版巴塞尔协议Ⅲ"有利于我国进一步深化银行业改革，促使商业银行成为真正的市场竞争主体。中国银行业40多年的改革历程有着其独特的变迁轨迹，政府主导的自上而下的强制性变迁过程，很少有诱致性变迁与之并行，在银行业改革的各个先期阶段发挥主导作用，待到时机成熟，逐渐退居"幕后"，让市场去引领。改革开放至今，中国银行业正处在以市场化为导向的经济转轨关键时期，新的银行资本监管办法促使商业银行资本充足率明显提高，财务状况与风险管理能力显著增强，银行运作的规范性、稳健性和市场化持续改善。随着金融市场人民币利率、汇率市场化改革深化，国内投融资市场的快速全面发展，商业银行的产权制度多元化发展，我国逐渐建立起多层次的银行资本制度，建立以资本为主导，以资本吸收损失的市场化机制，促使银行形成与市场化经营环境相适应的机制与体制，成为国际范围内真正的市场化竞争主体。

实施"中国版巴塞尔协议Ⅲ"有利于我国银行业从根本上解决增长速度与发展质量之间的矛盾，为推动银行业转变发展方式提供激励。一方面，我国长期以来奉行速度、规模、市场份额为主导的经营战略，风险的积累与充足资本支撑的缺失会导致银行业稳健经营内在机制不稳固，一旦银行危机爆发会对整个金融体系乃至实体经济产生难以估量的影响。我国新的银行资本监管管理办法吸收了国际金融危机的经验教训，对银行实施全面风险管理，对风险敏感性资本监管短板查漏补缺、提高标准，加强系统性风险与流动性风险监管，有效保障了银行业长期持续稳健运营。另一方面，过度使用金融杠杆推动经济增长带来的弊端引起监管当局重视，国际金融危机期间，主权债务风险和银行业风险的关联性引起更大的金融市场波动，诱发系统性危机。危机之前过高的金融杠杆和危机之后急速的"去杠杆化"过程容易引发周期性的"繁荣—崩溃"现象，面对新的宏观经济环境与更加复杂多元化的风险，银行业需要实施更加审慎的监管，引导商业银行转变发展方式，提升发展质量，抑制宏观金融风险。

2009年，中国正式加入巴塞尔委员会，推动实施《巴塞尔协议Ⅲ》，不仅让我国利用这个平台更好地维护中国银行业利益，体现中国银行业对监管制度与监管框架的意见与看法，同时也可以充分借鉴和吸收国际银行业风险与资本监管经验，积极参与国际监管准则的制定，在更加开放的条件下维护银行体系的公平竞争与稳健发展，促使中国银行业在全球银行业体系中的地位不断上升。全球银行业权威杂志英国《银行家》(*The Banker*) 公布的2017年全球银行1000强榜单中 (Top 1000 World Banks 2017)，共有126家中国银行入榜，较2016年新增7家，其中，中国工商银行以2 812.62亿美元的"一级资本"连续五年位居榜首。按一级资本排名的前十大银行中，中国和美国的银行各占四席，英国和日本则各有一家银行入榜。提升中国银行业的竞争力，提升银行应对外部冲击的能力，使我国银行业能够更加有效地服务实体经济，参与国际范围内的竞争。

二、接轨《巴塞尔协议Ⅲ》的监管工具

《巴塞尔协议Ⅲ》是全球银行业监管的标杆，其出台引发了国际金融监管准则的调整和重组，影响银行经营模式与发展战略，对我国银行业资本监管也产生了重大影响。"巴塞尔资本协议Ⅲ"继续以资本充足率、监管检查、市场约束三大支柱为支撑，主要强化了第一支柱的改革，继续以资本监管为主，引入流动性监管标准，继续以微观监管为主，并引入宏观审慎监管的概念。中国银行监管当局始终在积极参与、学习借鉴巴塞尔委员会的最新改革成果，明确了宏观审慎与微观审慎兼顾、资本监管和流动性监管并重、资本数量和质量同步提高的改革方向，引入留存超额资本、逆周期超额资本等资本充足率指标，以及杠杆率、流动性覆盖率和净稳定融资比例等指标，在原有监管指标体系的基础上，形成了中国银行业当前的资本充足率、杠杆率、拨备率和流动性比率四大监管工具的指标体系。

具体到四个监管工具，第一，在资本充足率方面，对于银行业的资本约束是一种世界性趋势，我国商业银行的一级资本充足率标准要求，从原来的4%上调至6%，资本充足率要求保持8%不变。由普通股构成的核心一级资本占银行风险资产的下限，从原来的2%提高至4.5%。此外，银行在正常年份还需要持有相应2.5%的留存资本缓冲，这意味着银行必须把最低核心一级

资本比率提高到7%。对于系统重要性银行，除了上述底线要求，监管部门还另行设置了1%的附加资本要求。由于我国银行业一直注重保持资本充足率的稳定，提高资本质量与数量的要求，短期内不会对我国银行业造成太大压力，除了个别银行的资本充足率达标面临一些困难以外，大部分银行都有能力按要求达到所规定的下限，有的甚至超出《巴塞尔协议Ⅲ》要求的国际标准较多。但从长期来看，我国银行资本监管可能会出现一些深层次问题，由于我国商业银行资本结构比较单一、核心资本占比过高、附属资本构成不合理，随着商业银行资本不断消耗，只通过股票融资将很难满足国内商业银行的资本需求，我国银行应及时改善商业银行的资本融资渠道现状，合理改善资本结构。一方面资本充足率监管要求增强了银行稳健性与风险管控能力；另一方面资本充足率监管要求可能对我国银行信贷与整体宏观经济的约束与限制效应也是监管当局应权衡考虑的问题。

第二，引入杠杆率监管指标，按照监管规划，我国银行业杠杆率监管标准确定为不低于4%，高于《巴塞尔协议Ⅲ》中杠杆率3%的最低标准。杠杆率指标所要求的银行风险暴露不经风险调整，作为具有风险敏感性的资本充足率监管指标的补充，对于参与资本市场业务，特别是表外和衍生产品交易比较多的银行来说，这一标准是较为审慎的。目前来看，杠杆率在欧美银行监管体系中相对更为有效，因为其市场金融衍生品业务占比较大，杠杆率也相对较高。而我国的银行业仍然主要以信贷为基础，用杠杆率监管或许不如资本充足率有效，但从长远来看，杠杆率将成为金融监管体系的有力补充，有效地约束银行业务规模过度扩张。从资本金要求和杠杆率的要求来看，对我国商业银行资本监管的变动还体现在对资本缓冲的要求上，即建立2.5%的资本留存缓冲和0~2.5%的逆周期资本缓冲。目前，我国上市银行与2.5%的资本留存缓冲要求尚存在差距。

第三，在拨备覆盖率的基础上，引入动态拨备率指标控制经营风险，初步的监管指标设定为2.5%，这种动态的、具有前瞻性的拨备体系是后危机时代银行审慎监管的直接体现。我国银保监会同时用贷款拨备率和拨备覆盖率对银行的贷款拨备进行计提，贷款拨备率基本标准为2.5%，拨备覆盖率标准为150%，银行对可能发生呆坏账的贷款要求计提贷款损失准备。2013年我国贷款损失准备为16 740亿元，拨备覆盖率达到282.7%，2017年贷款损失准备增加到 30 944 亿元人民币,拨备覆盖率达到 181.42%,而 2008 年底只有 116.4%(拨备覆盖率 = 贷款损失减值准备金余额/不良贷款余额 × 100%)。 2018 年,我国银监会对拨备覆盖率监管要求由 150% 调整为 120%～150%, 贷款拨备率监管要求也由 2.5% 调整为 1.5%～2.5%,各级监管部门在上述调整区间范围内,按照同质同类、一行一策的原则,明确银行贷款损失准备监管要求。拨备覆盖率及贷款拨备率监管"红线"整体下调后将释放大量银行利润。"同质同类"银行考虑到机构规模,例如跨省级区域经营、资产规模较大的城商行和地级市城商行就不具有同质性。而"一行一策"实际相当于每家银行都有一个专门的贷款损失准备监管要求,以体现出差异化监管。

第四,在现有流动性比率监管的基础上,引入流动性覆盖率和净稳定融资比率指标。2014 年,银监会发布了《商业银行流动性风险管理办法》,为了提升流动性风险监管的有效性,监管当局在原有"贷存比"和"流动性比例"以外,又引入了"流动性覆盖率"和"净稳定融资比例"两个指标。明确了对于银行流动性监管的四个主要指标,即流动性覆盖率、净稳定融资比例、贷存比和流动性比例。流动性覆盖率和净稳定融资比例这两个指标是在《巴塞尔协议Ⅲ》中首次被提出的,是国际监管层面针对危机中银行流动性问题反思的最新成果,将其引入我国的流动性监管指标体系之中,是我国接轨国际监管标准的又一亮点。2015 年 9 月,根据商业银行法修订进展,银监会对《商业银行流动性风险管理办法》进行了相应修订,取消了贷款余额与存款余额比例不得超过 75% 的规定,将存贷比由法定监管指标转为流动性监测指标,既缓解了利率市场化进程中银行面临的负债成本上升压力,也在从制度上消除了小微企业融资难的真正病根。结合我国商业银行的业务特点,借鉴国际监管改革成果,对流动性风险监管制度进行修订,在流动性覆盖率基础上强化三个量化指标。一是净稳定融资比例,等于可用的稳定资金除以所需的稳定资金,监管要求为不低于 100%。该指标值越高,说明银行稳定资金来源越充足,应对中长期结构性问题的能力越强。净稳定融资比例风险敏感度较高,但计算较为复杂,且与流动性覆盖率共用部分概念。因此,采用与流动性覆盖率相同的适用范围,即适用于资产规模在 2 000 亿元(含)以上的商业银行。二是优质流动性资产充足率,等于优质流动性资产除以短期现金净流出,监管要求为不低于 100%。该指标值越高,说明银行优质流动性资产储备越充足，抵御流动性风险的能力越强。该指标与流动性覆盖率相比而言更加简单、清晰，便于计算，较适合中小银行的业务特征和监管需求，因而适用于资产规模在 2 000 亿元以下的商业银行。三是流动性匹配率，等于加权资金来源除以加权资金运用，监管要求为不低于 100%。该指标值越低，说明银行以短期资金支持长期资产的问题越大，期限匹配程度越差。流动性匹配率计算较简单、敏感度较高、容易监测，可对潜在错配风险较大的银行进行有效识别，适用于全部商业银行。此外，监管当局还进一步细化了流动性风险管理相关要求，例如日间流动性风险管理、融资管理等，不断完善流动性风险监测体系。

三、结合国情合理推行《巴塞尔协议Ⅲ》

后危机时代下，《巴塞尔协议Ⅲ》促使国际金融监管改革的重点，由监管政策制定转向监管标准实施和评估。2017 年 12 月，巴塞尔银行监管委员会对《巴塞尔协议Ⅲ》进行了修订，旨在建立"既深刻又简单，既强大又不成为负担，既考虑风险又便于理解，既灵活多变又持续适用，适用常态环境又接受危机的教训，基于共识又源于广泛的实践，平衡规则和监管"①，新协议将从 2022 年 1 月 1 日开始逐步实施。

《巴塞尔协议Ⅲ》对于提高银行体系的稳健性、提高风险管理能力、实施银行审慎监管起到了重要作用，这是毋庸置疑的。新协议实现了对各类风险暴露的充分计算和资本的充分计提，提高了资本的质量和吸收损失的能力，同时对杠杆率与流动性风险指标进行了补充与修订，提出大额风险暴露的监管框架，对资产证券化框架和交易对手信用风险的计提方法进行了改进。然而，随着银行体系的日益复杂、金融创新手段的多样化发展以及监管框架风险敏感性的上升，国际银行监管框架虽然越来越复杂，但监管有效性却仍有待提高。各国在推进实施《巴塞尔协议Ⅲ》的过程中，应充分考虑不同国家银行业务及其风险特征的差别，在此基础上再制定具有全球可比的一致性规

---

① 韦恩·拜尔斯. 简单性、风险敏感性和可比性：监管平衡行为，2017.

则，在复杂性和可比性之间寻找平衡。随着我国已加入巴塞尔银行监管委员会，我国监管当局有机会也有必要更多地参与国际银行监管规则的制定过程中，争取更大的影响力，结合我国具体国情与实际发展状况通过将国际规则转化为国内监管规则，推动我国银行业不断提高风险管理能力与稳健经营能力，逐步接轨国际银行监管先进标准，实现《巴塞尔协议Ⅲ》的本土化。

中国银行业要及时引入国际银行业监管改革的最新成果，因地制宜地推进国际新监管标准在中国的落地实施。中国银行业过去资本长期不足，治理结构和经营理念陈旧，推行《巴塞尔协议Ⅲ》是正确的，有利于提升银行竞争力、提高抵御金融风险的能力。中国银行业在危机中的损失较小、我国的宏观经济基本面也稳健复苏，这些为中国银行业顺利推行《巴塞尔协议Ⅲ》创造了良好的外部环境与有利的先决条件。但是当国际监管标准与我国银行自身的实际发展状况及现实问题存在不适应时，就会影响《巴塞尔协议Ⅲ》的推进进程和实施效果。例如，实践证明，单纯注重提高资本充足率的监管要求并非万能，危机中资本充足率高的银行机构倒闭者也不乏其例，说明资本充足率监管不是万能的，资本管理不是越严越好，标准也不是越高越好，有时甚至还可能产生一些不利影响。《巴塞尔协议Ⅲ》对资本充足率提出了更高的标准和更严格的资本计算要求，巴塞尔委员会宏观经济评估组（MAG）、国际金融协会（IIF）、金融稳定委员会（FSB）、英国金融服务管理局（FSA）等国际金融监管机构对实施《巴塞尔协议Ⅲ》的影响进行了评估，也指出其实施对宏观经济的影响既有有利的一面，同时又要付出一定的成本与代价。监管资本的短缺和信贷规模的下降对投资和消费产生影响，进而导致 GDP 下降。巴塞尔委员会（2010a）测算结果，2 年后资本标准增加 1% 将导致 GDP 在 18 个季度后下降 0.12 个百分点，4 年后资本标准增加 1% 将导致 GDP 在 18 个季度后下降 0.16% 个百分点。但资本充足率的提高可以使 GDP 的标准差下降，降低其波动，从一定程度上熨平经济周期。资本充足率每增加 2 个百分点，GDP 的标准差下降大约 1.9 个百分点。危机后我国的经济逐渐复苏，但经济复苏可能是一个 W 形的渐变过程，而非简单的 V 形反转，急于按照《巴塞尔协议Ⅲ》提高银行资本充足约束要求，我国银行业的信贷增长可能会受到制约影响，一定程度上抵销中央银行预调微调政策的作用，阻碍宏观经济复苏。特别是在我国银行业内源式补充不足的情况下，银行只能向资本市场

"求援"，不利于资本市场稳定。我们应考虑实施资本管理的差异化监管制度，推动银行建立稳定、高质量、多元化的资本补充机制。

此外，《巴塞尔协议Ⅲ》针对 2008 年金融危机暴露出来的银行杠杆率过高、金融创新过度等问题推行的一系列监管措施，也不一定完全适应我国目前的发展阶段。我国银行业目前的主要问题还体现在现代商业银行体制机制改革不成熟，业务创新能力不足，如果"一刀切"地与西方发达国家商业银行"吃同样的甚至更多的药"，有可能会给我国商业银行带来不必要的发展制约，降低自己的国际竞争力。我国的银行业同质化现象比较严重，信贷业务对于银行盈利能力的影响效应更为显著，越大型的商业银行越容易获得稳定的资金来源，更易实行资产负债期限匹配管理，中小型银行处于不利的竞争地位，如果实施统一的监管标准可能造成新的不公平竞争，不利于我国中小企业以及农村金融的发展。中国当前的市场诚信状况和数据质量要支撑起《巴塞尔协议Ⅲ》的复杂计量要求也需要更高质量的积累与处理要求。这些问题既包括对部分《巴塞尔协议Ⅲ》监管指标合理性与否的判别，同时也包括在监管过程中如何对不同类型银行进行差异化监管等一系列问题。中国银行业在执行新资本监管标准的同时，更需要确保国民经济的平稳运行与适度增长。

为严守不发生系统性金融风险的底线，中国银行业迎来了强监管时代。2017 年党的十九大的召开，标志着中国特色社会主义进入了新时代，实体经济成为经济发展的主角，回归本质、服务实体经济成为中国银行业新时代的主旋律。2017 年 12 月 20 日闭幕的中央经济工作会议将"防范化解重大风险"列为三大攻坚战首位，主要是指金融风险、财政风险、房地产风险等，占我国金融业资产总量 80% 以上的银行业是打好这场防范化解重大风险攻坚战的主战场。我国银行业监管当局应充分借鉴《巴塞尔协议Ⅲ》的监管思路，遵循国际银行业监管的大趋势，更要结合我国的实际情况，评估《巴塞尔协议Ⅲ》在我国的适用性，制订出适合我国银行业发展的新规划和目标，促进商业银行经营发展方式的转变，提高资本的质量，理顺金融链条、积极提高合规意识、完善风险管理体系，切实服务实体经济。

第五章　资本充足率监管对我国
银行业适用性研究

　　资本充足率监管一直是巴塞尔协议的核心内容，作为银行资本监管的主要手段，资本充足率监管发挥着重要的作用。各国银行监管当局对商业银行资本充足率的管制，目的是监测银行抵御风险的能力，保证银行可以化解吸收一定量的风险，维持银行机构的正常运营和稳健发展。前面我们已经分析了《巴塞尔协议Ⅲ》对资本充足率的三个基本要素——资本定义、风险加权资产计量框架和资本充足率监管要求都进行了改革与完善，对商业银行经营稳健性、经营成本与经济效益等都产生了很大影响。银行业界对于不断提高的资本充足率监管要求也是存在一定争议的。资本监管新规的修订与实施不能简单依靠监管者粗放的判断与争议，应谨慎基于监管政策的评估结果进行决定与调整。巴塞尔委员会宏观经济评估组（MAG）、国际金融协会（IIF）、金融稳定委员会（FSB）、英国金融服务管理局（FSA）等国际金融监管机构，以及金融业界基于各自的数据基础对《巴塞尔协议Ⅲ》实施的影响进行了分析和评估。本部分将在这些研究的基础上，归纳总结并进一步评估资本充足率监管要求的变动对我国商业银行乃至整个宏观经济的影响，据此判断资本监管新规的适用性。

第一节　资本充足率监管对国际银行业的影响

一、巴塞尔委员会的定量测算结果

2010 年 12 月 16 日，巴塞尔委员会发布《巴塞尔协议Ⅲ》最终文本时同步发布了全面定量影响测算的结果，用以评估新的资本充足率监管改革方案与流动性改革建议的影响。来自 23 个成员方经济体的 263 家银行参加了全面定量影响测算，其中，第一组银行 94 家，要求银行一级资本超过 30 亿欧元，银行业务分散且国际化程度较高，第二组银行（其他银行）169 家。

全面定量影响的测算并没有考虑任何过渡期安排的影响，如逐步引入资本扣减项和"祖父条款"[①] 的安排，也没有考虑银行盈利能力和经营行为的变化影响[②]，并假定《巴塞尔协议Ⅲ》全部实施，包括风险加权资产和资本定义的所有变化。第一组银行的核心一级资本普通股充足率均值为 5.7%，高于 4.5% 的最低要求，按《巴塞尔协议Ⅲ》发布前后标准分别计算第一组大型银行的核心一级资本充足率、一级资本充足率与总资本充足率，新标准下以上三个指标分别为 5.7%、6.3% 和 8.4%，比原有标准计量结果分别下降了 5.4 个百分点、4.2 个百分点和 5.6 个百分点，杠杆率仅为 2.8%，尚未达到 3% 的新监测标准，如表 5 - 1 所示。

表 5 - 1　　　　　　　　大型银行资本充足率变化情况比较　　　　　　单位:%

项　　目	核心一级资本充足率	一级资本充足率	总资本充足率	杠杆率
原有标准测算结果	11.1	10.5	14	—
《巴塞尔协议Ⅲ》标准测算结果	5.7	6.3	8.4	2.8
变化幅度	- 5.4	- 4.2	- 5.6	—

资料来源：巴塞尔委员会，《第三版巴塞尔协议和定量测算结果》，2010 年 12 月 16 日。

在所有经济体中，发达国家银行受到的影响较大，而包括我国在内的新兴市场的冲击很小，沙特阿拉伯的普通股充足率不降反升。根据进一步测算的结果，若所有大型银行的核心一级资本充足率水平都达到 4.5% 的最低要求

---

① 祖父条款英文是 Grandfather Clause，祖父条款是一种规定，是指某些人或者某些实体已经按照过去的规定从事一些活动，新的法规可以免除这些人或者这些实体的义务，不受新法律法规的约束，继续依照原有的规定办事，即代表一种允许在旧有建制下已存的事物不受新通过条例约束的特权。从法律原则来讲就是，新法不应该溯及既往，新的法案出台，对于之前所发生的行为是不应该具有追溯力的。

② 这种估计没有考虑基于预测并考虑管理层可能采取的应对行为的影响，并且考虑了市场分析的结果，事实上，这些分析的信息是无法公开获得的。

和7%的最低要求加上留存超额资本要求,其需要补充的普通股数量分别高达
1 650亿欧元和5 770亿欧元,而所有参与测算的大型银行中,当年实现的未
分配税后利润总量为2 090亿欧元,这些银行需要通过发行新股和利润留存
来补充资本提高核心一级资本充足率水平。如果资本市场无法容纳如此大规
模的融资,银行将被迫调整资产结构,降低信贷扩张速度或者压缩信贷规模,
最终有可能对全球经济的复苏进程产生一定程度的负面影响。

经测算,第二组中小型银行的核心一级资本充足率均值为7.8%。按《巴
塞尔协议Ⅲ》发布前后标准分别计算第二组中小型银行的核心一级资本充足
率、一级资本充足率与总资本充足率,新标准下以上三个指标分别为7.8%、
8.1%和10.3%,比原有标准计量结果分别下降了2.9个百分点、1.7个百分
点和2.5个百分点,杠杆率指标也达到3.8%,高于3%的新监管要求。相对
而言,《巴塞尔协议Ⅲ》的实施对中小型银行的影响更小,如表5-2所示,
并且《巴塞尔协议Ⅲ》对发达国家与新兴经济体中小型银行的影响不存在系
统性偏差。按照4.5%和7%的核心一级资本充足率监管标准测算,所有中小
型银行都达标需要补充的普通股规模分别为80亿欧元和330亿欧元,远低于
第一组的大型银行。而参与测算的中小型银行当年度的税后利润已达到了200
亿欧元。

表5-2 中小型银行资本充足率变化情况比较 单位:%

项目	核心一级资本充足率	一级资本充足率	总资本充足率	杠杆率
原有标准测算结果	10.7	9.8	12.8	—
《巴塞尔协议Ⅲ》标准测算结果	7.8	8.1	10.3	3.8
变化幅度	-2.9	-1.7	-2.5	—

资料来源:巴塞尔委员会,《第三版巴塞尔协议和定量测算结果》,2010年12月16日。

可见,更严格的资本界定和扩大风险覆盖范围的风险加权资产框架,对
大型银行的影响明显高于中小型银行,也反映出大型银行不仅过度承担了风
险,而且监管资本的实际吸收损失能力也低于中小型银行,银行规模与抵御
风险的能力之间并不存在正相关关系。

二、《巴塞尔协议Ⅲ》在欧美国家的实施

(一)《巴塞尔协议Ⅲ》在美国的实施

美国的银行业发展水平与银行监管技术先进性一直走在国际前列，很长时间内都被奉为发展中国家效仿的榜样。但此次金融危机恰恰是从美国爆发并蔓延至全球，其双重多头的金融监管体系在金融危机后也颇受质疑，美国政府对原有的金融监管体系进行了彻底改革，建立起了以美国联邦储备系统（The Federal Reserve System，"美联储"）为核心、金融稳定监管委员会（Financial Stability Oversight Council，FSOC）为中枢，能够有效防范系统性风险的宏观审慎监管框架。2010年7月21日美国政府通过了《多德—弗兰克华尔街改革和消费者保护法》（以下简称《美国金融监管改革法》），并授权组建金融稳定监督委员会，作为一个跨部门的系统性风险监测和监管协调机构。经过几番修正，2013年7月2日，美国货币监理署、美联储以及联邦存款保险公司联合公布了"美国版巴塞尔协议Ⅲ"实施规定，在吸收国际版《巴塞尔协议Ⅲ》的同时，对部分条款做出适应美国国情的修正，以重塑美国银行业的资本监管体系。

新规由三份监管规定组成，第一份是《巴塞尔协议Ⅲ规定》（《监管资本规则：监管资本、〈巴塞尔协议Ⅲ〉的实施、最低资本监管比率、资本充足以及过渡条款》）；第二份是《标准法立法规定》（《监管资本规则：风险加权资本计算的标准法、市场约束以及信息披露要求》）；第三份是《高级法和市场风险规定》（《监管资本规则：风险细胞计量的高级法和市场风险资本规则》），分别针对资本和杠杆率监管、风险加权资产计算和市场风险资本计提，采用了新的资本定义和最低核心一级资本充足率以及更高的最低一级资本比率，同时采用三重杠杆率监管标准。"美国版巴塞尔协议Ⅲ"与国际版《巴塞尔协议Ⅲ》规定基本一致，主要差异体现在杠杆率的监管上采用核心一级资本杠杆率、附加杠杆率和强化杠杆率多重标准，但是监管水平整体上低于《巴塞尔协议Ⅲ》；美国版新协议设置《巴塞尔协议Ⅲ》过渡期股利支付限制以保证储备资本缓冲标准的实现；根据美国联邦存款保险体系的要求保留及

时矫正制度，减少监管规定不适用带来的损失；证券化资产监管遵从《多德—弗兰克法案》的要求确定风险权重，而没有使用《巴塞尔协议Ⅲ》中的方法，例如内部评级法。此外，由于美国银行体系中小银行数量较多，它们也多次反对并推迟实施的"美国版巴塞尔协议Ⅲ"，美国也格外重视各个监管机构政策的协调以及对各类银行的差异化监管模式，这一点也值得中国借鉴。

美国早已形成了一套系统的建立在资本充足率监管基础上的"及时矫正制度"（prompt corrective action，PCA），以预防银行破产。监管机构根据总资本比率、一级资本比率、核心一级资本比率和一级资本杠杆率的联合阈值划分参加美国联邦存款保险的银行的监管资本充足级别。美国版监管新规参考《巴塞尔协议Ⅲ》资本比率要求对 PCA 阈值进行了重新修订，新修订的五个级别包括资本状况良好（well capitalized）、资本充足（adequately capitalized）、资本不充足（undercapitalized）、资本明显不足（significantly undercapitalized）、资本极端不足（critical undercapitalized）的阈值，一旦银行进入最低级别，90天内便会被停止经营，如表 5-3 所示。

表 5-3　　　　　　　　　美国 PCA 资本状况分类阈值要求　　　　　　单位:%

资本充足类型	阈值比率			
	总风险资本比率	一级风险资本比率	核心一级风险资本比率	一级资本杠杆率
资本状况良好	10	8	6.5	5
资本充足	8	6	4.5	4
资本不充足	<8	<6	<4.5	<4
资本明显不足	<6	<4	<3	<3
资本严重不足	有形权益/总资产≤2			

资料来源：Regulatory Capital Rules；Regulatory Capital，Implementation of Basel Ⅲ，Capital Adequacy，Transition Provisions，Prompt Corrective Action，Standardized Approach for Risk-weighted Assets，Market Discipline and Disclosure Requirements，Advanced Approaches Risk-Based Capital Rule，and Market Risk Capital Rule，OCC，FRS，FDC，2013-07.

（二）《巴塞尔协议Ⅲ》在欧盟的实施

欧盟是世界上一支重要的经济力量，其银行业的稳健性和银行业的监管水平对世界金融体系的安全与全球经济的持续健康发展都有着重要意义。后危机时代下，欧洲金融监管体系形成：宏观层面上，欧盟建立了欧洲系统性风险委员会（European Systemic Risk Board，ESRB），以监测金融市场上可能出现的各种风险；微观层面上，2011 年，欧盟分别成立三个超国家实体性的监管局，包括欧洲银行管理局（European Banking Authority，EBA）负责分管银行业，欧洲保险与职业年金管理局（European Insurance and Occupational Pensions Authority，EIOPA）分管保险业，以及欧洲证券与市场管理局（European Securities Market Authority，ESMA）分管证券业；宏观审慎监管与微观审慎监管相互合作，保持沟通。

　　欧盟对其商业银行核心一级资本、其他一级资本和二级资本的最低资本要求与《巴塞尔协议 Ⅲ》一致，但在资本缓冲要求上从自身实际情况出发，对《巴塞尔协议 Ⅲ》进行了一定的差异化处理。欧盟对银行的流动性覆盖率要求分阶段提高，2015 年达到 60%，2018 年达到 100%，从而更好地保障银行稳健经营抵御风险的冲击。在资本定义方面，由于欧盟各国对普通股定义不同，欧洲银行管理局未能在核心一级资本定义中列明"普通股"，而是以"符合标准的资本工具"形式表明，实质上是拓宽了小型金融机构的核心一级资本范围，此外，在资本工具的赎回、受偿权限制、财产分配等方面也与《巴塞尔协议 Ⅲ》有所不同。在风险加权资产的计算方法上，欧盟允许使用标准法与内部评级法，但在短期债权衡量标准与适用范围上，与《巴塞尔协议 Ⅲ》有些许差别。欧盟将可以使用标准法的风险暴露范围扩大到中央政府、央行、地方政府、地方监管当局、公共部门、母公司等关联企业保护机构、政府担保机构、政府再保险机构等，很大程度上缩小了内部评级法的使用范围。2014 年 10 月，欧洲央行公布了其对欧元区银行所做的"压力测试"结果，在接受了该行压力测试的 130 家欧元区银行中，仅有 13 家领先银行没有足够的资本来经受住另一场未来可能来临的经济风暴的考验，整体而言，共有 25 家银行从技术上来说未能通过压力测试。实际上，欧元区各成员国之间的区别巨大，希腊各银行间的平均资本比率较《巴塞尔协议 Ⅲ》低 7.8%，爱尔兰各银行间为将近 7%。从完全版的《巴塞尔协议 Ⅲ》来看，5 家德国银行，包括 HSH Nordbank 和 DZ Bank 都未能通过压力测试，而在标准测试中，仅 1 家未能通过。但在瑞典、丹麦、挪威、英国、波兰和匈牙利，完全版《巴塞尔协议 Ⅲ》和目前实施的测试几乎没有区别，说明这些国家的银行监管已基本有效地实施了新的监管规则。整体来说,完全实施《巴塞尔协议Ⅲ》还是会给欧盟区银行带来较大的资本缺口,令很多银行承压,这些银行需要进一步改善其资本数量和质量,而这些也许会潜在地影响它们的盈利能力、增长计划和股息支付率。

(三) 美国与欧盟实施《巴塞尔协议Ⅲ》比较

我们可以看出,美国和欧盟在实施《巴塞尔协议Ⅲ》的过程中存在很多差异。在资本要求、流动性要求、杠杆要求、外部信用评级以及由房地产担保贷款方面,美国比欧盟有更为严格的要求。虽然《多德—弗兰克法案》是造成这些差异的主要立法原因,但其潜在推动力是在次贷危机与金融危机期间挽回声誉的需要。另外,美国实施了双重监管体系,一种适用于大型先进银行,另一种适用于社区或小型银行,后者面临的风险加权资本比率低于前者,且不受逆周期资本要求的影响,相比之下,欧盟对大型的银行和社区及小型银行没有任何区别。澳大利亚、加拿大、瑞士等一些国家和英国等国的监管比国际标准更严格,执行速度也更快。实际上,欧盟有很多机会偏离单一规则,例如它禁止在资本要求方面的竞争,认为这将违背一些成员国的利益,并将鼓励监管套利。表5-4较为详细地比较了美国与欧盟地区银行业监管在资本充足率、资本留存缓冲、逆周期资本缓冲、风险加权资产计量方法、资产担保贷款等方面的差异以及在这些领域行使的自由裁量权。

表5-4 　　　　　　　　《巴塞尔协议Ⅲ》在欧盟与美国的实施情况

监管内容	美国	欧盟	评价
核心一级资本、一级资本与资本充足比率	4.5%、6%和8%的比率与《巴塞尔协议Ⅲ》相符合,但存在附加的应用限制	各比率与《巴塞尔协议Ⅲ》相符合	由于《多德—弗兰克法案》美国的限制相对更为严格
资本留存缓冲	2.5%的比率与《巴塞尔协议Ⅲ》相符合	2.5%的比率与《巴塞尔协议Ⅲ》相符合,由国家监管机构执行	欧盟成员国有可能偏离单一规则手册
逆周期资本缓冲	2.5%的核心一级资本,可能只适用于高级法的银行	2.5%核心一级资本,适用于所有金融中介机构,由国家监管机构执行	欧盟成员国有可能偏离单一规则手册

监管内容	美国	欧盟	评价
系统性风险缓冲	没有决定	国家监管机构拥有管理权	欧盟成员国有可能偏离单一规则手册
全球系统重要性银行附加	没有决定	1%～3.5%的核心一级资本	美国更多限制性
资产风险加权计量方法	强制性使用标准法，附加可选内部评级法（IRB）	标准法与内部评级法可供选择	美国更多限制性
外部信用评级	不允许	允许	美国更多限制性
主权债务	权重比率为：0 美国，20% 具备一定条件的美国债，非美国主权债务 0～150%	权重比率为：0 欧盟政府债，非美国主权债务 0～150%	美国更多限制性
资产担保的贷款	高质量担保 50%，其他 100%	35%	美国更多限制性
权益融资风险	美国比欧盟国家要求更为严格	美国比欧盟国家要求更为严格	美国更多限制性
表外项目	美国与欧盟国家相似	美国与欧盟国家相似	美国与欧盟国家相似
证券化交易	未按照《巴塞尔协议Ⅲ》要求	已按照《巴塞尔协议Ⅲ》要求	方法不同
场外衍生品交易	使用与《巴塞尔协议Ⅲ》不同的方法	遵从《巴塞尔协议Ⅲ》	方法不同
信用估值调整	遵从《巴塞尔协议Ⅲ》	未遵从《巴塞尔协议Ⅲ》	方法不同
流动性要求	由于《多德—弗兰克法案》的实施要求超过《巴塞尔协议Ⅲ》	遵从《巴塞尔协议Ⅲ》	美国更高限制性要求
杠杆率要求	存款机构适用 4% 标准，高级法银行适用 3% 标准	3%	美国有更严格要求，但新的发展正在筹划
社区银行与小型银行	美国对于使用高级法的银行和大型银行设置了比社区银行等更高的标准	大型银行与小型银行没有标准的区别	美国灵活性更高

资料来源：根据 Michele Fratianni. Basel Ⅲ in Reality ［J］. Journal of Economic Integration, 2015（1）.整理。

三、《巴塞尔协议Ⅲ》在发展中国家的适用性质疑

巴塞尔银行监管委员会自诞生之初就是由欧美等发达经济体组成的，其出台的历代巴塞尔协议也一直是着重针对国际活跃银行的资本监管。随着发展中国家在世界经济体系中的地位不断提升，中国、印度、巴西、阿根廷等发展中国家陆续加入巴塞尔委员会，这些发展中国家开始享有了国际银行监管政策的制定讨论权，同时也承担了实施巴塞尔协议的义务。毫无疑问，在全球金融市场一体化趋势不断增强的背景下，制定国际金融监管标准是很有必要的，2008年的国际金融危机进一步说明加强国际金融监管协调的重要性。然而，《巴塞尔协议Ⅲ》这种国际金融监管标准对于发展中国家是否适用的问题受到不少的质疑。即使这些发展中国家将其作为行业规则甚至法律通过，但要彻底执行《巴塞尔协议Ⅲ》也将是一个严峻挑战。

每一次重大金融监管体制的改革和监管框架的推出，基本上是以应对危机、矫正危机中出现的监管漏洞为直接推动力的。《巴塞尔协议Ⅲ》从某种程度上来说，正是应对2008年美国次贷危机引发的国际金融危机而推出的，其主要关注对象是在危机中暴露出不足的欧美银行业金融机构，因而其政策制定的出发点多是着重围绕着国际活跃银行展开。《巴塞尔协议Ⅲ》改革的核心在于两点：一是对银行资本质量与数量的要求提高了；二是对高杠杆下的系统性风险与流动性风险的要求提高了；同时，对危机期暴露出来的一些监管体制的缺陷做了非常重要的改进，例如压力测试。然而，对于发展中国家或地区来说，其具有与发达国家不同的经济金融发展阶段与银行机构发展特征，很难用相同的标尺对其进行衡量和监管，针对国际活跃银行而制定的监管规则对于它们而言可能会存在适应性的限制。

首先，银行资本监管并非越严越好，标准也不是越高越好。发展中国家的银行业资本相对充足稳定，从图5-1可以看出，发达高收入国家银行业资本与资产比率低于全球平均水平，而发展中的中等收入国家银行业的资本与资产比率高于全球平均水平，且由于发展中国家的银行盈利来源相对单一，特别是在利率管制和汇率管制等尚未实现自由市场的经济体中，如果以过高

的资本充足监管要求约束其发展，可能会倒逼银行选择简单粗放的规模扩张以达到合规要求，银行业信贷增长可能会受到影响，导致银行整体盈利水平降低，也会抵销央行降低"存准"等预调微调的作用，弱化银行对实体经济的金融支持作用。其次，发展中国家的银行资本补充机制相对单一，《巴塞尔协议Ⅲ》新标准对银行资本质量与数量都提出了更高的要求，但在内源式补充不足的情况下，银行只能向资本市场"求援"，在短期内股票市场无力承受银行巨大的再融资，这也不利于资本市场的稳定。再其次，金融衍生产品交易，特别是场外金融衍生产品交易，在危机中显现了较高的风险隐患，因此，《巴塞尔协议Ⅲ》对金融衍生产品的场外交易市场实施了更为严厉的监管措施。然而，与发达国家不同，发展中国家的金融创新与金融衍生品发展本就处于初级发展阶段，如果在发展中国家过早或过于严苛地加强衍生品场外交易市场的监管，可能会阻碍整体金融市场的活跃与繁荣，不利于衍生产品在金融市场中发挥其应有的润滑剂和资产定价等作用。此外，统一实施资本监管标准会对发展中国家银行，特别是其中小银行造成不公平竞争。在集中度较高的市场中，原本规模较大资本实力较强的银行或系统重要性银行可以凭借自身的品牌效应、低资本成本以及多元化产品，进一步扩大市场影响力及市场份额，在一定程度上加深了银行大而不倒的道德风险，同时加大监管当局对其进行监管的困难。最后，《巴塞尔协议Ⅲ》逆周期资本监管中判断经济周期的前瞻性指标可能缺乏国际一致性。巴塞尔委员会建议使用的"信贷/GDP"指标对于发展中国家来说是否适用还存在争议，因为大部分发展中国家由于经济增长速度相对较快，经济周期的波动性较大，国家干预程度也随着经济计划性、政府强制性程度而有所差异，信贷指标能否准确衡量发展中国家在当前经济发展速度和波动条件下的信贷深度也有待验证。

发展中国家对于实施《巴塞尔协议Ⅲ》的积极性是相对滞后于发达国家的，因为如果将《巴塞尔协议Ⅲ》的监管标准简单照搬到发展中国家，可能会造成"西方生病，东方吃药"的结果，并不利于发展中国家金融体系与整体经济的健康发展。《巴塞尔协议Ⅲ》的实施一方面有利于防范银行风险积累，避免金融危机的再次爆发；另一方面也可能会对发展中国家的短期经济复苏造成冲击，对新兴金融业务的发展形成压力。结合发展中国家特有的经济金融特征，这些短期的、局部的负面效应有可能会被放大，甚至会阻碍发

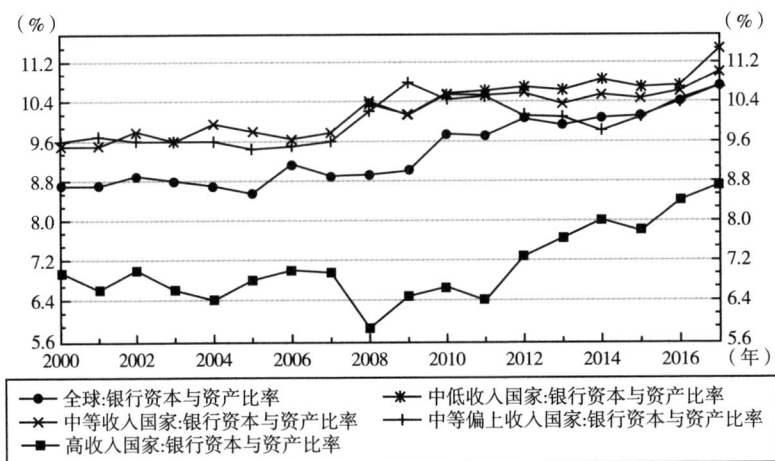

图 5 – 1　全球不同国家银行业资本与资产比率比较

资料来源：万得（Wind）金融数据库。

展中国家的经济发展。必须客观认识到，在加强全球银行业资本监管的同时也应尽量减少对各国当前经济的冲击，评估并有效提高《巴塞尔协议Ⅲ》在各国的适应性，是巴塞尔委员会以及各国监管当局必须关注并解决的问题。

第二节　中国银行业资本充足率监管的现状分析

一、中国版巴塞尔协议Ⅲ资市监管新规

（一）中国银行业资本监管新规的改革

资本充足率是指商业银行的资本净额与其加权风险资产总额的比例，用以反映商业银行以自身资本抵御风险的能力，它是历代巴塞尔协议银行资本监管框架下世界各国商业银行普遍实行的考核经营安全性的重要监测指标。1993 年，我国在深圳经济特区进行试点后，首次由央行对资本充足率进行规定，将资本充足率作为一项指标纳入监管范围。1995 年《中华人民共和国商业银行法》颁布，参考《巴塞尔资本协议Ⅰ》的要求，原则上规定资本充足

率不得低于8%。1996年《商业银行资产负债比例管理监控、监测指标和考核办法》颁布，在规范商业银行资产负债比例管理的同时，对计算信用风险资本充足率的方法提出了具体的要求。2004年，中国银行业监管委员会颁布《商业银行资本充足率管理办法》，进一步强调了《巴塞尔协议Ⅱ》三大支柱之一的资本充足率监管，更加完善了对资本充足率的管理要求。可以说，中国对于《巴塞尔协议Ⅰ》与《巴塞尔协议Ⅱ》的借鉴与实施，体现了我国主动向国际银行监管规则的靠拢。2008年金融危机后《巴塞尔协议Ⅲ》的出台，进一步为国际银行业资本监管提出了新的方向与内容。2009年，中国成为G20成员与巴塞尔委员会成员，对于我国来说，科学借鉴与合理践行《巴塞尔协议Ⅲ》的资本监管要求已成为我国银行业发展的必然选择。

2011年4月，中国银行业监督管理委员会颁布《关于中国银行业实施新监管标准的指导意见》，中国银行业正式拉开了《巴塞尔协议Ⅲ》实施的大幕。随后陆续颁布的《商业银行杠杆率管理办法（征求意见稿）》《商业银行资本管理办法（征求意见稿）》《商业银行流动性风险管理办法（试行）（征求意见稿）》等，分别针对新监管标准的实施细则给出了详细的诠释。2012年6月7日，中国银行业监督管理委员会公布《商业银行资本管理办法（试行）》，分总则、资本充足率计算和监管要求、资本定义、信用风险加权资产计量、市场风险加权资产计量、操作风险加权资产计量、商业银行内部资本充足评估程序、监督检查、信息披露、附则10章180条，对之前的征求意见稿进行了全面的修订，也在一定程度上体现了"中国版巴塞尔协议Ⅲ"对本土适应性的审慎考虑，并于2013年1月1日正式实施。后期，中国银行业监督管理委员会也陆续颁布了一些相关银行监管新规，如表5-5所示。为确保《巴塞尔协议Ⅲ》在全球范围内得到一致的和稳健的实施，巴塞尔委员会建立了国别评估机制，重点评估各国资本监管制度与国际规则的一致性，评估结论分为"符合""大体符合""大体不符合""不符合"四个档次。2013年10月，巴塞尔委员会发布了中国资本监管规则与国际资本监管规则一致性的评估报告，对中国银行业监管制度进行了积极正面的评价。在第149次巴塞尔委员会会议讨论通过对中国资本监管制度的评估报告中，总体评估结论为"符合"，资本监管框架的14个组成部分中，适用范围、过渡期、信用风险、证券化等12项被评为"符合"，信息披露的监管要求等2项被评为"大体符合"。巴塞尔委员会对中国银行业资本监管制度给予了很高的评价,这也反映出我国的审慎银行监管制度建设取得了重大进展,有助于提升中国银行体系在国际市场的信心,更进一步深入推动国内大型商业银行实施国际化战略。

表 5 - 5　　　　　　　2013 年后中国银监会颁布的相关监管新规

颁布时间	政策法规名称
2014 年 1 月 6 日	《中国银监会关于印发商业银行全球系统重要性评估指标披露指引的通知》
2014 年 1 月 17 日	《商业银行流动性风险管理办法(试行)》
2014 年 4 月 3 日	《中国银监会中国证监会关于商业银行发行优先股补充一级资本的指导意见》
2014 年 12 月 30 日	《中国银监会关于印发商业银行并表管理与监管指引的通知》
2015 年 1 月 30 日	《商业银行杠杆率管理办法(修订)》
2015 年 9 月 2 日	《商业银行流动性风险管理办法(试行)》修订版
2015 年 12 月 17 日	《商业银行流动性覆盖率信息披露办法》
2016 年 11 月 23 日	《商业银行表外业务风险管理指引(修订征求意见稿)》
2016 年 11 月 28 日	《衍生工具交易对手违约风险资产计量规则(征求意见稿)》
2017 年 8 月 8 日	《商业银行新设债转股实施机构管理办法(试行)》(征求意见稿)
2017 年 9 月 11 日	《中华人民共和国商业银行法》修正版
2018 年 9 月 26 日	《商业银行理财业务监督管理办法》

注:2018 年 3 月,第十三届全国人民代表大会第一次会议表决通过了关于国务院机构改革方案的决定,中国银行业监督管理委员会和中国保险监督管理委员会合并为中国银行保险监督管理委员会,2018 年 4 月 8 日,中国银行保险监督管理委员会正式挂牌。

资料来源:根据中国银行业监督管理委员会官网公开披露信息整理。

(二)中国版巴塞尔协议Ⅲ的资本充足率监管要求

我国作为 G20 的成员之一,实施巴塞尔协议在大方向上势在必行,然而,在具体的实施标准的设定和过渡期的安排上也应充分考虑中国银行业的实际盈利状况和国际竞争力。

总体而言,我国当前的银行资本监管方案是以巴塞尔协议为基准,考虑我国自身经营模式下资本结构相对简单、资本工具不足、资本充足状况相对较高等实际情况推出的资本监管改革综合方案。根据 2012 年 6 月中国银行业监督管理委员会颁布的《商业银行资本管理办法(试行)》,我国改进了资本充足率计算方法，严格资本定义，提高资本质量，提高监管资本的损失吸收能力。将监管资本从原来的两级分类（一级资本和二级资本）修改为三级分类（即核心一级资本、其他一级资本和二级资本）。此外还优化了风险加权资产计算方面，扩大资本覆盖的风险范围。

我国的商业银行资本监管新规坚持了国际标准与中国国情相结合、《巴塞尔协议Ⅱ》和《巴塞尔协议Ⅲ》统筹推进、宏观审慎监管和微观审慎监管有机统一的总体思路。其总体影响积极、正面，有助于提升商业银行风险管控能力，引导商业银行转变发展方式，促进商业银行支持实体经济发展。具体与《巴塞尔协议Ⅲ》相比较来说，改革后的中国版资本充足率监管新规在资本界定、扣除项设定和资本充足率标准等方面已大体相符，更加强调了普通股为主体的核心一级资本在监管资本中的主要地位，进一步严格了资本定义，一定程度上增加了各级资本扣除项。甚至在一般准备及一般贷款损失准备计入二级资本的总额不得超过标准法下信用风险加权资本化的 1.25%，超额损失准备计入二级资本不得超过内部评级法下信用风险加权资产的 0.6% 方面上，我国都采取了《巴塞尔协议Ⅲ》的从严标准。但在作为监管资本核心的普通股满足要求与会计标准、其他一级资本与二级资本标准与扣除项上还存在一定的差异，《巴塞尔协议Ⅲ》的资本扣减项在一定程度上使资本定义更为严格。特别是在少数股东权益的处理上，长期以来，我国银行监管一直没有在核心资本中扣除少数股东权益，中国版《巴塞尔协议Ⅲ》改革要求，商业银行附属公司适用于资本充足率监管的，附属公司直接发行且由第三方持有的少数股东资本可以部分计入监管资本。附属公司核心一级资本、一级资本、二级资本中少数股东资本用于满足相应级别资本最低要求和储备资本要求的部分，可计入并表相应级别资本。最低要求和储备资本要求为以下两项中较小者：附属公司相应级别资本最低要求加储备资本要求；或者母公司并表对应级别的资本最低要求与储备资本要求归属于附属公司的部分。但相比《巴塞尔协议Ⅲ》少数股东权益子公司或并表母公司属于子公司的最低核心一级资本要求加超额资本要求（风险加权资产 7.0%）、一级资本要求加超额资本要求（风险加权资产 8.5%）、总资本要求加超额资本要求（风险加权资产 10.5%）的扣除方法，还是有一定差距的。如表 5-6 所示。

表 5 - 6　　　　　我国银行业资本监管改革前后与《巴塞尔协议Ⅲ》比较

项目	我国旧资本充足率管理办法	我国新商业银行资本管理办法	《巴塞尔协议Ⅲ》
核心一级资本	统称核心资本，包括实收资本或普通股、资本公积、盈余公积、未分配利润和少数股权	实收资本或普通股、资本公积、盈余公积、一般风险准备、未分配利润、少数股东资本可计入部分	普通股、发行核心一级资本工具产生的股本盈余（股票溢价）、留存收益、累计其他综合收益和公开储备、满足标准的少数股东权益、核心一级资本的监管调整项
其他一级资本		其他一级资本工具及其溢价、少数股东资本可计入部分	其他一级资本工具必须是次级的、对非累积股息具有完全自主权、没有固定期限或没有赎回激励安排的
二级资本	附属资本，包括重估储备、一般准备、优先股、可转换债券和长期次级债务	二级资本工具及其溢价、超额贷款损失准备、少数股东资本可计入部分	满足二级资本标准的工具及其股本盈余（股票溢价），二级资本监管调整项；针对弥补尚未识别的、未来可能发生的损失而计提的贷款损失
核心一级资本扣除项	商誉、对未并表金融机构资本投资的 50%、商业银行对非自用不动产和企业资本投资的 50%	商誉、土地使用权以外的其他无形资产、净递延税资产、贷款损失准备缺口、资产证券化销售利得、确定受益类的养老金资产净额、持有本银行的股票、表内未按公允价值计量的项目套期形成的现金流储备；银行自身信用风险变化导致其负债公允价值变化带来的未实现损益	商誉、抵押贷款服务权利以外的其他无形资产、递延税资产、现金流套期储备、预期损失准备金的缺口、与资产证券化销售相关的收益、确定收益类的养老金资产及负债、所持有本银行的股票（库存股）；与其他银行、金融机构和保险公司相互交叉持有的资本工具、资本投资（不超过被投资机构普通股的 10%）、大额投资
资本扣除项	商誉、商业银行对未并表金融机构的资本投资、商业银行对非自用不动产和企业的资本投资	银行间协议相互持有的各级资本工具、银保监会认为虚增资本的各级资本投资、银行直接或间接持有本银行发行的其他一级和二级资本工具	资本工具必须满足严格的准入标准；仅包含无限期的类似债券的资本工具；包括诸如政府救助的例外的资本工具；剔除创新混合债券工具

资料来源：根据《商业银行资本充足率管理办法》《商业银行资本管理办法（试行）》、Basel Ⅲ：A global regulatory framework for more resilient banks and banking systems（revised version June 2011）bcbs189、Basel Ⅲ：Finalising post-crisis reforms（December 2017）内容自行整理。

　　与国外银行相比，我国商业银行的资本结构相对简单、普通股占绝大多数，资本充足状况相对较高但资本工具不足，基于高速成长与创新不足两大特点，我国提出了更高的核心资本充足率标准，希望为日后加大资本工具创新力度，拓宽资本补充渠道打好基础、创造条件。表5-7对我国商业银行资本监管新规与《巴塞尔协议Ⅲ》在资本充足率指标上的要求进行了对比。我国资本充足率最低要求为核心一级资本充足率不得低于5%、一级资本充足率不得低于6%、资本充足率不得低于8%。在最低资本要求的基础上商业银行还应计提风险加权资产2.5%的储备资本，系统重要性银行附加资本要求为风险加权资产的1%，在最低资本要求和储备资本要求之上再计提风险加权资产0~2.5%的逆周期资本，储备资本、附加资本以及逆周期资本都要求由核心一级资本来满足。对比《巴塞尔协议Ⅲ》，我国银行资本监管要求核心一级资本充足率的最低标准5%高于《巴塞尔协议Ⅲ》4.5%的标准，在正常情况下我国普通商业银行的最低资本要求已达到10.5%。中国的银行业与西方银行业的基础相比，在资本充足率状况以及流动性等方面，都优于国际的标准水平，实际上已经达到了国际要求的《巴塞尔协议Ⅲ》的水平，结合一些审慎性的考量，在未来，进一步加强这样的风险监管能力，提高资本吸收损失的能力是很有必要的。我国的银行业一直在高速发展，国际竞争力不断增强，资产规模增长的速度也非常快，因此，我们需要有一个比较审慎的监管指标来应对可能出现的风险。

表5-7　　中国商业银行资本监管新规与《巴塞尔协议Ⅲ》资本要求比较　　单位:%

项目	核心一级资本充足率		一级资本充足率		总资本充足率	
	《巴塞尔协议Ⅲ》	中国商业银行资本监管新规	《巴塞尔协议Ⅲ》	中国商业银行资本监管新规	《巴塞尔协议Ⅲ》	中国商业银行资本监管新规
最低要求	4.5	5	6		8	
资本留存缓冲要求	2.5		—		—	
最低要求 + 缓冲要求	7	7.5	8.5		10.5	
逆周期资本缓冲要求	0~2.5		—		—	

续表

项目	核心一级资本充足率		一级资本充足率		总资本充足率	
	《巴塞尔协议Ⅲ》	中国商业银行资本监管新规	《巴塞尔协议Ⅲ》	中国商业银行资本监管新规	《巴塞尔协议Ⅲ》	中国商业银行资本监管新规
系统重要性银行附加要求	1~3.5	1	—		—	
极端条件下资本要求	8~13	8.5~11	9.5~14.5	9.5~12	11.5~16.5	11.5~14

资料来源：根据《商业银行资本管理办法（试行）》、Basel Ⅲ：A global regulatory framework for more resilient banks and banking systems（revised version June 2011）bcbs189、Basel Ⅲ：Finalising post-crisis reforms（December 2017）内容自行整理。

在系统重要性银行附加资本要求方面，《巴塞尔协议Ⅲ》提出了1%~3.5%幅度更大的计提要求，且在2017年12月巴塞尔委员会发布的"《巴塞尔协议Ⅲ》的最终修订版本"中对全球系统重要性银行提出了比一般银行更高的杠杆率要求（leverage ratio buffer），即"全球系统重要性银行的杠杆率"最低要求等于一般银行杠杆率最低要求加上50%的系统重要性银行附加资本的要求。全球系统重要性银行的杠杆率要求将于2022年1月1日开始执行。我国针对系统重要性金融机构也在探讨相应的附加资本要求和杠杆率要求，2018年11月，中国人民银行、银保监会、证监会联合印发《关于完善系统重要性金融机构监管的指导意见》，部分大中型银行可能接受更高的附加资本要求，但预计附加资本要求的达标将会给予较为充裕的过渡期。我国对于附加资本采用连续法计算，即选取系统重要性得分最高的金融机构作为基准机构，确定其附加资本要求，其他机构的附加资本要求根据系统重要性得分与基准机构得分的比值确定。当对系统重要性金融机构进行分组监管时，可在各组内分别选取系统重要性得分最高的机构作为各组的基准机构，组内其他机构的附加资本要求采用连续法确定。这项监管新规标志着我国的系统重要性金融机构监管由"全球系统重要性"发展到"国内系统重要性"机构监管阶段。这不仅是进一步防范系统性金融风险的需要，也是看齐国际监管要求的"补短板"举措。在《商业银行资本管理办法》的基础上，参考全球系统重要性银行（G-SIBs）的附加资本要求形成，若参照执行国际标准，我国国内系统重要性银行（D-SIBs）的附加资本要求可能在 0.5% ~ 2%。

二、中国银行业资本充足率监管现状调查

近年来，中国经济增长表现出较强的韧性，资本外流压力缓解，人民币对美元的汇率出现了升值，中国金融体系保持了总体稳定。防范系统性金融风险、推进结构性改革和去杠杆取得初步成效，企业部门杠杆率稳中有降，宏观杠杆率大体稳定。在此过程中，金融监管体系也进行了整合与重塑，新时期的宏观审慎政策框架和微观审慎监管体系正在成型。根据中国银保监会公布的数据，截至 2019 年底，我国银行业金融机构总资产为 282.5 万亿元，同比增长 8.1%。其中，各项贷款为 153.1 万亿元，同比增长 12.3%。总负债为 258.2 万亿元，同比增长 7.6%。其中，各项存款为 192.88 万亿元，同比增长 8.7%。商业银行核心一级资本充足率为 10.92%，与 2018 年末的基本持平但略有下降；一级资本充足率为 11.95%，较 2018 年末上升 0.37 个百分点；资本充足率为 14.64%，较 2018 年末上升 0.44 个百分点。商业银行不良贷款余额为 2.41 万亿元，不良贷款率 1.86%；关注类贷款余额为 3.77 万亿元，关注类贷款率为 2.91%。商业银行贷款损失准备余额为 4.49 万亿元，较 2018 年末增加 7 175 亿元；拨备覆盖率为 186.08%，较 2018 年末下降 0.23 个百分点；贷款拨备率为 3.46%，较 2018 年末上升 0.05 个百分点。银行业流动性充足，流动性比例为 58.46%，人民币超额备付金率为 2.61%，存贷款比例为 75.4%，流动性覆盖率为 146.63%。

（一）资本充足率监管达标情况

2013 年 1 月 1 日，我国新《商业银行资本管理办法》开始实施，要求国内各大商业银行在 2018 年底之前达到规定的资本充足率监管要求。即到 2018 年末，系统重要性银行的资本充足率、一级资本充足率和核心一级资本充足率分别不得低于 11.5%、9.5% 和 8.5%，其他银行在这个基础上分别少一个百分点，即 10.5%、8.5% 和 7.5%。根据目前已公布的 2017 年年报数据，以

及中国银行保险监督管理委员会、中国人民银行及万得（Wind）金融数据库相关数据调查显示，截至 2016 年底，在资本充足率排行方面，其中吉林银行、广发银行、内蒙古宁城农商行、保定银行、徐州淮海农商行排名倒数第五位，资本充足率分别是 9.96%、10.54%、10.58%、10.61%、10.64%，仅有吉林银行一家低于监管要求，其余均已经提前达标。截至 2017 年底，吉林银行的资本充足率也达到 10.58%，超过 10.5% 的要求标准，而九江银行的资本充足率由 2016 年底的 11.15% 下降到 10.51%，勉强高于 10.5% 的达标标准。调查的 321 家银行数据资料显示，我国银行在资本充足率监管指标方面，已全部达到《巴塞尔协议Ⅲ》与我国《商业银行资本管理办法》的监管要求。

表 5-8 显示，截至 2018 年，我国共有 45 家上市银行，包括长沙银行、江苏紫金农商行，还包括成都银行、甘肃银行、江西银行、九江银行等 4 家上市银行。45 家上市银行中，包括国有大型银行 6 家、股份制银行 9 家、城市商业银行 21 家和农村商业银行 9 家。按照 2018 年达标标准，系统重要性银行的资本充足率、一级资本充足率和核心一级资本充足率分别不得低于 11.5%、9.5% 和 8.5%，其他银行在这个基础上分别少一个百分点，即 10.5%、8.5% 和 7.5%，全部达标。此外，考虑其他非上市银行，资本充足率排名较高的银行，除了澳洲联邦银行的数个村镇银行外，还有温州民商银行的 42.16%、凉山州商业银行的 30.25%、云南瑞丽南屏农商行的 26.56%、天津金城银行的 24.94%、云南红塔银行的 24.18% 等。从中可以明显看出，由于我国国内很大一部分中小银行没有其他一级资本工具，而是以核心一级资本为主，因此，它们的核心一级资本充足率和一级资本充足率差异很小，也体现出其资本工具结构相对简单单一的特点。

表 5-8　　　截至 2017 年底我国上市银行资本充足率达标情况　　　单位:%

银行	核心一级资本充足率	一级资本充足率	资本充足率	达标情况	排名
青岛银行	8.71	12.57	16.60	达标	1
中国建设银行	13.09	13.71	15.50	达标	2
招商银行	12.06	13.02	15.48	达标	3
中国工商银行	12.77	13.27	15.14	达标	4
上海银行	10.69	12.37	14.33	达标	5

续表

银行	核心一级资本充足率	一级资本充足率	资本充足率	达标情况	排名
杭州银行	8.69	10.76	14.30	达标	6
中国银行	11.15	12.02	14.19	达标	7
江阴银行	12.94	12.95	14.14	达标	8
无锡银行	9.93	9.93	14.12	达标	9
交通银行	10.79	11.86	14.00	达标	10
紫金银行	9.69	9.69	13.94	达标	11
中国农业银行	10.63	11.26	13.74	达标	12
成都银行	10.47	10.48	13.66	达标	13
重庆银行	8.62	10.24	13.60	达标	14
宁波银行	8.61	9.41	13.58	达标	15
郑州银行	7.93	10.49	13.53	达标	16
中国光大银行	9.56	10.61	13.49	达标	17
吴江银行	12.27	12.27	13.42	达标	18
中原银行	12.15	12.16	13.15	达标	19
重庆农商银行	10.39	10.40	13.03	达标	20
南京银行	7.99	9.37	12.93	达标	21
张家港银行	11.82	11.82	12.93	达标	22
江西银行	9.43	9.43	12.88	达标	23
盛京银行	9.04	9.04	12.85	达标	24
江苏银行	8.54	10.40	12.62	达标	25
常熟银行	9.42	9.42	12.51	达标	26
邮储银行	8.60	9.67	12.51	达标	26
北京银行	8.92	9.93	12.41	达标	28
华夏银行	8.26	9.37	12.37	达标	29
哈尔滨银行	9.72	9.74	12.25	达标	30
浙商银行	8.29	9.96	12.21	达标	31
九台农商银行	9.47	9.66	12.20	达标	32
徽商银行	8.48	9.46	12.19	达标	33
兴业银行	9.07	9.67	12.19	达标	33
浦发银行	9.50	10.24	12.02	达标	35
广州农商银行	10.69	10.72	12.00	达标	36
中国民生银行	8.63	8.88	11.85	达标	37
长沙银行	8.70	8.72	11.74	达标	38

续表

银行	核心一级 资本充足率	一级资本 充足率	资本充足率	达标情况	排名
锦州银行	8.44	10.24	11.67	达标	39
中信银行	8.49	9.34	11.65	达标	40
贵阳银行	9.51	9.54	11.56	达标	41
甘肃银行	8.71	8.71	11.54	达标	42
平安银行	8.28	9.18	11.20	达标	43
天津银行	8.64	8.65	10.74	达标	44
九江银行	8.75	8.75	10.51	达标	45

资料来源：根据各上市银行公开年报、万得（Wind）金融数据库资料自行整理。

注：排名根据各银行资本充足率得出。

（二）不同类型银行资本充足率情况比较

根据中国银行保险监督管理委员会公布的数据，截至 2019 年底，我国商业银行总体资本充足率达到 14.64%，一级资本充足率为 11.95%，核心一级资本充足率为 10.92%，整体达到《巴塞尔协议Ⅲ》与我国《商业银行资本管理办法》要求。以下按照中国银行保险监督管理委员会的银行分类方法，对银行业目前分为的大型商业银行、股份制商业银行、城市商业银行、民营银行、农村商业银行以及外资银行进行资本充足率监管比较，如表 5-9 和图 5-2 所示。

表 5-9　　　　　　　　我国不同类型银行资本充足率的比较

年份	大型商业 银行	股份制 商业银行	城市商业 银行	民营银行	农村商业 银行	外资银行
2014	14.10	11.23	12.19	—	13.81	17.08
2015	14.50	11.60	12.59	—	13.34	18.48
2016	14.23	11.62	12.42	—	13.48	18.58
2017	14.65	12.26	12.75	24.25	13.30	17.83
2018	15.70	12.76	12.80	16.55	13.20	18.40
2019	16.31	13.42	12.70	15.15	13.13	18.40

资料来源：根据中国银行保险监督管理委员会官网统计数据、万得（Wind）金融数据库资料自行整理。

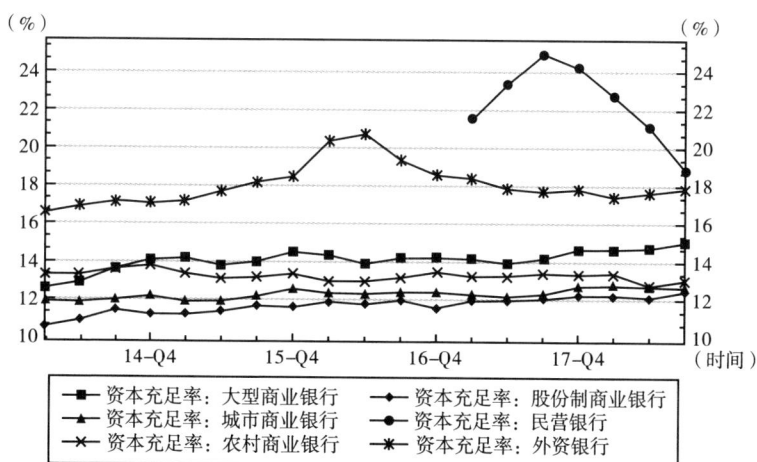

图 5 - 2　我国不同类型银行资本充足率的比较

资料来源：万得（Wind）金融数据库。

　　由数据分析可知，资本监管新规执行以来，我国各类银行资本充足率的平均水平从高到低排列顺序依次为民营银行、外资银行、大型商业银行、农村商业银行、城市商业银行和股份制商业银行。具体来说，大型商业银行、股份制商业银行和城市商业银行的资本充足率近 5 年保持了总体平稳中有小幅上升的趋势，分别从 2014 年一季度的 12.56%、10.55%、11.90% 上升至 2018 年三季度的 15.04%、12.48%、12.70%，不仅从数量上，更从时间上远超《巴塞尔协议Ⅲ》资本充足率监管要求，这体现出我国主要商业银行在整体经济发展放缓的大背景下强韧稳健的经营态势，以及以资本吸收损失、严格防范控制金融风险资本监管态度。农村商业银行的资本充足率变化相对前三类银行略有一些不稳定，出现了动荡中的小幅下降，从 2014 年四季度最高的 13.81% 到 2018 年二季度最低的 12.77%，特别是在 2015 年上半年和 2018 年上半年，出现两次明显的向下调整，虽然我国农业商业银行近年来无论是在机构网点，还是在经营规模方面，发展均较为快速，但由于自身定位为"支持地方经济发展，服务'三农'，服务中小企业"，其政策任务较重，在新业务拓展与风险防控方面仍显不足，资本工具相对简单，资本来源压力也较大，在商业银行领域的竞争力还有待加强。为推进金融体制改革，完善整个金融体系，2010 年以来，我国出台了一些政策文件鼓励民营银行发展，从

2014 年首批试点设立 5 家，分别是微众银行、网商银行、华瑞银行、金城银行、民商银行，至 2018 年初已有 17 家民营银行设立并常态化发展。从数据来看，我国民营银行的资本充足率水平目前是各类银行中最高的，2017 年三季度曾高达 24.98%，是《巴塞尔协议Ⅲ》要求的 2.38 倍，但此后却连续四个季度大幅下降至 18.83%，跌幅达 6.15 个百分点。资本充足率的短期大幅调整，反映出我国民营银行发展中仍存在很多问题与潜在风险，尽管多家民营银行已开始盈利，但由于其经营时间较短，在经济总体下行的趋势下，其资产质量面临很大挑战，在金融业务拓展和数据、征信、风险控制技术等方面距离先进商业银行还有一定差距，在信贷投放力度持续加大的同时，对信贷投放的管理和控制有效性缺乏检验，缺乏多渠道补充资本能力，且民营银行业务开展限制比较多，自身资金受制于同业负债，"一行一店"的模式也限制了其跨区域开展经营。

（三）资本充足率指标构成要素分析

依据巴塞尔协议与我国 2013 年 1 月开始施行的《商业银行资本管理办法》，银行监管当局对商业银行资本的要求包括资本充足率、一级资本充足率以及核心一级资本充足率指标。其计算公式分别如下：

核心一级资本充足率 = （核心一级资本 − 对应资本扣减项）

/风险加权资产

一级资本充足率 = （一级资本 − 对应资本扣减项）/风险加权资产

资本充足率 = （总资本 − 对应资本扣减项）/风险加权资产

风险加权资产 = 信用风险加权资产 + 市场风险加权资产

+ 操作风险加权资产

接下来分别从各级资本净额和风险加权资产两个方面分析我国银行业的资本充足率约束监管指标。商业银行资本净额、一级资本净额和核心一级资本净额影响各级资本充足率指标的分子项，风险加权资产为资本充足率指标的分母项。由图 5 - 3 可以看出，我国资本监管新规实施以来，自 2013 年一季度至 2018 年三季度，资本净额由 85 855 亿元增长至 182 471 亿元、一级资本净额由 68 847 亿元增长至 149 722 亿元、核心一级资本净额由 68 847 亿元增长至 142 610 亿元、季度平均增长率分别达到 3.50%、3.61% 和 3.38%，一直保持了增长趋势。但从中可以明显看出我国商业银行的一级资本几乎全部由核心一级资本组成，其占比超过 95% 以上，体现出我国商业银行资本工具结构相对单一。从我国商业银行各级资本净额增长率的变化趋势来看，我国总资本净额、一级资本净额与核心一级资本净额增长率变化趋势大体趋于一致，且都表现出一定的经营年度周期性波动，在每个经营年度的中期，资本增长速度会明显下降。且资本平均增长速度在 2014 年达到最高后，近 4 年出现了一定幅度的下降，相比商业银行连年上升的资产规模与信贷规模，势必对各级资本充足率的稳定性产生一定的影响，如图 5 - 4 所示。

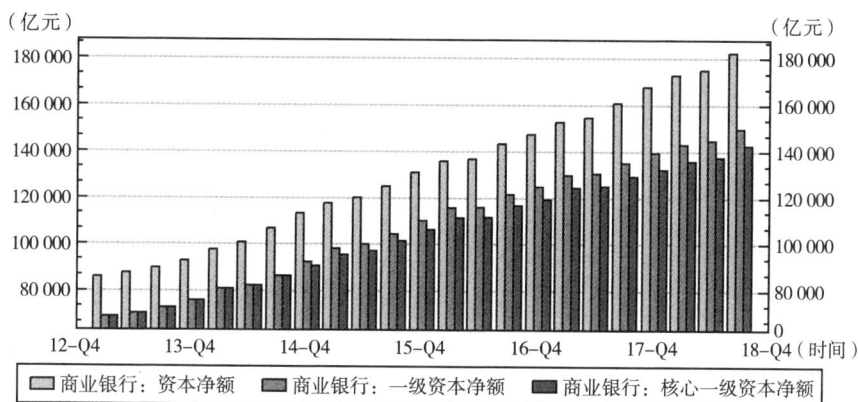

图 5 - 3　我国商业银行各级资本净额变化趋势

资料来源：万得（Wind）金融数据库。

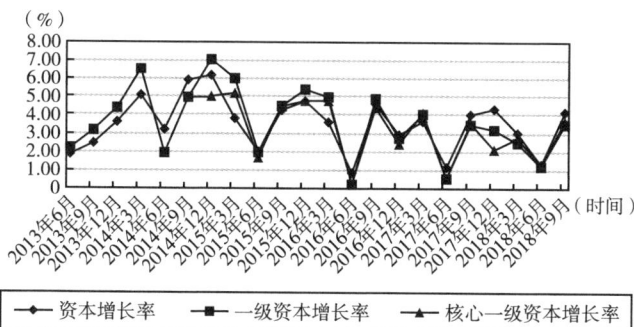

图 5 - 4　我国商业银行各级资本增长率变化趋势

资料来源：根据万得（Wind）金融数据库数据计算。

按照《巴塞尔协议Ⅲ》及我国资本监管新规的要求，计算资本充足率指标的分母项，即风险加权资产要求由信用风险加权资产、市场风险加权资产与操作风险加权资产三部分组成。我国资本监管新规改革后，已允许对市场风险与操作风险进行内部模型法或高级计量法进行更为准确的计量，但信用风险加权资产仍然是全部风险加权资产的绝对主角，信用风险加权资产占全部风险加权资产的比例长期在90%以上，如图5-5和图5-6所示。

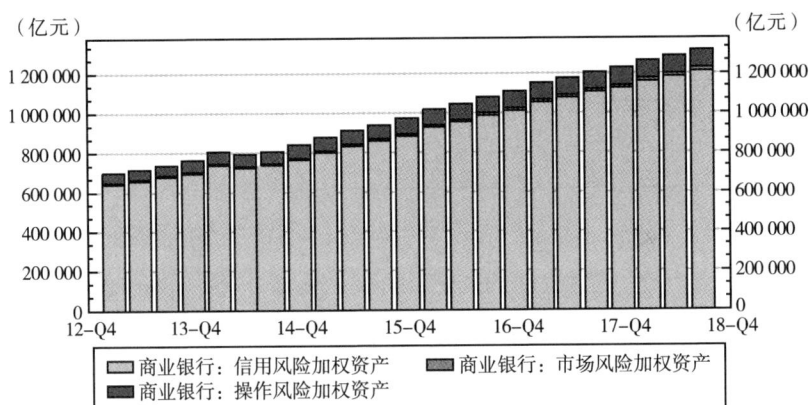

图5-5　我国商业银行风险加权资产组成及变化趋势

资料来源：万得（Wind）金融数据库。

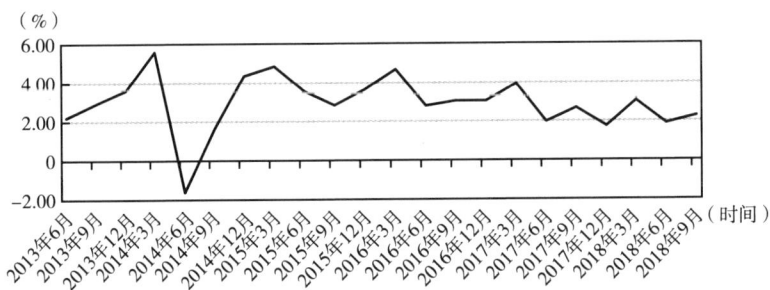

图5-6　我国商业银行风险加权资产增长率变化趋势

资料来源：根据万得（Wind）金融数据库计算。

商业银行想提高资本充足率指标，既可以增加合格资本以使分子项增加，也可以控制风险加权资产以减缓分母项的增加。如图5-7所示，当风险加权资产增长率超过资本增长率时，资本充足率趋于下降，如2013年、2015年上半年、2016年上半年；当风险加权资产增长率低于资本增长率时，资本充足率趋于上升，如 2014 年、2017 年下半年。

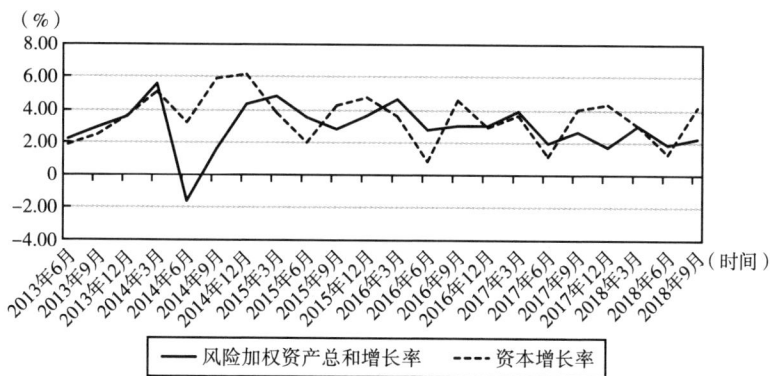

图 5 - 7　我国商业银行风险加权资产增长率与资本增长率比较

资料来源：根据万得（Wind）金融数据库计算。

由图 5 - 8 可知，我国银行业资本充足率在震荡中呈现波动式上升趋势，但长期以来一直以较高的水平满足《巴塞尔协议Ⅲ》的各级资本充足率要求。2004 年，我国银行业监督管理委员会公布《商业银行资本充足率管理办法》，规定了我国商业银行的最低资本监管要求，核心资本充足率不低于 4%，资本充足率不低于 8%。

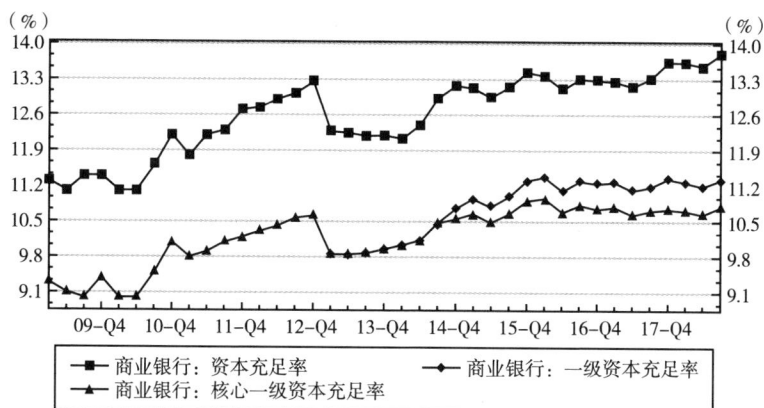

图 5 - 8　我国商业银行各级资本充足率变化趋势

资料来源：万得（Wind）金融数据库。

实际上，在 2003 年，我国 130 家银行中只有 8 家小型银行能够达到最低资本充足率的要求，其资产总和在整个银行业资产中所占比重仅为 0.6%；而到了 2008 年底达标银行有 204 家，未达标银行仅 1 家，达标银行资产占商业银行总资产比例已达到 99.9%，基本实现预定目标；2009 年，239 家商业银行资本充足率全部达标，达标银行资产占商业银行总资产比例达 100%。2008 ~ 2009 年，在国际金融危机的大背景下，我国经济减速趋势明显，银行业风险进一步暴露，受市场环境变化、经济下行及净息差收窄等因素影响，信用风险凸显严峻，且因银行体系流动性的不确定性因素增加，流动性风险管理的难度加大，加上声誉风险加大，我国商业银行资本充足率水平出现下降。

2010 年后，在国家"保增长、扩内需、调结构、惠民生"一揽子政策措施下，我国经济形势总体回升，面对金融市场的不断深化，我国银行监管当局始终坚持审慎有效的传统监管要求，银行业自身在公司治理、资本充足率、大额风险暴露以及流动性、不良资产、拨备覆盖率和透明度等指标上，积极夯实风险管理和审慎监管的基础，资本充足率水平企稳回升。2013 年，我国开始实施资本监管新规《商业银行资本管理办法》，资本充足率水平出现较大幅度的下降，从 2012 年末的 13.25% 下降至 12.19%，甚至出现个别商业银行资本充足率水平未达标的情况。

2014 年后，我国经济在新常态下稳中有进，稳中提质，资本实力逐步回升，银行业主动适应经济发展新常态，全面推进改革开放，坚守不发生系统性区域性风险的底线，不断提升服务实体经济与社会发展的能力，总体运行稳健。我国银行开始运用多种方式补充资本，资本充足水平持续提高。银行业金融机构通过多种方式补充资本 2.31 万亿元，其中留存收益 1.32 万亿元，股权融资 2 486 亿元，混合资本债券 2 158 亿元。银行业内源融资占资本净增加额的比重为 56.84%，比 2013 年末下降 23.15 个百分点。截至 2014 年末，商业银行资本充足率 13.18%，比 2013 年末上升 0.99 个百分点、核心一级资本充足率 10.56%，比 2013 年末上升 0.61 个百分点，商业银行核心一级资本 9.07 万亿元，核心一级资本净额占资本净额的 80.1%，资本质量处于较高水平。近年来，我国银行业一直稳中发展，虽然一些影响银行业发展的不利因素仍然存在，部分行业、领域和地区的风险进一步显现，但全面深化改革，加大创新，切实提高风险防范和可持续发展能力仍是我们追求的目标，资本补充工具进一步创新，扩大转股型二级资本债发行规模，坚持底线思维，做好重点领域风险防控。资本充足率水平微幅波动中呈现上升趋势，2016 年底达到 13.28%、2017 年底达到 13.65%、2018 年 9 月达到 13.81%。

三、资本监管新规的实施对我国银行资本充足率的冲击测算

中国版《巴塞尔协议Ⅲ》即《商业银行资本管理办法》是自 2013 年 1 月 1 日起开始施行的，与我国原《商业银行资本充足率管理办法》相比，资本充足率的计算方法更趋严格，主要体现在：新增操作风险资本要求、对合格资本工具采用更严格定义、对信用风险权重进行调整、取消市场风险的计算门槛等因素。因此，自 2013 年一季度起，我国商业银行资本充足率相关指标已基本按照《巴塞尔协议Ⅲ》的要求进行调整，那么，这些调整对我国商业银行的资本充足率指标有什么样的冲击呢？本部分将测算按照中国原有资本充足率监管要求与《巴塞尔协议Ⅲ》实施下新资本监管充足率监管要求分别计算 2013 年当年的资本充足率，比较分析监管新规对银行资本充足率的影响，如表 5-10 所示。考虑到银行数据的可得性，测算样本选择了包含大型商业银行、全国性股份制银行、城市商业银行、农村商业银行在内的共计 49 家商业银行。

表 5-10　　　　　　2013 年资本监管新规实施对资本充足率的影响　　　　单位：%

银行名称	原资本充足率监管标准下	新资本充足率监管标准下	影响幅度
中国工商银行	13.31	13.12	-0.19
中国农业银行	12.57	11.86	-0.71
中国建设银行	13.88	13.34	-0.54
中国银行	13.47	12.46	-1.01
交通银行	13.10	12.08	-1.02
中信银行	12.12	11.24	-0.88
中国光大银行	11.31	10.57	-0.74
招商银行	11.28	11.14	-0.14
浦发银行	11.50	10.97	-0.53
中国民生银行	12.10	10.69	-1.41
华夏银行	10.93	9.88	-1.05
平安银行	11.04	9.90	-1.14
兴业银行	11.92	10.83	-1.09
广发银行	8.97	9.00	0.03

银行名称	原资本充足率监管标准下	新资本充足率监管标准下	影响幅度
渤海银行	12.81	11.06	-1.75
浙商银行	12.54	11.53	-1.01
北京银行	11.31	10.94	-0.37
重庆银行	15.32	13.26	-2.06
哈尔滨银行	12.55	11.95	-0.60
杭州银行	11.58	11.05	-0.53
江苏银行	13.36	11.60	-1.76
锦州银行	11.64	10.62	-1.02
南京银行	12.95	12.90	-0.05
宁波银行	13.88	12.06	-1.82
天津银行	11.04	11.05	0.01
吴江银行	12.92	12.78	-0.14
长沙银行	12.27	12.13	-0.14
承德银行	13.87	12.52	-1.35
重庆三峡银行	12.21	11.02	-1.19
大连银行	10.81	9.20	-1.61
东莞银行	14.77	13.13	-1.64
鄂尔多斯市商业银行	17.16	13.99	-3.17
广西北部湾银行	18.43	12.82	-5.61
河北银行	12.09	11.55	-0.54
华一银行	12.17	12.02	-0.15
吉林银行	11.30	9.80	-1.50
九江银行	15.08	14.11	-0.97
昆仑银行	13.56	12.38	-1.18
莱商银行	15.90	14.65	-1.25
辽阳银行	15.44	13.37	-2.07
南昌银行	13.44	12.61	-0.83
南充市商业银行	13.07	12.08	-0.99
攀枝花市商业银行	14.97	11.46	-3.51
齐鲁银行	11.98	11.64	-0.34
日照银行	14.66	13.38	-1.28
潍坊银行	12.36	11.88	-0.48
厦门银行	14.12	12.20	-1.92

资料来源：根据各银行年度公告数据整理。

测算结果表明，按照更严格的合格资本工具定义与扣除项，新增操作风险资本要求、对信用风险权重进行调整、取消市场风险的计算门槛，新的资本监管新规普遍使我国商业银行的资本充足率水平出现较明显的下降。

除广发银行与天津银行两家银行有 0.03% 和 0.01% 的微幅上调，且按 2014 年这两家银行公告数据测算，广发银行按原资本充足率计算方法为 10.57%，而按照新资本监管新规要求资本充足率为 10.50%，下降 0.07%，天津银行按原资本充足率计算方法为 12.88%，而按照新资本监管新规要求资本充足率为 12.61%，下降 0.27%，也呈现下降趋势。其中，资本监管新规下新的资本充足率计算口径使大型商业银行的资本充足率平均下降 0.69%，而中小商业银行（包括股份制商业银行、城市商业银行与农村商业银行）下降 1.19%，相较于大型商业银行下降幅度偏大。可见，资产负债表中总资产规模较小，或同等规模下资本扣除项更高的银行，受到的影响更大。

值得注意的是，虽然在合格资本工具扣除项中有较多的细项需要调整，但是由于数据可得性受限，这里的测算可能会存在一定的误差。照此推算，如果严格按照《巴塞尔协议Ⅲ》的要求实施更多的扣减项，则将导致银行业的资本充足率进一步下降。对于资本监管新规中资本充足率更为严格的要求，从长远来说，相信对于商业银行的总体影响还是积极、正面的，有助于提升商业银行风险管控能力，引导商业银行转变发展方式，促进商业银行支持实体经济发展。

四、我国银行业资市充足率压力测试

银行压力测试是一种以定量分析为主的风险分析方法，包括银行的信用风险、市场风险、流动性风险和操作风险等方面内容，我们可以通过压力测试分析商业银行不同风险之间的相互作用和共同影响，评估这些银行的经营状况是否隐藏着一旦遭遇风险冲击不容乐观的问题。为提高金融稳定评估的前瞻性和科学性，健全系统性金融风险监测预警体系，中国人民银行自 2013 年起一直对我国具有重要系统性影响的商业银行进行金融稳定压力测试，评估商业银行在不利冲击下的稳健性情况。以下基于人民银行公布的数据探讨覆盖信用风险和市场风险的偿付能力宏观情景压力测试，考察宏观经济下行对银行盈利能力和资本充足水平的不利影响；偿付能力敏感性压力测试考察特定风险冲击对银行整体资本充足水平的瞬时影响。

对于偿付能力宏观情景压力测试的通过标准为：若参试银行遭受冲击后的核心一级资本充足率、一级资本充足率和资本充足率其中任何一项低于7.5%、8.5%和10.5%监管要求（包含2.5%的储备资本要求），则未通过压力测试。对于偿付能力敏感性压力测试的通过标准为：若参试银行遭受冲击后的资本充足率低于10.5%，则未通过压力测试。

测试对象选取20家在2017年末资产规模超过5000亿元的大中型商业银行，包括各种类型银行在内的交通银行、邮储银行、兴业银行、浦发银行、民生银行、广发银行、恒丰银行、渤海银行、江苏银行、南京银行、宁波银行、盛京银行、天津银行、徽商银行、杭州银行、成都农商行、重庆农商行、北京农商行、上海农商行、广州农商行。

偿付能力宏观情景压力测试设置轻度和重度两个压力情景，宏观情景指标包含GDP同比增速、CPI涨幅、政策性利率、短期及长期市场利率和人民币对美元汇率等。偿付能力敏感性压力测试以整体信贷资产和重点领域的不良贷款率、损失率、收益率曲线变动等作为压力指标。具体指标设计如表5-11所示。

表5-11　　　　　　　　　　银行业压力测试情景设计

测试类型	风险敞口		压力情景
偿付能力宏观情景压力测试	信用风险	贷款	轻度冲击为GDP同比增速下降至5.7%；重度冲击为GDP同比增速下降至4.16%；（其他宏观指标根据宏观经济计量模型设定）
		应收账款类	
		投资	
	市场风险	银行账户利率风险	轻度冲击为付息负债利率上升38个基点，贷款利率上升22.8个基点，其他生息资产利率上升113个基点；重度冲击为付息负债利率上升151个基点，贷款利率上升90.6个基点，其他生息资产利率上升186个基点
		债券专项市场风险	轻度冲击为短期利率上升38个基点，长期利率上升113个基点；重度冲击为短期利率上升151个基点，长期利率上升186个基点
		汇率风险	轻度冲击为人民币/美元汇率下降3.7%；重度冲击为人民币/美元汇率下降1.63%

测试类型	风险敞口	压力情景
偿付能力敏感性压力测试	贷款	轻度冲击为不良贷款率上升 100%；中度冲击为不良贷款率上升 300%；重度冲击为不良贷款率上升 700%
	房地产贷款风险	轻度冲击为房地产开发贷款和购房贷款不良率均增加 5 个百分点；中度冲击为房地产开发贷款和购房贷款不良率分别增加 10 个和 7 个百分点；重度冲击为房地产开发贷款和购房贷款不良率分别增加 15 个和 10 个百分点
	"两高一剩"行业贷款风险	轻度冲击为不良贷款率增加 10 个百分点；中度冲击为不良贷款率增加 15 个百分点；重度冲击为不良贷款率增加 20 个百分点
	地方政府债务风险	轻度冲击为不良资产率增加 5 个百分点；中度冲击为不良资产率增加 10 个百分点；重度冲击为不良资产率增加 15 个百分点
	表外业务信用风险	轻度冲击为发生垫款的表外业务敞口余额占比 5%；中度冲击为发生垫款的表外业务敞口余额占比 10%；重度冲击为发生垫款的表外业务敞口余额占比 15%
	投资损失风险	冲击一为非政策性金融债券收益率曲线上移 400 个基点；冲击二为非金融企业债券收益率曲线上移 400 个基点；冲击三为非债券类投资账面余额损失 5%

资料来源：中国人民银行官网《中国金融稳定报告 2018》。

　　偿付能力宏观情景压力测试结果显示[①]，在轻度和重度冲击下，参试银行整体核心一级资本充足率从 9.08% 分别下降至 8.48% 和 7.08%，一级资本充足率从 9.79% 分别下降至 9.14% 和 7.75%，资本充足率从 12.44% 分别下降至 11.57% 和 10.23%，如图 5-9 所示。说明接受测试的 20 家大中型商业银行普遍资本充足水平较高，总体运行稳健。

---

　　① 人民银行公布的压力测试数据以外部测试和内部测试两种方式展开，外部测试以全部参试银行为考察对象，由各商业银行根据给定口径提交数据，人民银行汇总后实施；内部测试主要考察单个商业银行的风险状况，各商业银行自行开展测试并由人民银行对结果进行汇总。

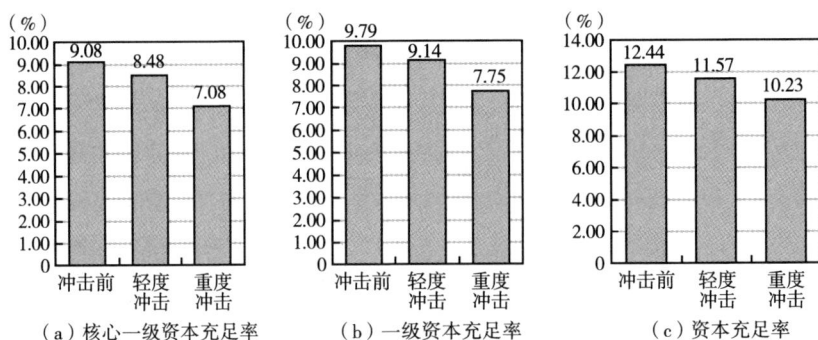

（a）核心一级资本充足率　　（b）一级资本充足率　　（c）资本充足率

图 5 - 9　偿付能力宏观情景压力测试资本充足率变化

资料来源：中国人民银行《中国金融稳定报告 2018》和万得（Wind）金融数据库。

在轻度冲击下，有 5 家参试银行未通过压力测试；在重度冲击下，近半数参试银行未通过压力测试。特别指出的是，《巴塞尔协议Ⅲ》框架下 2.5% 的储备资本要求是资本缓冲要求，不属于监管最低资本必须要求。国际上，压力测试的通过标准也通常不包括储备资本要求。若按国际通行做法在压力测试通过标准中剔除储备资本要求，轻度和重度冲击下，仅有 1 家和 2 家参试银行未通过偿付能力宏观情景压力测试，如表 5 - 12 所示。总体来说，我国银行体系的整体抗冲击能力还是比较强的。从遭受冲击后造成资本充足率下降的原因分析来看，信用风险是主要的风险来源，而市场风险影响有限。重度冲击下，在 20 家参试银行整体资本充足率降幅中，超过 80% 是来自信用风险损失的影响，其中关键因素是压力情景下贷款质量恶化，不良贷款率上升。市场风险对银行资本充足水平影响相对较小，重度冲击下，银行账户利率风险、债券专项市场风险和汇率风险分别导致参试银行整体资本充足率下降 0.21、0.17 和 0.005 个百分点。

表 5 - 12　　　　　　　　　　　资本充足率水平测试结果区间分布

核心一级资本充足率		≤5%	[5%，7.5%)	≥7.5%
银行家数	轻度冲击	1	1	18
	重度冲击	1	7	12
一级资本充足率		≤6%	[6%，8.5%)	≥8.5%
银行家数	轻度冲击	1	4	15
	重度冲击	2	6	12

续表

资产充足率		≤8%	［8%，10.5%）	≥10.5%
银行家数	轻度冲击	1	2	17
	重度冲击	1	6	13

资料来源：中国人民银行《中国金融稳定报告2018》和万得（Wind）金融数据库。

尝试能力敏感性压力测试结果显示①，我国银行体系对整体信贷风险恶化有一定的抗冲击能力。截至2017年末，20家参试银行冲击前整体不良贷款率为1.46%，在整体不良贷款率上升100%的轻度冲击下，参试银行整体资本充足率将从12.44%降至11.90%，下降0.54个百分点；在整体不良贷款率上升300%的中度冲击下，参试银行整体资本充足率降至10.79%，下降1.65个百分点；在整体不良贷款率上升700%的重度冲击下，参试银行整体资本充足率降至8.48%，下降3.96个百分点。

如表5-13所示，非债券类投资、地方政府债务、房地产贷款、表外业务等领域风险需引起关注。在非债券类投资账面余额损失5%的冲击下，20家参试银行整体资本充足率从12.44%降至11.13%，其中，9家银行资本充足率不达标。在地方政府债务不良资产率增加15个百分点的冲击下，参试银行整体资本充足率下降至10.84%，5家银行资本充足率不达标。在房地产开发贷款不良贷款率增加15个百分点，购房贷款不良贷款率增加10个百分点的冲击下，参试银行整体资本充足率下降至11.33%，4家银行资本充足率不达标。在表外业务敞口余额的15%发生垫款的冲击下，参试银行整体资本充足率下降至11.52%，4家银行资本充足率不达标。

表5-13　　　重点领域测试银行在资本充足率区间分布（重度冲击）

资本充足率	［8%，10.5%）	≥10.5%
非债券类投资风险	9	11
非金融企业债券投资风险	1	19
非政策性金融债券投资风险	2	18
表外业务信用风险	4	16

① 资料来源：中国人民银行《中国金融稳定报告2018》和万得（Wind）金融数据库。

续表

资本充足率	[8%，10.5%）	≥10.5%
地方政府债务风险	5	15
"两高一剩"行业贷款风险	1	19
房地产贷款风险	4	16
初始状态	0	20

资料来源：中国人民银行《中国金融稳定报告2018》和万得（Wind）金融数据库。

第三节　资本充足率对我国银行业信贷影响的实证分析

从《巴塞尔协议Ⅰ》到《巴塞尔协议Ⅲ》，资本充足率监管在某种程度上已经成为全球范围内银行业监管的重要内容与标杆，因此，资本监管变革对银行业以及宏观经济的影响受到了学术界和银行业界的关注。《巴塞尔协议Ⅲ》对资本充足性监管的要求反映出其对商业银行稳健经营目标的追求，而这种资本约束规定是否会通过信贷渠道和货币政策渠道等对一国的宏观经济产生的影响，例如，对经济增长和周期波动产生影响是我们在评估《巴塞尔协议Ⅲ》资本监管实施效果时亟待考量的问题。同时，各国银行业资本充足率的先天水平有所差异，《巴塞尔协议Ⅲ》对资本监管要求的变革对各国信贷和整体经济的影响也有所不同，进而导致各国银行业监管当局采用新资本监管要求的宽严程度与激励限制水平不同。本节将采用多种计量方法对资本充足率监管对我国银行信贷供给的影响进行模拟与判断，以客观评估《巴塞尔协议Ⅲ》资本充足率在我国银行业的适用性效果。

一、资本充足率对银行信贷的影响原理

针对资本充足率监管对银行信贷影响的相关研究最早起始于西方学者对其国家经济衰退的解释。1990～1992年前后，西方发达国家出现了一次中等

程度的经济衰退，正逢《巴塞尔协议 I》出台不久，部分学者把经济衰退与《巴塞尔协议 I》提出的资本充足性管制联系在一起。塞伦（Syron，1991）认为，由于资本充足性管制所导致的信贷萎缩可称为资本萎缩，它是导致国家经济衰退的重要原因。皮克与罗森伦（Peek J. and E. Rosengren，1992、1995）提出，信贷萎缩主要是指银行贷款供给下降的速度远大于贷款需求下降的速度，从而致使信贷需求大于信贷供给。弗隆（Furlong，1992）将实际资本/资产比率与目标资本/资产比率的比值作为资本管制的代理变量，与贷款增长率进行回归发现，随着资本约束管制的加强，银行贷款对资本头寸的敏感性增加。范登海维尔（Vanden Heuvel，2001）构建了资本约束条件下银行价值最大化的动态模型，指出相比较于资本金充足的商业银行，资本金比率较低的商业银行对利率政策的冲击会出现延迟且扩大的反应，并提出银行资本传导渠道。

我国的学者对于银行资本充足率监管与信贷之间关系的关注开始于我国实施《商业银行资本充足率管理办法》之后。李扬和彭兴韵（2005）指出，2004 年以来，我国银行信贷增长率和货币供应量的下降，在很大程度上归因于中国银行业监督管理机构逐步加强了对商业银行资本充足率的监管和改变了项目资金比率。戴金平、金永军、刘斌（2008）通过研究指出，监管当局以提高银行资本充足率为核心的监管行为不仅有效地影响了商业银行的信贷行为和风险意识，而且强化了"逆风向行事"货币政策的非对称效应。刘晓锋、朱大鹏、黄文凡（2016）通过对 16 家上市银行数据进行分析得出，商业银行在面临资本约束时会同时对资本和资产进行调整，但资本项的调整力度要远大于资产规模的变动，且对资产结构的调整力度非常有限，而资产调整项中以贷款调整为主，资本约束将限制贷款总体规模的增长。针对资本充足率监管对银行信贷乃至经济的影响，理论界与银行业界就其重要性与差异性都给予了重视。

对于资本充足率的监管最直接的影响，就是对商业银行的资本金战略和信贷行为的影响。为了满足监管要求的资本充足率标准，商业银行会采用所谓的"分母策略"或"分子策略"来改善自身的资本充足状况，进而通过银行信贷渠道和银行资本渠道对银行经营状况和整体宏观经济产生影响。

根据资本充足率指标的构成，"分母策略"是指通过增加风险权重较小的资产或者减少风险权重较大的资产以达到降低银行整体风险加权资产的目的；"分子策略"是指通过留存收益、发行新股或者其他合格资本工具来增加可以抵御风险的银行资本。在我国短期资本市场尚不完备和信息不对称情况下，银行难以用最小的成本通过吸收存款或其他融资渠道来满足贷款增长的需求，银行的资本水平将影响其外部融资的风险溢价，从而对贷款供给产生影响，资本充足率较低的银行，就会出现资本金来源短缺、融资成本居高不下的状况，导致贷款供给不足。

对一般银行来说，通过发行新股增加资本等手段增加或改善资本结构成本是比较高的，尤其是在经济衰退时期，因此，最直接有效的方式就是减少信贷供给。即使货币当局推行扩张性的货币政策以刺激经济增长，银行处于较高强度的资本充足率监管压力之下，也不会增加贷款，较强的资本充足率监管可能会削弱货币政策的效果。不过资本充足性监管对货币政策传导的影响也会存在非对称效应，在经济繁荣时的紧缩货币政策要比经济萧条时的扩张货币政策更有效。

资本充足率的监管要求对于商业银行信贷供给的影响通常可以从两个方面考虑：一是会影响银行信贷供给的总量；二是会影响银行信贷供给的结构。受到的资本充足率监管越严格，银行面临的资本监管压力越大，要保持资本充足率满足监管要求，银行就可能会控制信贷总量的投放，出现信贷紧缩效应，银行贷款供不应求，信贷供给总量缩水。对于信贷结构来说，由于资本充足率监管要求对不同类型的资产赋予了不同的权重，资本监管要求的改变会促使银行调整信贷结构，改变风险偏好，影响银行存贷款的期限结构，甚至出现正向激励或负向激励不同的效果。

基于资本充足率对银行信贷行为的冲击效应，从理论上研究，倾向于认为资本约束会产生信贷紧缩效应，然而从实证层面的结论则出现过不同的声音。利用不同国家和地区、不同时期、不同类型商业银行的数据可能会得出不同的结论，对于美国、欧盟、日本等发达国家和地区以及新兴发展中国家的研究结论也有所不同。作为发展中国家的中国来说，我国的经济形势是长期和短期、内部和外部等因素共同作用的结果，我国银行业的成长路径也有其明显的特殊性，其发展正在经历由高速增长阶段转向高质量发展阶段，外部环境也在发生深刻变化，各种政策效应在逐步释放。面对经济运行稳中有变，经济下行压力有所加大，部分企业经营困难较多，银行长期积累的风险隐患有所暴露，对经济运行存在的突出矛盾和问题，我国的银行业对于资本充足率监管的影响，究竟是信贷紧缩抑或信贷扩张效应，其影响程度如何，都是新常态下我国银行业发展及监管改革必须充分认识与评估的问题。以下将利用多元线性回归最小二乘法（OLS）、广义矩估计（GMM）及向量自回归模型（VAR）分别对资本充足率监管对银行信贷的具体影响进行实证分析。

二、变量数据选择与描述性统计分析

信贷业务是商业银行的主要业务行为，其对银行业的经营绩效、风险控制，乃至对整个宏观经济的支持作用都是至关重要的。资本充足率的提升或降低必然会对信贷水平产生影响，以下分析资本充足率对信贷的影响。以银行贷款余额作为信贷水平的代理变量，银行贷款余额的影响因素除资本充足率外，还包括其他诸多影响因素，例如 M2 增长率、不良贷款率、贷款利率及实际 GDP 等。采用的数据为 2009 年第一季度到 2018 年第二季度的季度数据，数据来源为万得（Wind）金融数据库、中国银行保险监督管理委员会、中国人民银行以及各商业银行公布的年报数据。

（一）变量数据选择

1. 资本充足率

资本充足率指标是《巴塞尔协议Ⅲ》资本监管的核心指标，代表了银行抵御风险的能力，是一个银行的资本总额对其风险加权资产的比率。资本充足率与风险加权资产呈反比，而贷款余额作为信贷业务的一个指标，容易发生信用风险，即信贷水平与风险加权资产呈正相关关系。推测资本充足率与信贷水平呈负相关关系，资本充足率越高，在一定资本下，风险加权资产越低，信贷水平越低。

2. M2 增长率

银行信贷水平往往受到国家货币政策的影响，因而引入货币供应量 M2 增长率作为货币政策的代理变量，广义货币 M2 是反映货币供应量的重要指标，反映了现实与潜在购买力。

3. 不良贷款率

不良贷款率指的是银行不良贷款占总贷款余额的比重。当不良贷款率较高时，可能与银行的信贷水平过高有关。不良贷款问题是制约中国商业银行进一步加快发展速度、提升市场综合竞争能力的关键所在，不良贷款率居高不下会导致不良资产消化难度大，商业银行风险积累。

4. 利率水平

利率水平与信贷水平呈负相关关系，当国家采取宽松的货币政策时，利率降低，贷款成本降低将有效带动人们的贷款冲动，信贷水平提升，当利率水平提高时，贷款成本升高，将在一定程度上抑制人们的贷款行为，信贷水平降低。

5. 实际 GDP

国内生产总值是衡量国民经济发展情况最重要的一个指标，GDP 越高，即经济发展水平越高，国民收入增加，消费能力和投资能力也随之增强。当经济形势较好时，银行的放贷行为及人们的投资行为均有所增加，信贷水平提升。

（二）数据描述性统计分析

本书利用 Eviews 软件对银行的相关变量及宏观因素变量进行描述性统计分析，信贷余额、资本充足率、M2 增长率、不良贷款率、贷款利率、实际 GDP 选用 2009 年第一季度至 2018 年第二季度的季度数据，具体分析结果如表 5－14 所示。

表 5－14　　　　　　　　原始数据描述性统计

项目	信贷余额（亿元）	资本充足率（%）	M2 增长率（%）	不良贷款率（%）	贷款利率（%）	实际 GDP（亿元）
平均值	613 467.1	12.58	1.04	1.37	5.10	580 432.30
中位数	586 565.5	12.83	1.03	1.35	4.96	587 166.30
最大值	1 052 204	13.65	1.11	2.04	6.10	865 138.80
最小值	269 382.3	11.10	1.01	0.90	4.35	324 158.30
标准差	229 115.6	0.79	0.02	0.36	0.61	158 252.40
偏度	0.275731	-0.53	1.35	0.11	0.06	-0.006

项目	信贷余额 （亿元）	资本充足率 （%）	M2 增长率 （%）	不良贷款率 （%）	贷款利率 （%）	实际 GDP （亿元）
峰度	1.921741	2.06	5.39	1.45	1.58	1.96
JB 统计量	2.322356	3.16	20.63	3.90	3.20	1.74
样本量	38	38	38	38	38	38.000

资料来源：万得（Wind）金融数据库。

由表 5 - 14 可知，我国银行的资本充足率平均水平维持在 12.58%，最低水平为 11.1%，远达到了巴塞尔协议资本充足率 8% 的最低要求，具备一定的抵御风险的能力。

2009～2018 年，信贷余额总体上逐年稳步提升，从 2009 年第一季度的 269 382.35 亿元，增长到 2018 年第二季度的 1 052 204.30 亿元，平均年增速为 16%，如图 5 - 10 所示。

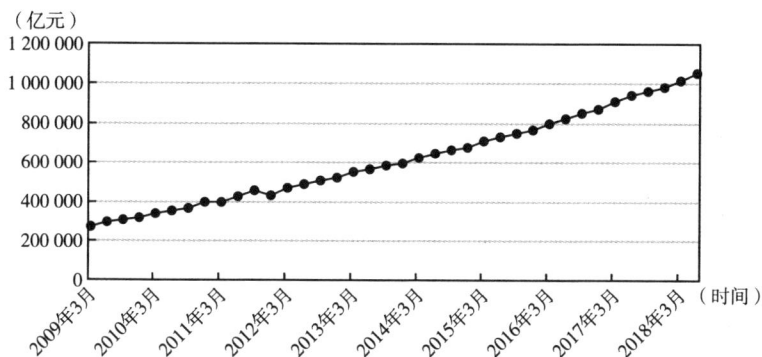

图 5 - 10　信贷余额趋势

资料来源：万得（Wind）金融数据库。

我国银行业的资本充足率总体呈上升趋势，特别是 2009～2012 年的这 4 年，资本充足率增加速度较快。在经历了 2008 年国际金融危机的重创后，"巴塞尔资本协议Ⅲ"不仅从量上也从质上提高了资本充足率的监管要求，明确要求一级资本充足率指标从之前的 4% 提升至 6%，核心一级资本充足率的监管标准也从 2% 提升至 4.5%，以帮助金融机构更好地防范和抵御风险。2013 年后，我国开始实施新的《商业银行资本管理办法》，对资本充足率指标进行了调整，为适应新的监管标准，该指标进行了大幅调整，2014 年之后，我国银行的资本充足率水平以相对稳定的趋势缓慢提升，如图 5 – 11 所示。

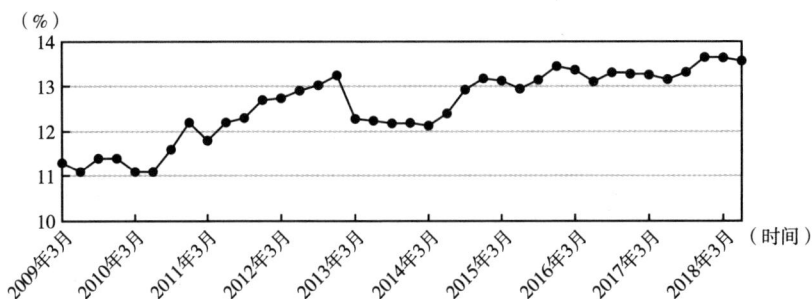

图 5 – 11　资本充足率趋势

资料来源：万得（Wind）金融数据库。

　　M2 增长率总体呈下降趋势，且具有周期性变动，每年第一季度的货币供应量增长率较大，随后第二季度、第三季度、第四季度的增长率逐渐降低，年初的资金较为充足。M2 增长率总体呈缓慢下降的趋势，与信贷水平的增长趋势呈负相关关系，这与前面分析的经济趋势互为印证，当货币供应量减少时，人们对于货币的需求增加，贷款行为增加，银行信贷水平将有所上升，如图 5 – 12 所示。

图 5 – 12　信贷余额与 M2 增长率趋势

资料来源：万得（Wind）金融数据库。

　　由信贷余额与实际 GDP 的趋势（见图 5 – 13）可知，两者呈现稳定的增长趋势，且两者呈正相关关系。这符合经济运行的规律，GDP 越高，即经济发展水平越高，经济形势较好，银行的放贷行为及人们的投资行为均有所增加，信贷水平提升。

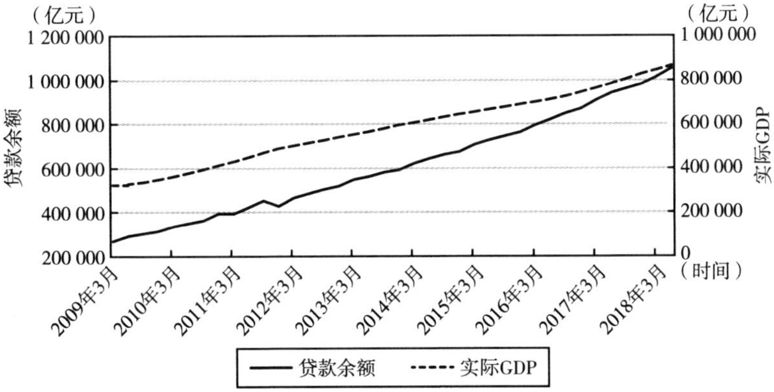

图 5 – 13 信贷余额与实际 GDP 趋势

资料来源：万得（Wind）金融数据库。

由图 5 – 14 可知，我国银行不良贷款率基本处于 1% ~ 2% 的水平内，2009 ~ 2013 年不良贷款率逐年降低，2013 年后不良贷款率有所提高，这可能是由于全球金融危机的影响，为提高银行抵御风险的能力，相关部门采取了相应的监管措施，降低银行不良贷款率，降低违约风险，2013 年后经济形势好转，此时对信贷业务的管制可以较为宽松，信贷水平可以适当提高。

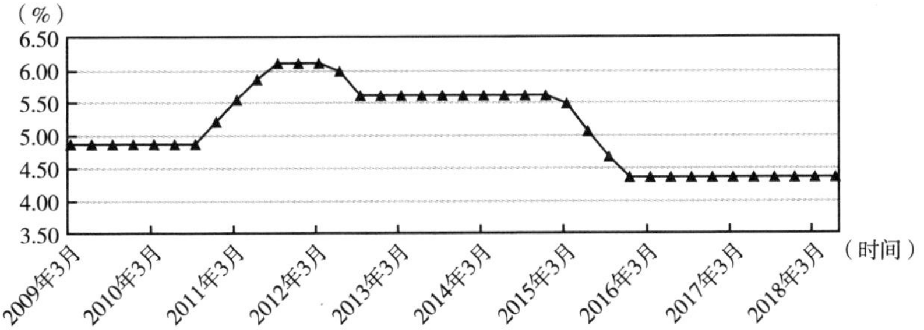

图 5 – 14 不良贷款率趋势

资料来源：万得（Wind）金融数据库。

选择银行 6 个月贷款利率，2012 年之前，贷款利率呈增长趋势，2012 年后，贷款利率呈下降趋势，2012 年之前由于次贷危机的影响，我国为降低银行的违约风险，降低不良贷款率，从而采取了相关措施，提高贷款利率，提高人们的贷款成本，减少贷款行为，进而降低银行风险，随后为刺激经济的发展，国家采取宽松的货币政策，降低贷款利率，刺激经济增长，如图 5 - 15 所示。

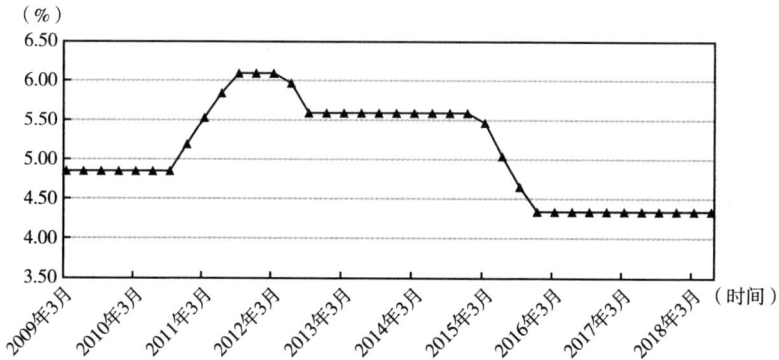

图 5 - 15　银行贷款利率趋势

资料来源：万得（Wind）金融数据库。

三、资本充足率对信贷的影响 OLS 建模

皮克和罗森格伦（Peek and Rosengren，1995）提出的多元线性回归模型从银行资产负债表出发，推导出监管资本对银行信贷的影响，较好地解释了资本监管对银行信贷的影响。阿尤索和索里纳（Ayuso and Saurina，2004）扩展构建了一个商业银行资本充足率与经济周期关系的模型，度量了银行资本监管对于商业银行信贷行为的影响，以及在不同经济发展阶段的影响差异。本书在上述两个原始模型及国内外相关研究的基础上，逐步回归调整解释变量，构建模型分析资本充足率变动对信贷的影响。

在对数据进行平稳性检验之后，对数据依次进行格兰杰因果检验与协整检验。根据检验结果，自变量与因变量之间存在着格兰杰因果关系，并进一步通过协整检验验证了变量之间存在长期的、稳定的关系，可以进行进一步的模型建立与参数估计。

以下为实证资本充足率对信贷影响的多元线性回归模型，并对变量作适当的处理，即：

$$\ln L_t = a_1 CS_t + a_2 M2_t + a_4 R_{t-1} + a_3 NPL_{t-1} + a_5 \ln GDP_t + \varepsilon_r$$

其中，L 为银行贷款余额；CS 为银行资本充足率；M2 为货币储备量 M2 增长率；NPL 为不良贷款率；R 为银行 6 个月贷款利率；GDP 为实际国内生产总值。其中，利率水平和不良贷款率是滞后一期数据，资本充足率、M2 增长率及实际 GDP 为同期数据，这是由于经济的滞后性，当利率水平和不良贷款率发生变化时，信贷水平才能随之变化。对贷款余额和实际 GDP 取对数是为了消除数据数量差的影响。

采用的数据为 2009 年第一季度至 2018 年第二季度的季度数据，来源为万得（Wind）数据库。用 Eviews 软件对数据进行 OLS 最小二乘回归，得到的最优模型参数，如表 5 - 15 所示。

表 5 - 15　　　　　　　　最小二乘法模型 Eviews 结果输出

Variable	Coefficient	Std. Error	t-Statistic	Prob.
C	- 3. 856063 ***	0. 363541	- 10. 60696	0. 0000
CS	- 0. 017490 *	0. 008790	- 1. 989725	0. 0555
M2	- 0. 375336 *	0. 215979	- 1. 737834	0. 0922
R(- 1)	- 0. 027475 **	0. 012032	- 2. 283512	0. 0294
NPL （ - 1）	0. 055036 ***	0. 019876	2. 768992	0. 0094
lnGDP	1. 344128 ***	0. 024934	53. 90684	0. 0000
R-squared	0. 998357	Mean dependent var	13. 27488	
Adjusted R-squared	0. 998092	S. D. dependent var	0. 378010	
S. E. of regression	0. 016513	Akaike info criterion	- 5. 221932	
Sum squared resid	0. 008453	Schwarz criterion	- 4. 960702	
Log likelihood	102. 6057	Hannan-Quinn criter.	- 5. 129836	
F-statistic	3 766. 751	Durbin-Watson stat	2. 152688	
Prob （F-statistic）	0. 000000			

注：*** 表示1%的显著性水平，** 表示5%的显著性水平，* 表示10%的显著性水平。

根据回归结果得到以下回归方程：

$$\ln L_t = - 0.0175CS_t - 0.3753M2_t - 0.0275R_{t-1} + 0.0550NPL_{t-1}$$
$$+ 1.3441\ln GDP_t - 3.8561$$

回归结果显示，模型的可决系数 $R^2 = 0.9984$，说明样本回归直线的解释能力为 99.84%，表示信贷水平的 99.84% 可由样本回归直线做出解释，模型的拟合优度较好，表明模型在整体上拟合的比较理想。

由回归结果可知，在显著性水平 0.01 上，实际 GDP 和不良贷款率的估计参数的 P 值小于显著性水平，表明实际 GDP 和不良贷款率对信贷水平有显著影响；在显著性水平 0.05 上，利率的估计参数的 P 值小于显著性水平，表明利率水平对信贷水平有显著影响；在显著性水平 0.1 上，资本充足率和 M2 增长率的估计参数的 P 值小于显著性水平，说明资本充足率和 M2 增长率对信贷水平有显著影响。资本充足率、M2 增长率和利率水平对信贷水平有负向影响，其他变量对信贷水平有正向影响。资本充足率每提高 1 个百分点，信贷水平下降 0.0175 个百分点；M2 增长率每提高 1 个百分点，信贷水平下降 0.3753 个百分点；利率水平每提升 1 个百分点，信贷水平下降 0.0275 个百分点；不良贷款率每提高 1 个百分点，信贷水平提升 0.0550 个百分点；实际 GDP 每提升 1 个百分点，信贷水平上升 1.3441 个百分点。

资本充足率对信贷水平有显著负向影响。相关研究显示，银行资本资产比对银行的贷款扩张能力有一定的约束作用，在实践中具有宏观调控的功能。银行资本充足率可以进行总量调控，资本充足率的变化能促使银行调整资产结构，在银行资本总额一定的情况下，资本充足率与风险加权资产呈反比，资本充足率的提高必然会导致风险资产的降低，从而促使银行减少贷款这类风险较高的资产份额，信贷水平降低。

M2 增长率对信贷水平有显著的负向作用。M2 是反映货币供应量的重要指标，当货币供应量增多时，人们对于货币的需求减少，贷款行为减少，银行信贷水平将有所降低。

不良贷款率与信贷水平呈正相关关系。不良贷款问题是制约中国商业银行进一步加快发展速度、提升市场综合竞争能力的关键所在，不良贷款率居高不下会导致不良资产消化难度大、成本高，使国有商业银行在资金运用上捉襟见肘。当不良贷款率较高时，表明对银行信贷业务的管制较为宽松，银行贷款扩张，信贷水平提高，由于放贷条件的降低，导致次级贷款、可疑贷款以及损失贷款增多。

利率水平对信贷水平有显著负向影响，当国家采取宽松的货币政策时，利率降低，贷款成本降低将有效带动人们的贷款冲动，信贷水平提升，当利率水平提高时，贷款成本升高，将在一定程度上抑制人们的贷款行为，信贷水平降低。

实际 GDP 对信贷水平有显著的正向影响，国内生产总值是衡量国民经济发展情况最重要的指标，实际 GDP 较高，表明国内经济形势较好，对银行的放贷行为管制较为宽松，加之人们的投资需求增加，从而使信贷水平提升。

四、资本充足率监管影响广义矩估计 GMM 模型分析

广义矩估计（generalized method of moments，GMM）是关于参数估计的一种原理，根据广义矩估计的原理，可以将 GMM 的估计步骤归纳如下：

（1）采用最小二乘估计法估计方程 $y_i = h(X_i, \beta) + \varepsilon_i$，$i = 1, \cdots, n$，求得 $\tilde{\beta}$。目的在于求权重矩阵的估计量。

（2）计算权重矩阵的估计量。如果采用 $\hat{W} = \dfrac{1}{n}S = \dfrac{1}{n}\left[S_0 + \sum w(1)(S_l + S'_l)\right]$ 的权重矩阵估计量，则要先选择 L 的值。当模型不存在序列相关时，取 L = 1；当模型存在序列相关时，可以采用广义差分法判断 L 的取值。权重矩阵为 J×J 阶矩阵。

（3）将权重矩阵的估计量代入 $\hat{\beta} = \mathrm{argmin}\left[m(\beta)'W^{-1}m(\beta)\right]$ 中，得到参数的 GMM 估计量。

通过软件 Eviews8.0，将信贷水平定为因变量，资本充足率、广义货币供应量增长率、不良贷款率、贷款利率、国内生产总值作为自变量，建立 GMM 模型，即：

$$\ln L = C(1) \times CS + C(2) \times M2 + C(3) \times NPL(-1)$$
$$+ C(4) \times R(-1) + C(5) \times \ln GDP$$

其中，GDP 为实际 GDP；CS 为银行资本充足率；L 为银行信贷余额；M2 为广义货币供应量；NPL 为不良贷款率；R 为贷款利率。对实际 GDP、信贷余额取对数是为了消除数据数量差影响。

由于使用 GMM 估计法对模型进行拟合时需要选定工具变量，按照工具变量的选取标准，一般为自变量的滞后期或自变量本身，也会选取因变量的滞

后二期与自变量本身，因而工具变量存在很多组合形式，为确定选取的工具变量拟合出的模型效果最好，本书选取不同的工具变量对模型进行拟合，并根据模型的拟合优度、J 检验值与系数的显著性选择最佳模型，由于工具变量的组合过多，筛选过程也较多，因此，本书仅选取筛选过程中几个有代表性的回归结果进行阐述。

将工具变量设定为 CS、M2（-1）、R（-2）、NPL（-2）、lnGDP（-1），即资本充足率为变量本身，货币供应量、贷款利率、不良贷款率、国内生产总值均为模型变量的一期滞后数据，用 Eviews 软件对数据进行 GMM 广义矩估计，得到的模型参数如表5-16所示。

表5-16　　　　　　　　　模型结果输出（1）

lnL = C(1) × CS + C(2) × M2 + C(3) × NPL（-1）+ C(4) × R（-1）+ C(5) ×lnGDP
Instrument specification：CS M2（-1）　　R（-2）NPL（-2）lnGDP（-1）
Constant added to instrument list

Variable	Coefficient	Std. Error	t-Statistic	Prob.
C(1)	-0.028731	0.021853	-1.314692	0.1983
C(2)	-3.484698	0.498071	-6.996388	0.0000
C(3)	0.107193	0.052352	2.047561	0.0492
C(4)	0.005328	0.031101	0.171306	0.8651
C(5)	1.288092	0.049336	26.10849	0.0000
R-squared	0.986128	Mean dependent var		13.29399
Adjusted R-squared	0.984338	S. D. dependent var		0.364800
S. E. of regression	0.045654	Sum squared resid		0.064613
Durbin-Watson stat	2.399219	J-statistic		3.000772
Instrument rank	6	Prob（J-statistic）		0.083225

由估计结果可知，资本充足率与贷款利率的估计参数的 P 值分别为 0.1983、0.8651，大于显著性水平 0.05，即资本充足率和贷款利率对信贷水平的影响并不显著，因而该回归结果效果并不良好。

将工具变量设定为 CS（-1）、M2（-1）、R（-2）、NPL（-2）、lnGDP（-1），即资本充足率、货币供应量、贷款利率、不良贷款率、国内生产总值均为模型变量的一期滞后数据，得到的模型参数如表5-17所示。

表 5 - 17　　　　　　　　　　模型结果输出（2）

lnL = C（1）× CS + C（2）× M2 + C（3）× NPL（ - 1）+ C（4）× R（ - 1）+ C（5）× lnGDP

Instrument specification：CS（ - 1）　M2（ - 1）　　R（ - 2）　NPL（ - 2）　lnGDP（ - 1）

Constant added to instrument list

Variable	Coefficient	Std. Error	t-Statistic	Prob.
C（1）	0.025726	0.024983	1.029764	0.3111
C（2）	- 2.402001	0.556503	- 4.316240	0.0002
C（3）	0.020439	0.049316	0.414449	0.6814
C（4）	- 0.048119	0.031552	- 1.525096	0.1374
C（5）	1.181384	0.056361	20.96120	0.0000
R-squared	0.990004	Mean dependent var		13.29399
Adjusted R-squared	0.988714	S. D. dependent var		0.364800
S. E. of regression	0.038755	Sum squared resid		0.046561
Durbin-Watson stat	2.165030	J-statistic		0.482852
Instrument rank	6	Prob （J-statistic）		0.487133

由估计结果可知，资本充足率、不良贷款率与贷款利率的估计参数的 P
值分别为 0.3111、0.6814、0.1374，大于显著性水平 0.05，即资本充足率、
不良贷款率与贷款利率对信贷水平的影响并不显著，且资本充足率的估计参
数为正值，即资本充足率与信贷水平为正相关关系，这一结论与现实经济意
义不符，因而该回归结果效果并不良好。

将工具变量设定为 CS（ - 2）、M2（ - 2）、R（ - 2）、NPL（ - 2）、lnGDP
（ - 2），即资本充足率、货币供应量、国内生产总值均为模型变量的二期滞后
数据，贷款利率、不良贷款率、国内生产总值均为模型变量的一期滞后数据，
得到的模型参数如表 5 - 18 所示。

由估计结果可知，资本充足率、货币供应量与不良贷款率的估计参数的 P
值分别为 0.1268、0.3697、0.3259，大于显著性水平 0.05，即资本充足率、
货币供应量与不良贷款率对信贷水平的影响并不显著，且资本充足率的估计
参数为正值，即资本充足率与信贷水平为正相关关系，这一结论与现实经济
意义不符，因而该回归结果效果并不良好。

表 5 – 18 模型结果输出（3）

lnL = C（1）× CS + C（2）× M2 + C（3）× NPL（–1）+ C（4）× R（–1）+ C（5）× lnGDP

Instrument specification：CS（–2） M2（–2） R（–2） NPL（–2）lnGDP（–2）

Constant added to instrument list

Variable	Coefficient	Std. Error	t-Statistic	Prob.
C（1）	0.092713	0.059087	1.569085	0.1268
C（2）	– 0.966804	1.062175	– 0.910212	0.3697
C（3）	– 0.059020	0.059126	– 0.998202	0.3259
C（4）	– 0.105391	0.040099	– 2.628302	0.0132
C（5）	1.035592	0.128227	8.076258	0.0000
R-squared	0.986503	Mean dependent var		13.29399
Adjusted R-squared	0.984761	S. D. dependent var		0.364800
S. E. of regression	0.045033	Sum squared resid		0.062867
Durbin-Watson stat	1.306988	J-statistic		2.730089
Instrument rank	6	Prob（J-statistic）		0.098474

将工具变量设定为 CS、M2（–1）、R（–2）、NPL（–2）、lnGDP（–2），即资本充足率为变量本身、货币供应量、贷款利率、不良贷款率为模型变量的一期滞后数据，国内生产总值为模型变量的二期滞后数据，得到的模型参数如表 5 – 19 所示。

表 5 – 19 模型结果输出（4）

lnL = C（1）× CS + C（2）× M2 + C（3）× NPL（–1）+ C（4）× R（–1）+ C（5）× lnGDP

Instrument specification：CS M2（–1） R（–2） NPL（–2）lnGDP（–2）

Constant added to instrument list

Variable	Coefficient	Std. Error	t-Statistic	Prob.
C（1）	– 0.027667	0.021305	– 1.298605	0.2037
C（2）	– 3.454907	0.481096	– 7.181330	0.0000
C（3）	0.104675	0.051731	2.023438	0.0517
C（4）	0.003814	0.030582	0.124710	0.9016
C（5）	1.285600	0.047898	26.84035	0.0000
R-squared	0.986330	Mean dependent var		13.29399
Adjusted R-squared	0.984566	S. D. dependent var		0.364800
S. E. of regression	0.045320	Sum squared resid		0.063670
Durbin-Watson stat	2.400644	J-statistic		3.006407
Instrument rank	6	Prob（J-statistic）		0.082936

由估计结果可知，资本充足率与贷款利率的估计参数的 P 值分别为 0.2037、0.9016，大于显著性水平 0.1，即资本充足率与贷款利率对信贷水平的影响并不显著，因而该回归结果效果并不良好。

通过不断调整工具变量，得到不同的回归估计结果，并根据模型的拟合优度、J 检验值与系数的显著性选择最佳模型，最终得到回归结果如表 5 - 20 所示。

表 5 - 20　　　　　　　GMM 广义矩估计模型 Eviews 结果输出

Variable	Coefficient	Std. Error	t-Statistic	Prob.
CS	- 0.034505 **	0.016088	- 2.144743	0.0399
M2	- 1.020276 **	0.428081	- 2.383370	0.0235
R(-1)	- 0.165715 ***	0.038947	- 4.254909	0.0002
NPL(-1)	- 0.167925 **	0.072052	- 2.330602	0.0265
lnGDP	1.130219 ***	0.028245	40.01506	0.0000
R-squared	0.987783	Mean dependent var		13.29399
Adjusted R-squared	0.986207	S. D. dependent var		0.364800
S. E. of regression	0.042844	Sum squared resid		0.056904
Durbin-Watson stat	1.083693	J-statistic		4.985796
Instrument rank	6	Prob（J-statistic）		0.025556

注：*** 表示 1% 的显著性水平，** 表示 5% 显著性水平，* 表示 10% 的显著性水平。

根据回归结果得到以下回归方程：

$$\ln L_t = -0.0345 \times CS_t - 1.0203 \times M2_t - 0.1657 \times R_{t-1}$$
$$- 0.1679 \times NPL_{t-1} + 1.1302 \times \ln GDP_t$$

回归结果显示，模型的 J 统计量的值为 4.9858，值较小，表明模型不存在识别过度的问题。可决系数 $R^2 = 0.9878$，说明样本回归直线的解释能力为 98.78%，表示资本充足率的 98.78% 可由样本回归直线做出解释，模型的拟合优度较好，表明模型在整体上拟合的比较理想。

由回归结果可知，在显著性水平 0.05 上，资本充足率、M2 增长率及不良贷款率的估计参数的 P 值小于显著性水平，表明资本充足率、M2 增长率及不良贷款率对信贷水平有显著影响；在显著性水平 0.01 上，利率水平和实际 GDP 的估计参数的 P 值小于显著性水平，表明利率水平和实际 GDP 对信贷水平有显著影响。且实际 GDP 对信贷水平有正向影响，其他变量对信贷水平有负向影响。资本充足率每提高 1 个百分点，信贷水平降低 0.0345 个百分点；M2 增长率每提高 1 个百分点，信贷水平降低 1.0203 个百分点；利率水平每提升 1 个百分点，信贷水平下降 0.1657 个百分点；不良贷款率每提高 1 个百分点，信贷水平下降 0.1679 个百分点；实际 GDP 每提升 1 个百分点，信贷水平上升 1.1302 个百分点。

资本充足率是影响银行信贷行为的重要因素之一，回归结果显示，资本充足率与信贷水平有显著负向影响，资本充足率每提高 1 个百分点，信贷水平下降 0.0345 个百分点。

实际 GDP 对信贷水平也有显著的正向影响，当经济形势较好时，对银行的放贷行为管制较为宽松，加之人们的投资需求增加，从而使信贷水平提升。

利率水平和不良贷款率利率水平对信贷水平有显著的负向影响，弹性系数分别为 -0.1657 和 -0.1679，表明改善信贷质量、降低不良贷款率可以有效降低银行资本压力，从而促进银行信贷扩张，此外还可以通过降低利率水平的方式降低贷款成本，带动人们的贷款冲动，从而提高银行信贷。

五、资本充足率监管 VAR 模型及脉冲响应函数分析

为了验证信贷水平与资本充足率的关系，建立银行信贷余额对资本充足率的一对一 VAR 模型。

(一) 模型滞后期选择

根据 AIC、SC 法则，判断模型的滞后阶数，当 AIC 与 SC 值越小时，模型的滞后阶数越佳，所以根据表 5-21 选定模型的滞后阶数为滞后三阶。

表 5-21　　　　　　　　　　VAR 模型滞后期筛选

因变量信贷余额　　自变量资本充足率		
项目	AIC	SC
一阶滞后	-4.512141	-4.381526
二阶滞后	-4.747027	-4.527094
三阶滞后	-5.054558	-4.743488

以下判别三阶滞后 VAR 模型是否稳定，采用 AR 根单位，如图 5 - 16 所示。

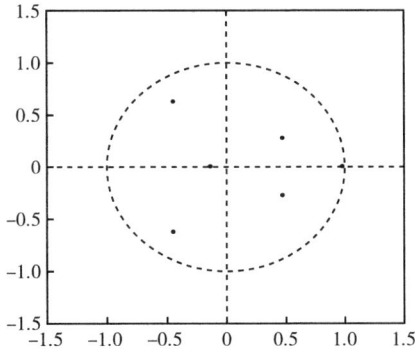

图 5 - 16　AR 根单位

如果 VAR 模型所有根模的倒数都小于 1，即都在单位圆内，则该模型是稳定的；如果 VAR 模型所有根模的倒数都大于 1，即都在单位圆外，则该模型是不稳定的，如果 VAR 模型是不稳定的，则得到的结果都是无效的。根据图 5 - 16 AR 根单位圆图可知，所有 AR 根的倒数都位于单位圆内，说明预估的三阶滞后 VAR 模型是稳定的。

（二）脉冲响应函数图形分析

因此，可以进行下一步的模型构建，做脉冲响应函数分析。

四个象限的图形分别为贷款余额对资本充足率的响应、贷款余额对贷款余额的响应、资本充足率对贷款余额的响应、资本充足率对资本充足率的响应。根据脉冲响应函数第一象限的图可知，贷款余额对资本充足率的响应较小，并且趋于平缓；根据第二象限的图可知，贷款余额对于自身冲击的响应呈现周期性波动的特点；根据第三象限的图可知，资本充足率对贷款余额的响应非常小，最终近乎为 0；根据第四象限的图可知，资本充足率对于自身冲击的响应呈现出比较强的惯性，但是第五期之后就变得较小。这种效应说明了资本充足率对贷款余额有着一定的影响，且影响较为稳定，不会出现较大的波动，并且会存在长期的影响，如图 5 - 17 所示。

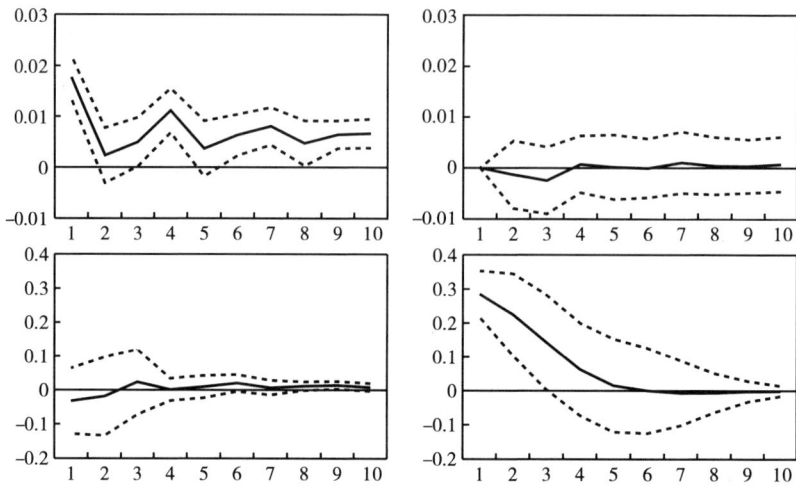

图 5 – 17 VAR 模型脉冲响应

（三）模型建立与系数解释

可以建立 VAR 模型，得到的输出结果如表 5 – 22 所示。

表 5 – 22 VAR 模型系数估计

Variable	Coefficient	Std. Error	t-Statistic
lnL(–1)	0.124112	0.15325	0.80987
lnL(–2)	0.250621	0.14410	1.73923
lnL(–3)	0.582190	0.14757	3.94519
CS(–1)	–0.004642	0.01163	–0.39913
CS(–2)	–0.004397	0.01431	–0.30723
CS(–3)	0.010593	0.01132	0.93589
C	0.640019	0.17043	3.75525

根据软件得到的结果，可以得到以下模型：

$$\ln L = 0.124 \times \ln L(-1) + 0.251 \times \ln L(-2) + 0.582 \times \ln L(-3) - 0.005 \times CS(-1)$$
$$- 0.004 \times CS(-2) + 0.011 \times CS(-3) + 0.640$$

回归结果显示，模型的可决系数 $R^2 = 0.9979$，说明样本回归直线的解释能力为 99.79%，表示信贷水平的 99.79% 可由模型做出解释，模型的拟合优度较好，表明模型在整体上拟合的比较理想。贷款余额滞后一期增加 1 个百分比，信贷水平增加 0.12 个百分比；滞后二期增加 1 个百分比，信贷水平增加 0.25 个百分比；滞后三期增加 1 个百分比，信贷水平增加 0.58 个百分比。资本充足率滞后一期每提高 1 个百分点，信贷水平减少 0.005 个百分点；滞后二期提高 1 个百分点，信贷水平减少 0.004 个百分点；滞后三期提高 1 个百分点，信贷水平增加 0.011 个百分点。

（四）三种模型下资本充足率对银行信贷影响总结

综上所述，我们分别通过最小二乘法 OLS、广义矩估计 GMM 与 VAR 模型三种方法进行实证研究，分析资本充足率对商业银行信贷的影响。总体来说，它们的结论性质是一致的：资本充足率对银行信贷水平有显著负向影响，资本充足率监管要求的上升会导致银行信贷水平的下降，幅度远没有人们想象得那么大，但两者具有较为稳定的长期相关关系。

这说明银行资本充足率监管对银行的贷款扩张能力的确有一定的约束作用，在实践中具有一定的宏观调控功能，但其效果有限。我国仍然是典型的银行主导型金融体制的国家，间接融资占主要地位，从我们的模型也可以看出，银行信贷受到宏观经济增长、货币供给水平、银行流动性以及利率政策传导的影响都要比资本充足率更为显著。从另一个角度也验证了我国银行业的资本充足性相对较高，并未对银行信贷产生较强的边际影响，资本充足率监管更大的意义还是体现在抵御风险、吸收损失、维护银行稳健运营等方面。

实践中，银行资本充足率可以进行总量调控，资本充足率的变化能促使银行调整资产结构，在银行资本总额一定的情况下，资本充足率与风险加权资产呈反比，资本充足率的提高必然会导致风险资产的降低，从而促使银行减少贷款这类风险较高的资产份额，信贷水平降低。

第四节　资本充足率监管与宏观经济关系的实证研究

随着金融行业的发展，信贷危机周期性蔓延，2008 年金融危机后，各国纷纷加强了对商业银行资本充足率的管制，目的是监测银行抵御风险的能力，有助于宏观经济的平稳发展。资本充足率影响银行信贷的同时，会通过对信贷途径、利率途径等金融因素来影响宏观经济的增长趋势。以下着重研究资本充足率监管对宏观经济实际 GDP 的影响。

一、变量数据选择与描述性分析

为了研究资本充足率对实际 GDP 的影响，选取 2009 年第一季度至 2018 年第二季度的银行资本充足率与实际 GDP 建立模型，以此验证资本充足率与实际 GDP 之间的关系。选取实际 GDP 是为了去除通货膨胀与物价指数对经济趋势的影响，同时，为了更好地建立模型，选取了经济学上实证的、对 GDP 有影响的四个变量：广义货币供应量 M2 增长率、金融机构贷款信贷余额、居民消费价格指数 CPI 与资本充足率一起构建多元线性回归模型。同时为了体现 GDP 的滞后期对其增长是否有影响，加入实际 GDP 滞后二期的数据，以此验证。相关数据来源于万得（Wind）金融数据库和国家统计局官网，如表 5 – 23 所示。

表 5 – 23　　　　　　　　　　原始数据描述性统计

项目	实际 GDP（亿元）	资本充足率（%）	M2 增长率（%）	信贷余额（亿元）	居民消费价格指数
均值	580 432. 300	12. 579	1. 036	613 467. 100	100. 195
中间值	587 166. 300	12. 825	1. 030	586 565. 500	100. 230
极大值	865 138. 800	13. 650	1. 110	1 052 204. 000	100. 770
极小值	324 158. 300	11. 100	1. 010	269 382. 300	99. 670
标准差	158 252. 400	0. 789	0. 021	229 115. 600	0. 272
偏度	− 0. 006	− 0. 528	1. 317	0. 276	− 0. 147
峰度	1. 952	2. 061	5. 358	1. 922	2. 465
JB 统计量	1. 739	3. 163	19. 794	2. 322	0. 590
样本量	38. 000	38. 000	38. 000	38. 000	38. 000

在实证建模分析之前，应对变量的统计性质进行考察，从数据静态特征角度分析变量。利用 Eviews8.0 软件对上述数据进行基础统计量分析，从而对数据有一个基础的认知，方便下一步的模型建立与结论验证。

结果显示，我国的实际 GDP、资本充足率、M2 增长率、信贷余额都处于增长阶段。其中，实际 GDP、资本充足率和居民消费价格指数前期增长的更快，而后期的增长趋于平缓，而 M2 增长率和信贷余额后期的增长相比前期更加明显，说明近几年经济增长虽然处于放缓阶段，但是贷款一直在增加。同时，M2 增长率的波动远远高于其他的变量，这可能是因为经济政策的变动和银行调息的影响造成了 M2 增长率的剧烈变化。并且资本充足率平均水平保持在 12.58%，达到了巴塞尔协议资本充足率最低要求的 8%，但是距离世界水平还有一定的差距。

二、各变量之间相关关系

（一）GDP、M2、贷款余额增长率与 CPI

从图 5-18 中可以看出，M2 增长率和贷款余额增长率的波动基本一致，这可能是因为，随着居民存款的增加，M2 随之变动的同时，银行有更多的货币用来进行贷款业务，所以当 M2 增长率提高的时候，贷款余额的增长率也随之提高，这体现了货币的流动性。

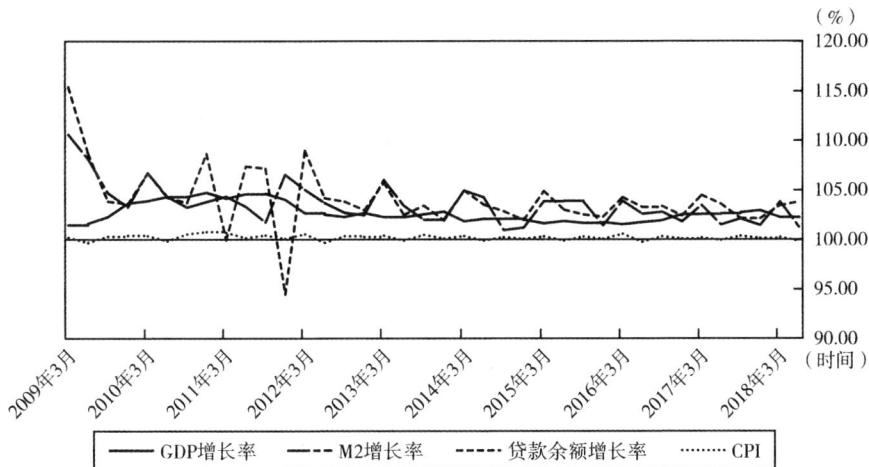

图 5-18　GDP 增长率、M2 增长率、贷款余额增长率与 CPI 趋势

居民消费价格指数与 GDP 增长率的波动较为平缓，并且实际 GDP 增长率与 M2 增长率和贷款余额增长率的波动相反。M2 增长率、贷款余额增长率和实际 GDP 增长率在 2010 年前后出现了较大波动，可能与金融危机的影响有关。

（二）实际 GDP 与资本充足率

由图 5 - 19 可以看出，实际 GDP 和资本充足率总体有着相同的趋势，都是正向增长，其中资本充足率有着较为明显的波动，而实际 GDP 的增长较为稳定。资本充足率的波动可能是因为银行贷款利率调整与国家相关机构关于银行风险性监控下发政策的调控而变动。

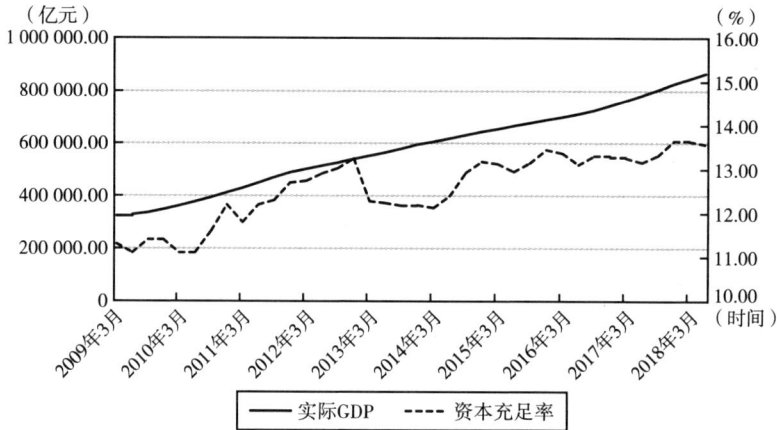

图 5 - 19　实际 GDP 与资本充足率趋势

（三）实际 GDP 与 M2 增长率

由图 5 - 20 可以看出，实际 GDP 与 M2 增长率存在着相反的趋势，实际 GDP 一直保持着正向增长，而 M2 增长率则是负向下跌，这与政府颁布的货币政策与经济政策有关。其中 M2 增长率的波动较为明显，因为 M2 对于货币政策与银行调息等的调控相对敏感，所以变动较为明显。

（四）实际 GDP 与贷款余额

由图 5 - 21 可以看出，贷款余额和实际 GDP 的增长和描述性统计表所示基本相同，都呈向上的趋势，其中，实际 GDP 的增长更为平缓，而贷款余额的增长更为快速，并且在 2013~2014 年，贷款余额的季数据已经超过了实际GDP，并且持续走高，这表明了金融市场以及信贷市场的快速发展，同时信贷危机的风险系数也在不断地增加，这更需要相关政府机构对金融市场与银行机构的监管。

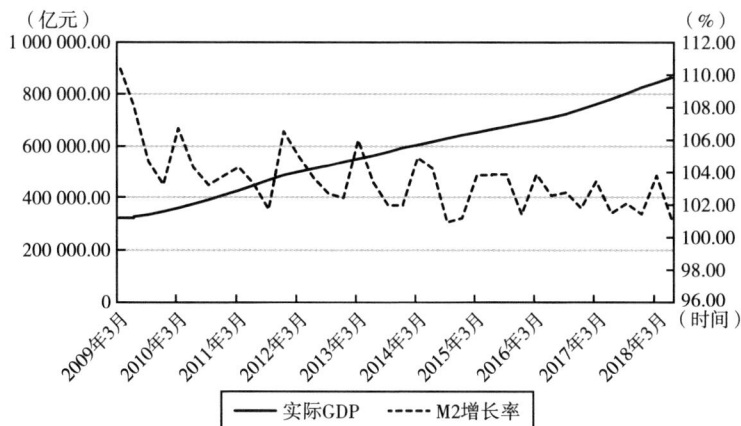

图 5 – 20　实际 GDP 与 M2 增长率趋势

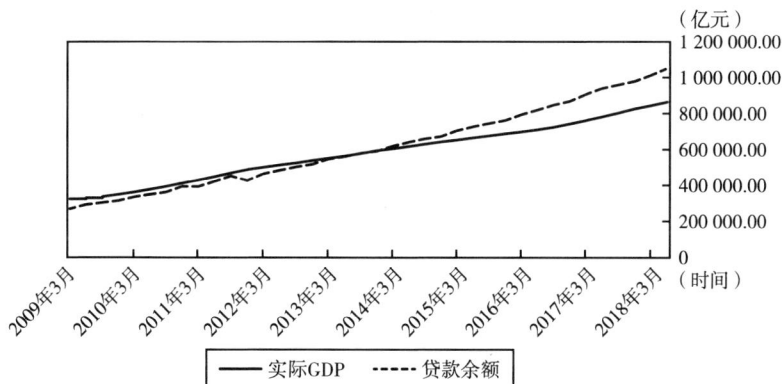

图 5 – 21　实际 GDP 与贷款余额趋势

（五）实际 GDP 与居民消费价格指数 CPI

由图 5 – 22 可以看出，居民消费价格指数的趋势并不明显且波动较为剧烈频繁，无法比较其与实际 GDP 可能的关系，这是因为居民消费价格指数

CPI 受市场价格因素和居民人均收入等金融因素与宏观因素的影响，敏感性比较高，变动比较大，无法进行描述性的关系比较，需要通过模型建立才能确定。

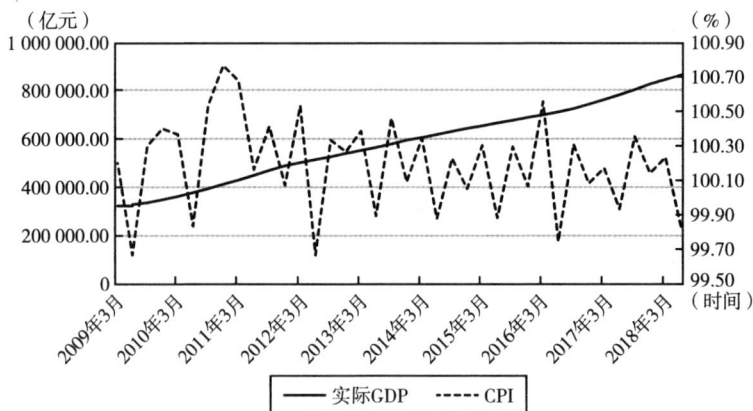

图 5-22　实际 GDP 与 CPI 趋势

三、资本充足率监管 VAR 模型及脉冲响应函数分析

为了验证实际 GDP 与资本充足率之间的关系，再单独建立实际 GDP 对变量的一对一 VAR 模型。在建模过程中，为了消除数量差的影响，对实际 GDP 与金融机构信贷总额取对数，消除异方差的可能性。

（一）模型滞后期选择

根据 AIC、SC 法则，判断模型的滞后阶数，当 AIC 与 SC 值越小时，模型的滞后阶数越佳，所以根据表 5-24，选定模型的滞后阶数为滞后 2 阶。

表 5-24　　　　　　　　　　VAR 模型滞后期筛选表

项目	AIC	SC
一阶滞后	-6.88886	-6.616768
二阶滞后	-7.777511	-7.324024
三阶滞后	-7.702396	-7.067514

以下判别二阶滞后 VAR 模型是否稳定，采用 AR 根单位，如图 5 - 23 所示。

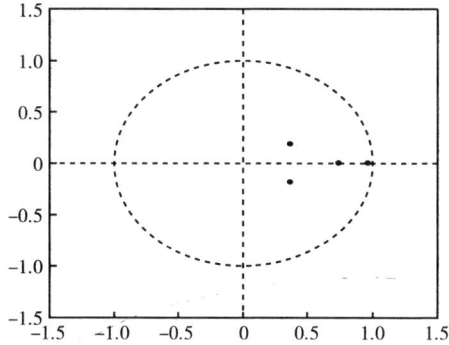

图 5 - 23　VAR 模型 AR 根单位

如果 VAR 模型所有根模的倒数都小于 1，即都在单位圆内，则该模型是稳定的；如果 VAR 模型所有根模的倒数都大于 1，即都在单位圆外，则该模型是不稳定的，如果 VAR 模型是不稳定的，则得到的结果都是无效的。根据图 5 - 23AR 根单位圆可知，所有 AR 根的倒数都位于单位圆内，说明预估的二阶滞后 VAR 模型是稳定的。

（二）脉冲响应函数分析

根据脉冲响应（见图 5 - 24）分析，四个象限的图形分别为实际 GDP 对实际 GDP 的响应，资本充足率对实际 GDP 的响应、实际 GDP 对资本充足率的响应，以及资本充足率对资本充足率的响应。根据脉冲响应函数的第一象限的图可知，实际 GDP 对资本充足率的响应较小，但是会随着时间而增大，处于发散状态；根据第二象限的图可知，实际 GDP 对于自身冲击的响应越来越强，随着时间的增加而增强；根据第三象限的图可知，资本充足率对实际 GDP 的响应非常小；根据第四象限的图可知，资本充足率对于自身冲击的响应呈现出比较强的惯性，但是第五期之后就变得较小。根据脉冲响应的结果可以得知，资本充足率随着节点的增加而变化时，实际 GDP 也会因为资本充足率的变化而变化，并且变化会越来越大，这符合了实际的经济情况的变化趋势。

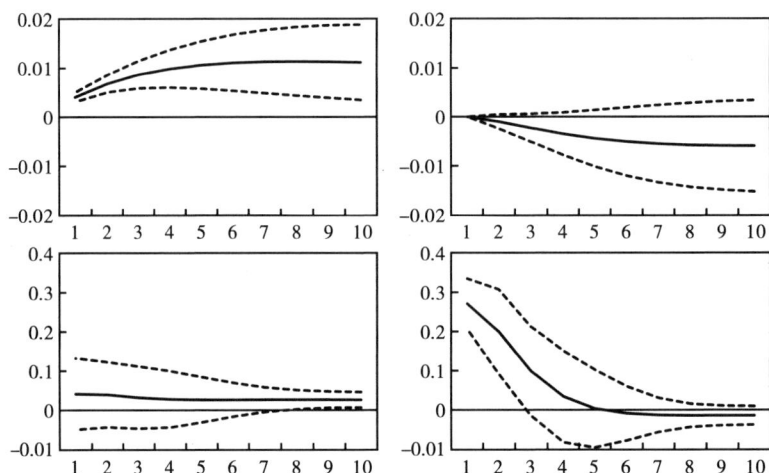

图 5 – 24　VAR 模型脉冲响应

（三）模型建立与系数解释

可以建立 VAR 模型，得到的输出结果如表 5 – 25 所示。

表 5 – 25　　　　　　　　　　　VAR 模型系数估计

Variable	Coefficient	Std. Error	t-Statistic
GDP(−1)	1. 716476	− 0. 09083	18. 897
GDP(−2)	− 0. 717982	− 0. 08949	− 8. 02342
CS(−1)	− 0. 003604	− 0. 00264	− 1. 36723
CS(−2)	0. 00044	− 0. 00266	0. 16543
C	0. 067494	− 0. 06026	1. 12007

根据软件得到的结果，可以得到以下模型，即：

$$GDP = 1.716 \times GDP(-1) - 0.718 \times GDP(-2) - 0.004 \times CS(-1)$$
$$+ 0.0004 \times CS(-2) + 0.067$$

回归结果显示，模型的可决系数 $R^2 = 0.999797$，说明样本回归直线的解释能力为 99.97%，表示资本充足率的 99.97% 可由模型做出解释，模型的拟合优度较好，表明模型在整体上拟合得比较理想。实际 GDP 滞后一期增加 1 个百分比，实际 GDP 增加 1.716 个百分比；实际 GDP 滞后二期增加 1 个百分比，实际 GDP 减少 0.718 个百分比。资本充足率滞后一期每提高 1 个百分点，实际 GDP 减少 0.004 个百分点；滞后二期的资本充足率每提高 1 个百分点，实际 GDP 减少 0.0004 个百分点。

四、资本充足率监管在中国的适用性总结

通过变量之间关系分析发现，我国银行业资本充足率对于银行信贷水平与实际 GDP 均有负向相关关系，变量间具有较为稳定的长期相关关系。银行资本充足率的上升会导致银行信贷水平的下降，进而通过信贷渠道影响滞后期的经济增长，但是其影响幅度远没有人们想象得那么大，几乎是微乎其微。

根据模型实证结果结合实际经济意义得出以下结论。

第一，资本充足率监管要求的提高，对我国经济产生的制约十分有限，《巴塞尔协议Ⅲ》资本充足率监管要求提高不会给中国银行业带来过高的执行成本。现阶段，我国金融体系的格局仍然是以间接融资为主，实体经济的发展需要银行的信贷支持，而银行信贷规模的高低更大程度上是由整体宏观经济形势和经济实体资金需求决定的。长期以来，我国经济平稳较快发展，经济结构战略性调整取得重大进展，改革开放不断深化，习近平总书记在 2017 年全国金融工作会议上提出，今后金融工作中的重要任务之一就是"服务实体经济"，要引导金融业发展同经济社会发展相协调，促进融资便利化、降低实体经济成本，提高资源配置效率，在此过程中，我国商业银行大有可为，可以预见在未来较长一段时间内，我国商业银行的信贷规模仍然会稳步上升，资本充足率监管要求的提升不会对我国经济带来太大影响，发展银行信贷支持经济的重点应该放在调整融资结构、减少资金"脱实向虚"、加大中小实体经济的支持力度方面。

第二，我国银行业资本充足率水平较高，《巴塞尔协议Ⅲ》资本充足率监管要求对我国银行业资本监管在资本数量层面压力轻松，在提高资本效率和资本工具创新层面需加大力度。我国银行业长期较重视资本充足性，在国际范围内比较，也属于资本充足性相对较高的。截至 2018 年 6 月，我国银行业整体资本充足率达到 13.57%，核心资本充足率达到 10.65%，都远高于《巴

塞尔协议Ⅲ》的要求标准。可见资本充足率在数量上要求的提高对我国银行业压力很小，对银行信贷产生的负向边际影响也微乎其微。而资本充足率监管更大的意义还是体现在以资本抵御风险、以资本吸收损失，以及维护银行稳健运营等方面。我国银行业对于《巴塞尔协议Ⅲ》资本充足率监管的执行重点应该放在提高资本质量，丰富资本工具形式，加快新型资本工具创新上。虽然我国银行业资本充足性较高，但是我国银行资本结构相对单一，主要是以一级资本的方式持有，且多年来一级资本 95% ~ 100% 占比都是核心一级资本形式。我国商业银行普遍以"纯度"最强、资本成本最高的普通股作为一级资本的绝对构成，从经济意义上来说是缺乏效率的。因此，创新型资本补充工具的使用，拓展资本补充渠道降低资本成本，提高稀缺资本的使用效率，改善我国银行业资本结构，是我国银行业资本监管未来的改革重点。

第三，在实践中，银行资本充足率可以进行总量调控，资本充足率的变化能促使银行调整资产结构，在银行资本总额一定的情况下，资本充足率与风险加权资产呈反比，资本充足率的提高必然会导致风险资产的降低，从而促使银行减少贷款这类风险较高的资产份额，信贷水平降低。目前，《巴塞尔协议Ⅲ》已经在中国逐步落地。2013 年，我国银行业开始实施《商业银行资本管理办法（试行）》至今，希望据此建立符合我国银行业实际并与国际新监管标准接轨的、更加有效率的资本监管制度。

第六章　逆周期资本监管对我国
银行业适用性研究

《巴塞尔协议Ⅲ》通过对危机的反思，更加着重以银行体系的稳健发展为目标，监管理念与监管思路都发生了重要变革，在此基础上逐步建立起多层次的资本监管框架。第一层次资本监管重在提高资本质量与资本充足约束要求，通过更加严格的资本界定与更高的资本充足率要求增强银行资本吸收损失、承担风险的能力；第二层次引入资本留存缓释，在基础资本充足率要求附加2.5%的留存超额资本；第三层次建立逆周期资本缓释，通过以丰补歉提高银行在经济下行期的稳健性，弱化周期性波动带来的冲击影响；第四层次在客观评估内部模型缺陷的基础上，引入风险中性的杠杆率作为基于风险的资本充足率监管的辅助工具。

关于资本充足率要求基本约束的适用效果我们在前面章节已经分析过，本章将就《巴塞尔协议Ⅲ》提出的逆周期资本监管缓释工具的应用及其在中国银行业的适用效果方面进行评估，据此提出改进与完善我国银行业逆周期资本监管的指标设计与实施政策的相关建议。关于杠杆率与资本充足率的两种工具互相配合使用对于银行资本监管的适用效果，我们将在下一章进行系统研究。

第一节　宏观审慎监管下的逆周期资本监管

一、《巴塞尔协议Ⅲ》推动银行业监管理念转变

2008年国际金融危机在重创金融体系与实体经济的同时，暴露了原先

金融监管理念的一些问题，危机后推出的《巴塞尔资本协议Ⅲ》对原来的金融监管理念和规则做出了重大的革新，影响着全球金融监管体系的重建，监管理念由单纯注重"微观审慎监管"发展为"宏观审慎与微观审慎并重"。

《巴塞尔协议Ⅲ》之前的银行资本监管更多地侧重于微观审慎监管，在此理念的指导下，监管机构相信个别商业银行的风险会传染给整个银行体系乃至金融体系，因此，只要单个商业银行能够实现安全稳健经营，就能有效地保证整个银行体系的稳定。《巴塞尔协议Ⅰ》与《巴塞尔协议Ⅱ》作为全球银行业监管的基本标准与重要参考，也一直致力于对微观审慎监管的不断完善。无论是对资本监管指标的设计、风险的覆盖、计量的方法、资本质量的划分，还是允许银行使用的日趋复杂的内部模型法，各领域都追求更加精细与完善，都是针对个体银行机构的监管展开；无论是第二支柱要求下监管当局的监督检查，还是第三支柱增加的外部市场约束、相关信息披露，监管当局的监管目标也都是针对个别银行机构的，关注每家银行是否能够持续稳定的经营，这些还是处于微观审慎监管框架下的，认为每家银行都安全稳健才是银行体系乃至金融体系安全稳健的基础。

然而事实上，保持每家银行看似持续充足的清偿能力，一味地加强微观审慎监管，并没能阻止全球金融危机的爆发。单个银行的安全既不是维持金融系统稳定性的必要条件，也不是充分条件，在金融网络中金融链条的整体强度往往取决于其中最为脆弱的那个环节（Haldane，2014）。

微观审慎监管强调对银行个体风险资本的计量与监管，资本充足率等监管指标的设计与计算结果也高度依赖于对风险资本的计量，风险资本与不同类别的风险权重密切相关，风险权重的设置在一定程度上会受经济周期波动的影响，在某些环节放大了经济周期波动的幅度。例如在经济复苏与繁荣期间，对于银行信贷行为的风险权重设置偏低，导致信贷过度扩张，风险积累；而在经济衰退或下行期间，银行又过于惜贷，信贷投放力度不足，不利于经济复苏和恢复稳健运行。实体经济与金融经济相互促进、共同作用，加剧了经济周期的波动性导致顺周期性。

此外，微观审慎监管对于"共同谬误"和系统性风险的积聚爆发也束手无策。在银行体系中，即使每个部分或个体银行都达到最优的状态，也不代表其汇总而成的整个银行体系达到最优的状态。银行金融体系中各个金融机构之间的交易往来，造成的风险外溢与风险叠加，特别是对于"大而不倒"的重要大型金融机构的监管不足或缺失，也是造成银行金融体系风险大量积聚最终危机产生的重要原因。因此，针对微观审慎监管暴露的不足，理论界与实务界一直认为应该从宏观审慎监管的角度丰富和完善银行资本监管，《巴塞尔协议Ⅲ》第一次正式提出了"宏观审慎监管是审慎监管的重要补充，各国要加强宏观审慎监管"。

宏观审慎监管，是为了维护金融体系的稳定，防止金融系统对经济体系的负外部溢出而采取的一种自上而下的监管模式。监管当局改变仅凭微观层面的努力难以实现银行金融体系稳定的状况，从银行金融机构之间、经营活动之间、金融市场间相互关联，以及金融经济周期性的角度，从整体上评估银行金融体系的风险，并在此基础上健全金融体系的制度设计，即加强宏观审慎监管。为全球商业银行监管带来了理念的变革。宏观审慎与微观审慎相结合成为后危机时代各国银行金融监管的主要发展趋势，如图 6 - 1 所示。

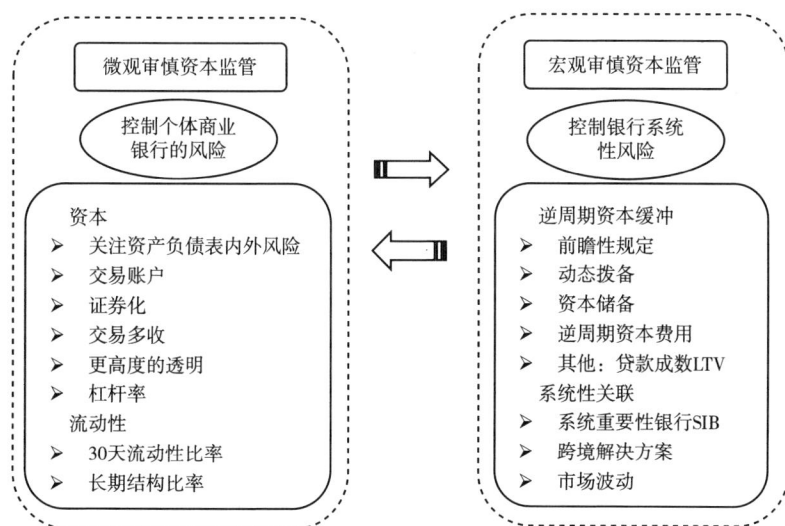

图 6 - 1　新银行监管稳定框架：微观审慎与宏观审慎并重

二、宏观审慎监管框架的建立

宏观审慎监管的核心是将系统性风险纳入银行审慎监管的范畴，在关注个体商业银行面临风险的同时，关注系统性风险的水平和趋势。

关于系统性风险的定义，各国学者和监管当局从不同视角进行了界定，巴塞洛缪和沃伦（Bartholo-mew and Whalen，1995）认为，系统性风险是指某种巨大的、全局性的外部事件对整个经济产生负面冲击的情况。考夫曼（Kaufman，1996）从一般风险角度将系统性风险定义为受某事件影响，一个相互关联的系统面临冲击的风险和概率。明斯基（Minsky，2008）从金融配置资源功能的角度将系统性风险定义为某一意外事件扰乱金融市场信息，金融市场无法达到资源配置的最优状态。

国际清算银行（2001）突出系统性风险的传染性特点，认为体系或系统中的某一成员若无法足额按时偿还债务，将对其债权人或交易对手产生冲击，从而在成员之间产生连锁违约的放大效应，导致整体金融体系瘫痪或崩溃。金融稳定理事会（2011）认为，系统性风险是指受到宏观经济波动、行业产业政策调整、国外金融冲击等外部因素影响，一国金融体系发生震荡的可能性。

从以上定义来看，系统性风险具有依附性、积累性、传染性、负外部性等特点，并且通过管理只能防止积累扩散，不能相互抵消和根除。周小川（2011）、巴曙松等（2013）则从产生传染机理角度认为，系统性风险在时间维度上伴随在经济周期中，并通过羊群效应自我积累和加速；在空间维度上分布于金融机构、金融市场、金融部门与实体经济共同构建的网络之中。

可见，系统性风险具有以下五个方面特性：一是关联性，事物之间是相互关联的，系统内成员都会受到系统性风险影响，会有直接与间接、严重程度之分；二是负外部性，受网状结构影响，不相干的第三方可能会承担成本或损失，并且影响可能超出本层级系统本身，扩散至更大、更高层级的系统，例如银行业系统性风险扩散导致金融业系统性风险，甚至进一步升级至经济危机；三是传染性，除了将本类风险扩大到其他成员之外，还可能引发其他成员发生次生风险，即同类风险在系统内机构间传染的过程中，会带来其他风险的并发症；四是时空二维发展性，即系统性风险是在时间与空间二维角度持续积累与酝酿的，换言之，系统性风险的发生需要有特定的时空和内外部环境，历史总会重演，但每一次重演的场面都有所不同；五是内生性，即随着银行系统或金融系统从无到有，从简单到复杂的发展过程，系统性风险也随之而生、随之而变。

通过预防与管理，我们能将其控制在合理运行区间，或者降低、减缓其积累的程度，但无法将其根本消除，因为它伴随主体而生，或者说任何一个系统都存在系统性风险。系统性风险的冲击，既包括由于宏观层面的冲击导致的金融体系的全面风险，也包括由于金融机构与金融市场间的密切关系，或由于信息传递，当单个市场或机构出现危机时对其他市场或机构形成的连锁反应。

据此，《巴塞尔协议Ⅲ》建立的宏观审慎监管框架包括一系列防范系统性风险、加强银行体系稳健运行的工具体系，总的来说包括两大维度：时间维度和横截面维度，重点解决顺周期的问题与某时点系统性范围问题，既通过逆周期缓冲来增强单个银行等金融机构的弹性，又通过限制信用过度增长与机构间系统性风险蔓延保护金融系统的稳定，避免由于普通的冲击触发金融体系突然大部分瓦解的可能性，如表6-1所示。

表6-1　　　　　　　　宏观审慎监管的两大维度及工具

应对问题/执行方法	规则	自由裁量
横截面维度： 解决某时点系统性风险在金融体系中的各金融机构间的分布和相互作用	压力测试 系统重要性银行资本附加等 管理"影子银行"体系	对资本充足率、资本配置或保证金要求的自由调整
时间维度： 金融系统内的系统性风险随着时间推移发生的累积，解决顺周期问题	资本留存 杠杆率 流动性 贷款价值比率	逆周期资本缓冲 动态拨备

针对宏观审慎监管的两大维度，在工具的使用上也有对应的两大类举措，执行宏观审慎监管工具也有两种机制，即普通规则和自由裁量。"规则"是《巴塞尔协议Ⅲ》中明确规定了相关比率指标或者标准，要求金融机构必须达

标的，使金融系统更加稳固；而"自由裁量"的机制是根据巴塞尔协议的相关要求，结合各自国家经济环境以及银行金融机构的经营特点，允许在一定区间内浮动的监管标准。

从横截面维度来说，主要考察金融体系内的风险在某一时间点是如何分配的，即系统性风险在金融体系中各金融机构间的分布和相互作用。这种风险有可能是所有商业银行金融机构面临的共同风险，也可能是各商业银行金融机构之间的业务往来所导致的风险汇总或传递，表现为联系性风险。在这一维度上，宏观审慎的职能是预防系统性风险的积聚，并在金融体系受到冲击时，尽量控制风险损失的程度，维护金融体系的稳定。

在监管规则与监管工具的制定过程中，巴塞尔委员会考虑到系统重要性银行之间过度的关联性，会在冲击发生时将冲击传递到整个金融体系和实体经济，所以针对系统重要性银行应当具有超过最低标准的损失吸收能力特制定了一整套针对系统重要性金融机构的方案，包括附加资本、应急资本和自救债券的组合措施。

作为其中的一部分，巴塞尔委员会制定了一套包括定量和定性指标的评估方法，用于评估金融机构在全球层面的系统重要程度，研究全球系统重要性银行应该具有的额外损失吸收能力，同时也评估不同的建议工具提供持续损失吸收能力的程度。

金融稳定理事会（FSB）发布的《关于评估金融机构、市场和工具的系统重要性的指引》中，巴塞尔银行监督委员会建议从规模、关联度和可替代性三个方面衡量金融机构的系统重要性。在具体方法上，该组织建议可以采用基于指标的方法，也可以采用基于市场数据的风险组合模型、网络分析和压力测试等其他方法。国际货币基金组织（IMF）、国际清算银行（BIS）、和金融稳定理事会（FSB）向 G20 国组织提交的报告中在强调规模、替代程度、相关度外，还强调包括杠杆率、流动性风险和期限错配等因素在评估系统重要性中的作用。降低系统重要性银行的风险及外部性溢出的其他措施，还包括附加流动性要求、更严格的大额风险暴露限制以及进一步强化监管力度等。

《巴塞尔协议Ⅲ》引入的降低全球性金融机构公司层面风险暴露的措施也有助于应对系统性风险的关联，具体措施包括：对通过中央交易对手进行场外衍生品交易提供资本激励措施；针对交易和衍生品业务、复杂证券化及表外项目的风险暴露（如结构性投资工具）设置更高的资本要求；对金融体系内部风险暴露设置更高的资本要求；引入流动性要求，惩罚过度依赖短期的、银行间的融资来支持长期资产的行为。

从时间维度来说，主要是考察风险在金融系统中如何随着时间而变化，即金融系统内的系统性风险随着时间推移产生的累积，主要解决的是顺周期性问题。2008 年国际金融危机中不稳定的因素之一就是金融冲击遍及整个银行体系、金融市场和实体经济，并被亲周期效应进一步放大。市场参与者的亲周期行为倾向通过各种渠道被进一步放大，包括盯市估值和贷款持有到期的会计准则、保证金要求，以及商业银行金融机构、企业和消费者杠杆率累积及去杠杆化等。在金融经济运行过程中，本身就存在着经济周期，而金融活动、监管活动以及市场参与者的心理因素又会进一步地推动经济周期的波动幅度与波动范围。金融系统的时间维度风险主要表现为顺周期效应，相应地，监管最重要的思路就是逆周期监管。

在时间这一维度上，宏观审慎监管的职能主要是通过建立更高质量和更多数量的资本框架，利用资本留存进行风险缓释，以应对压力时期的需求，即在经济繁荣时期提高资本的充足率要求，在经济衰退时期则降低资本充足率要求，以抵消经济的波动。《巴塞尔协议Ⅲ》引入一系列措施，使银行更加稳健地面对这些亲周期驱动因子。这些措施有助于确保银行体系成为冲击的吸收者，而不是金融体系以及更广义经济体系的风险传导者，以解决顺周期问题，增强经济繁荣时期银行体系的稳健性。这些措施的主要实施目标是：抑制银行最低资本要求的过度亲周期性波动；推动银行实施前瞻性的拨备制度；通过资本留存在单个银行和银行体系中建立超额资本，以备出现压力时可以使用；建立宏观审慎的目标，防止银行体系的信贷规模过快增长。

当然，银行资本监管还要注重宏观审慎与微观审慎的平衡与配合。通过图 6-1 可以看出，宏观审慎政策不是孤立运行的，它需要与整体宏观经济和微观审慎监管政策相互配合、相互辅助。狭义的宏观审慎监管工具仅与微观审慎监管工具相联系，广义的宏观审慎监管工具还需要考虑宏观经济中的货币政策等经济因素。其中，微观审慎监管为宏观审慎监管提供基础和渠道，而宏观审慎监管的落地则需要依托微观审慎监管的展开，且宏观审慎监管和货币政策相互作用，共同维护经济体的安全稳定。

三、逆周期资市监管工具的实施

2010 年 12 月，巴塞尔银行监管委员会发布了《各主权国家实施逆周期资本缓冲的指引》，确定了各国监管当局实行逆周期资本缓冲的基本实施原则，在 2.5% 的资本留存缓冲基础上，提出了 0 ~ 2.5% 的逆周期缓冲资本要求，旨在提高银行业在经济恶化时期的自我恢复能力，弱化顺周期性带来的不利影响。逆周期资本监管的提出是为了实现更广义的宏观审慎目标，保护银行业免遭总体信贷过度增长而累积的系统性风险的损伤。保护银行业不仅仅是简单地确保单个银行在压力时期仍有偿付能力，更重要的是确保整个银行业在下行压力时期仍有充足的可用资本以保证信贷供给，吸收损失并保障其偿付能力不受质疑。逆周期资本缓冲是逆周期资本监管工具中最典型且各国监管当局具有一定自由裁决权的逆周期监管工具，除此之外还包括留存超额资本、资本计提模型的参数调整、前瞻性动态拨备、差别存款准备金率、流动性和期限错配监管等。

（一）留存超额资本与逆周期资本缓冲

2008 年国际金融危机初期，虽然一些商业银行的财务状况和行业发展前景都在恶化，但它们仍坚持继续以发放红利、回购股票及发放高额薪酬等方式实施高额的利润分配。这主要是由于受到集体行动问题的驱使，因为它们一旦削减分配，就可能会向市场发出脆弱或危机的信号。但最终结果是，这些行为降低了银行和整个银行业的稳健性。虽然许多银行很快恢复了盈利，但并未建立足够的超额资本以支持新增信贷活动。这些因素综合起来扩大了银行体系的顺周期性。巴塞尔委员会通过《巴塞尔协议Ⅲ》推动建立资本留存的框架，建立充足的、高于最低资本要求的超额资本，以用于吸收银行压力时期的损失。留存超额资本的监管要求基于简单的资本留存规则，除压力时期以外，要求银行持有高于最低监管标准的超额资本。

留存超额资本的比例是 2.5%，要求由核心一级资本来满足，并建立在最低资本①要求之上。当银行的资本水平降到该区间时，其收益分配将受到限制。但当银行因遭受损失导致资本水平降到留存超额资本区间内时，仍能够正常开展业务，即该限制仅针对银行的收益分配，与银行运营无关。当银行的资本水平降至该区间内时，利润分配受限制的程度随着银行资本水平接近最低要求而不断增强。如果银行的资本水平位于区间的上限，对其限制最小，这反映出银行的资本水平随时可能降至该区间内的预期。

《巴塞尔协议Ⅲ》并不希望资本水平刚进入该区间就实施利润分配限制，以免限制性太强，使该区间成为新的最低资本要求。银行核心一级资本比例对应的最低资本留存要求如表6-2所示。例如，银行的核心一级资本水平在5.125%~5.75%，下一个财务年度需留存80%的收益，其红利、股本回购和自主发放奖金的支出不能超过20%。如果银行希望支出超出该限制比例，可以通过从私人部门筹集其期望发放比例所对应的资本。这种做法应当作为资本规划的一部分与监管当局进行协商。核心一级资本比例包括用来满足4.5%的最低核心一级资本要求的部分，但不包括用来满足6%的一级资本和8%的总资本要求的部分。例如，某银行的核心一级资本为8%，并且没有其他的一级资本或二级资本工具来满足所有的最低资本要求，但其留存超额资本为0，则该银行应接受100%的利润分配限制。

表6-2　　　　　　　　　　单家银行最低资本留存标准　　　　　　　单位:%

核心一级资本比例	最低资本留存比例（占收益的比例）
4.5~5.125	100
5.125~5.75	80
5.75~6.375	60
6.375~7.0	40
>7.0	0

资料来源:《巴塞尔Ⅲ:一个更稳健的银行及银行体系的全球监管框架》，巴塞尔委员会官方网站，2010年12月16日。

银行监管当局以此方式通过提供强有力的工具以提高银行体系的留存资本，实施国际通用的留存资本，有助于提高银行业在经济下行期的稳健性，

---

① 核心一级资本必须先用于满足最低资本要求，包括6%的一级资本要求，如有必要的话，满足8%的全部资本要求，然后才能将超额部分放入超额资本留存。

并将提供经济复苏时期重建资本的机制。此外，该框架具有足够的灵活性，使监管者和银行可以通过多种应对措施达到标准。

在计提留存超额资本的基础上，《巴塞尔协议Ⅲ》还提出了逆周期超额资本，这是新协议中真正动态调整进行逆周期资本监管的重要创新之一。逆周期超额资本旨在确保银行业资本要求要考虑银行运营所面临的宏观金融环境。当各国监管当局认为银行信贷增长过快及系统性风险迅速累积时，应使用超额资本来确保银行体系有资本缓冲抵御未来的潜在损失。强调信贷过快增长意味着监管当局只需要偶尔使用超额资本。国际活跃银行的超额资本将是其在各经济体内信贷暴露所运用的超额资本的加权平均值。这表明在大多数情况下，这些银行只需要较小的超额资本，因为不同的经济体信贷周期的关联性也许并不高。在经历了银行信贷过快增长的经济衰退期之后，银行业的损失相当大，这些损失可能动摇银行体系的稳定性，带来恶性循环，而金融体系的问题终将导致实体经济下滑，并进一步影响银行业。这种相互的关联性进一步凸显了银行体系在系统性风险快速增长时建立额外的逆周期资本防线的重要性。

《巴塞尔协议Ⅲ》基于《各国监管当局实施逆周期超额资本的指引》[①] 对逆周期资本监管制定监管框架要素：各国监管当局将监控信贷增长和其他指标以识别系统性风险的累积，并评估信贷增长是否过速并引发系统性风险的累积。基于评估结果，必要时建立逆周期超额资本要求。当系统性风险不存在或消失时无须计提逆周期超额资本要求。国际活跃银行将考虑对私人部门信贷暴露的地理分布并计算特定的超额资本要求。

逆周期超额资本要求实质上扩大了留存超额资本的上限。如果银行没有满足该要求，同样会受到利润分配的限制。逆周期超额资本缓冲机制的动态资本监管要求（0~2.5%的逆周期资本要求）赋予了各国银行监管当局一定的操作灵活性与自主性，其能否有效弱化顺周期性带来的不利影响，真正起到防范顺周期的效果，很大程度上依托于逆周期资本缓冲连接调整指标的选择与调整系数，要符合本国银行发展水平与所处经济金融发展阶段，必须把

---

① 资料来源："Guidance for national authorities operating the countercyclical capital buffer"，巴塞尔委员会官方网站，2010-12-16。

握好这两个关键要素。本书后面部分会进一步针对《巴塞尔协议Ⅲ》逆周期资本缓冲机制在我国银行业的适用性进行系统性的评估与判断。

（二）资本计提模型的参数调整

伴随着《巴塞尔协议Ⅱ》和内部评级法的提出，资本监管追求风险敏感性不断提高，风险覆盖范围也不断扩大，但资本监管在风险资本计量可能导致的顺周期性开始受到一定的质疑。参数设置的不科学会导致顺周期性，不仅没有缓解系统性风险，反而在危机中集中爆发。因此，危机后的《巴塞尔协议Ⅲ》对于如何通过内部评级法等的输入参数设置进行调整，以平滑参数、减少顺周期性带来的影响。

事实上，危机之前顺周期最重要的动因之一就是风险管理和资本框架未能有效地捕捉关键的风险暴露，例如复杂的交易行为、再证券化和表外工具风险暴露等。然而，要在不引起因最低资本要求时变性而导致顺周期性的同时，实现特定时点下更高风险敏感度是不可能的。巴塞尔协议的改进引入了若干保障措施应对最低资本要求的过度亲周期问题，其中包括使用长期数据估计违约率、引入衰退期违约损失率（LGD），以及适当校准将损失估计转换为监管资本要求的风险函数，还要求银行进行压力测试，考虑衰退期信用资产组合的风险迁移。例如，内部评级法（IRB）模型中对于违约概率的计量采用的是条件违约率而不是平均违约率，这无疑增加了模型的顺周期性。危机后提出的时变资本约束的前瞻性模型（forward-looking model for times-varing capital requirement），通过对经济周期的预测建立了无条件违约概率（PD），从而实现资本计提方法的逆周期化，以在经济繁荣时期多计提资本，在经济衰退时期少计提资本。在实践中，内部评级法模型参数的设置具有较强的特异性，很难在不同国家、不同银行之间取得绝对公平的一致的计量方法。

（三）前瞻性动态拨备

贷款损失准备（拨备）和资本一样，是商业银行吸收损失的主要途径，也是抵御贷款信用风险的第一道屏障，其计提的水平成为投资者、监管部门、银行其他利益相关者关心的重要问题之一，贷款损失拨备监管也是银行风险管理体系的重要组成部分。金融危机爆发后，很多发达国家的监管当局开始意识到拨备制度的顺周期性对经济波动的放大作用。银行按照《国际会计准则》要求提取的传统的静态拨备已经难以有效控制现代商业银行的金融风险，从而催生对贷款损失准备的动态计提。《巴塞尔协议Ⅲ》提出基于预期损失模型的前瞻性动态拨备模型，希望使商业银行计提的贷款损失拨备能够反映银行贷款组合的预期损失。

与逆周期缓冲资本计提的原理基本相同，前瞻性拨备（forward-looking provision），是指随着信用风险在经济上行时期的逐渐积累增长，商业银行在经济上行期多计提拨备，分别用来抵御非预期损失和预期损失；在经济下行期违约损失上升时，使用上行期积累的拨备应对增加的贷款损失，以保证经济上行期银行信贷扩张有所收敛，而在经济下行期又不会导致银行信贷紧缩，加剧实体经济的下滑。这种跨周期的拨备计提方法是目前提高拨备计提前瞻性的主流方法。

2009 年 12 月，国际会计准则委员会修改了《国际会计准则第 39 号——金融工具：确认和计量》，出台了拨备计提规则方案《金融工具：摊余成本和减值》，正式提出了预期损失模型法可以用于计提贷款损失拨备。对于预期现金流的估计考虑到预期损失的时间维度，区分估计整个项目周期的预期损失还是短期的预期损失。二十国集团（G20）在伦敦金融峰会后推出的《加强监管和提高透明度》最终报告中也提出了前瞻性动态拨备计提原则性的建议，要求各国会计标准制定者改进拨备计提规则，使拨备能够反映更广范围的信用信息，包括采用跨周期的拨备计提方法，但并没有对此提出具体的建议。

2011 年 7 月，中国银行业监督管理委员会颁布了《商业银行贷款损失准备管理办法》，要求商业银行计提拨贷比（即拨备占总贷款的比率）与拨备覆盖率一起构成了当前的拨备监管指标体系。该指标设定的监管出发点也是基于前瞻性拨备原则，使银行在经济上行期贷款规模扩大、利润增长较多时，多计提一些拨备。

然而，这种动态拨备计提制度与我国现行的会计准则存在不兼容的地方，现行会计准则的核心目标在于确保商业银行的财务信息透明、真实、及时；而动态拨备制度则更体现对未来的预期，涉及相当多的主观判断，虽然能更全面地反映商业银行长期的风险状况，但由于信息不对称，部分商业银行可能会利用这种拨备制度来操纵利润，强化商业银行通过操纵财务数据来获取利益的动机。且目前来说，我国绝大多数商业银行客观上还不能提供覆盖完整经济周期的数据库信息系统，难以为动态拨备准确计提提供长期的足以覆盖一个完整经济周期的数据库信息系统，商业银行难以准确预测下一个经济周期内的信贷损失。我国需要在长期的金融体系改革中不断完善数据信息系统建设。

第二节　《巴塞尔协议Ⅲ》逆周期资本缓冲工具基本模型

《巴塞尔协议Ⅲ》逆周期资本缓冲工具旨在利用超额资本实现更广泛的宏观审慎目标，减少系统性金融风险的积累，抑制银行系统顺周期性对宏观经济波动的放大作用。相比国际范围内统一公认的 2.5% 的留存超额资本与我国尚在不断完善的基于预期损失的前瞻性动态拨备，逆周期资本缓冲工具是逆周期资本监管中最值得关注且具有实际操作性的新型资本监管手段，且《巴塞尔协议Ⅲ》明确指出，该工具支持各国运用自我判断与共同参考《指引》[①]的原则，设计最适合自身的逆周期资本缓冲机制。以下几部分的研究将基于《巴塞尔协议Ⅲ》的要求，尝试选取三种口径的"挂钩变量"，拟算出我国实施逆周期缓冲资本的计提时间和规模，与中国经济金融发展周期进行相关分析，并采用主成分分析法建立我国金融发展监测指标体系，对《巴塞尔协议Ⅲ》逆周期资本缓冲工具在我国的适用性与政策效果做出判断与评估，最终提出相应的政策建议。

一、逆周期资本缓冲挂钩变量的选择

《巴塞尔协议Ⅲ》逆周期资本缓冲工具旨在利用超额资本实现更广泛的宏

---

① 2010 年 12 月，巴塞尔委员会发布《各国监管当局实施逆周期资本缓冲的指引》（简称《指引》），确定了各国监管当局实施逆周期资本缓冲政策工具时应循序的原则与要求，以及逆周期资本缓冲计算方法的一般参考。

观审慎目标，保护银行业免受信贷过度时系统性风险积聚带来的损害。其有效实施主要依托于以下两个方面：一是选择可观察的指标与逆周期资本缓冲提取之间建立起稳定的联系，该指标能够反映系统性风险积累与经济周期性波动的情况；二是确定逆周期资本缓冲提取的触发条件以及提取规模的逻辑关系和计提规则。

国际清算银行的《逆周期超额资本：方案选择》（2021）[①] 对三大类10个指标[②]进行了评估，巴塞尔委员会最终在《逆周期超额资本指引》中建议采用"信贷/GDP"作为计提逆周期资本缓冲的挂钩变量，并根据该指标与其长期趋势的偏离度（GAP）来确定逆周期资本缓冲的计提规模。

《巴塞尔协议Ⅲ》认为，信贷变量对金融危机的预测效果较好，特别是在最严重的情况到来之前。"信贷/GDP"在长期趋势下平稳上升，与单纯的GDP增长或信贷增长指标相比，"信贷/GDP"与其长期趋势的偏离度更具有优势。该指标已经被经济总量去量纲化，这意味着它不受一般性信贷周期规律的影响。通过衡量与其长期趋势的偏离度，该指标考虑了长期的金融深化趋势。作为一个比率变量，它比差分变量（如单纯信贷增长）更加平滑，并可最小化虚拟波动。

对于信贷的界定要求，在计算超额资本缓冲参考基准时，该指标使用广义口径，涵盖私人部门的所有债务资金来源。包括国内外银行、非银行金融机构提供的信贷以及向家庭和其他非金融私人部门提供融资而发行的所有债务凭证。此外，根据国际清算银行的分析，在统计意义上，公共部门的信贷风险暴露不应该包括在该指标中，否则会大大削弱该指标的有效性，由于公共债务会在经济向好时下降，经济疲软时上升，包含公共债务会减弱该指标的周期性特征。

计算该指标的具体方法为：第一步，计算私人部门总的信贷/GDP；第二步，计算信贷/GDP与其长期趋势的偏离度；第三步，以第二步的偏离度为基准计提额资本规模。

---

① Drehmann，Borio，Gambacorta，Jimenez and Trucharte：《逆周期超额资本：方案选择》（2010）。

② 第一类，总的宏观经济变量：GDP增长率、信贷增长率及信贷/GDP、实际股票价格、房地产价格。第二类，银行业绩指标：银行利润率、损失率。第三类，融资成本类指标：存贷款利率、存贷利差、资本收益率。

二、逆周期资本缓冲的计提规则

在选择"信贷/GDP"作为挂钩变量的基础上，确定"信贷/GDP"与其长期趋势值的差额，即缺口（GAP），当缺口超过某一临界值时按一定比率计提逆周期资本缓冲。对于长期趋势值的计算依赖于统计算法，巴塞尔委员会建议选用平滑系数 λ=400 000 的 HP 单边滤波方法来计算"信贷/GDP"的趋势值（TREND）。HP 滤波法是由霍德里克和普雷斯科特（Hodrick and Prescott）于 1980 年在分析美国战后的经济景气时提出的，这种方法被广泛应用于对宏观经济趋势的分析研究中。其理论基础是时间序列的谱分析方法，把时间序列看作不同频率的成分的叠加，在所有不同频率的成分中，分离出频率较高的成分，去掉频率较低的成分，将原序列中的趋势成分和波动成分分解出来。该计算方法对近期数据给予更高的权重，这一特性在处理结构性突变时很有效。

逆周期资本缓冲机制的具体操作是针对银行的最低资本充足率，在经济繁荣期增加超额资本充足要求，实现动态资本充足率调整，以备在经济萧条期释放用来应对资本充足率下滑的情况。根据对国际历次银行危机的研究，巴塞尔委员会提出了 0~2.5% 的逆周期资本缓冲要求，并将调整系数与调整指标设定为线性关系，对于缺口 GAP 分别确定一个上限指标（H）10% 和下限指标（L）2%，在最高与最低区间内逆周期资本缓冲随 GAP 指标呈线性增长，超过上限指标时计提 2.5% 超额资本，低于下限指标时计提 0。因此，逆周期资本缓冲的计提规则可用分段函数表示，即：

$$\text{逆周期资本缓冲计提比例} = \begin{cases} 0 & \text{当 GAP} < \text{L} \\ \dfrac{\text{GAP} - \text{L}}{\text{H} - \text{L}} \times 2.5\%，\text{即 } 0.3125(\text{GAP} - 2\%) & \text{当 L} \leqslant \text{GAP} < \text{H} \\ 2.5\% & \text{当 GAP} \geqslant \text{H} \end{cases}$$

其中，GAP = （信贷/GDP）×100% - TREND；H=10%；L=2%。

三、支持运用自我判断与共同参考指引的原则

逆周期资本缓冲同时涉及了巴塞尔协议的三大支柱：通过动态资本充足率的调整影响作为第一支柱的资本约束；在设置超额资本时，各国可运用自己的判断，共同参考巴塞尔委员会颁布的《各国监管当局实施逆周期资本缓冲的指引》中的方法进行计提，并在本国范围内制定统一的实施规则，涉及第二支柱的外部监管；此外，由于逆周期监管指标包含大量的信息披露要求，因而也与市场约束的第三支柱相关。

作为一种政策工具，逆周期资本缓冲必须与本国的国情高度结合，才能有效发挥其逆周期调节功能。根据《巴塞尔协议Ⅲ》的规定，逆周期资本缓冲支持各国运用自我判断与共同参考《各国监管当局实施逆周期资本缓冲的指引》的原则，《各国监管当局实施逆周期资本缓冲的指引》提出的方法论只是作为各国制定逆周期资本缓冲政策的有效参考基准，各国监管当局可以根据本国国情及自身所处的经济周期，在其辖区内利用可获得的最佳信息对系统性风险的积聚进行评估，并设计最适合自身情况的逆周期资本缓冲机制。

基于此原则，评估《各国监管当局实施逆周期资本缓冲的指引》所确定的逆周期资本缓冲工具在我国银行业的适用性，并据此设计出最符合我国银行业实际的逆周期资本缓冲管理方法，是在《巴塞尔协议Ⅲ》宏观审慎的框架下有效实施逆周期资本监管，保护银行体系免遭系统性风险过度增长给经济带来的潜在损失，建立中国银行业逆周期资本缓冲机制，是保障银行稳健运营的重要前提。

第三节 逆周期资本缓冲在我国 实施的适用性分析

一、国内外研究现状

危机后《巴塞尔协议Ⅲ》的颁布为商业银行监管带来了理念的变革，宏

观审慎与微观审慎相结合成为后危机时代各国金融监管的主要发展趋势，而现阶段实施宏观审慎监管的重要任务就是缓解金融体系的顺周期性。2009 年 12 月，巴塞尔委员会（Basel Committee on Banking Supervision）发布的《增强银行业抗风险能力》提出了包括四个要素的逆周期监管框架：一是通过内部评级模型的输入参数调整缓解最低资本要求的顺周期性；二是推动建立更具前瞻性的贷款损失拨备计提方法；三是建立高于最低资本要求的留存资本缓冲（conservation capital Buffer），以抵御经济下行时期可能发生的损失；四是建立与信贷增长相关的逆周期资本缓冲（countercyclical capital buffer），保护银行业免受信贷过度增长而可能带来的损失。我们在前面已经分别进行了论述，这其中，逆周期资本缓冲无疑是《巴塞尔协议Ⅲ》引入的最重要的宏观审慎监管工具之一。

逆周期资本缓冲在信贷超额增长和系统性风险积累时期开始计提，以保证银行有足够的资本来应对未来经济衰退时期的损失，即在经济上行周期计提超额资本缓冲，在经济下行周期释放，以缓解银行信贷紧缩程度，减少系统性金融风险的积累，抑制银行系统顺周期性对宏观经济波动的放大作用。

2010 年 7 月，国际清算银行（Bank for International Settlements）重点研究了逆周期资本缓冲工具调整指标的选择和调整参数的确定问题。2010 年 12 月，巴塞尔委员会发布《各国监管当局实施逆周期资本缓冲的指引》，确定了各国监管当局实施逆周期资本缓冲政策工具时应循序的原则与要求，以及逆周期资本缓冲计算方法的一般参考。中国银行业监督管理委员会（China Banking Regulatory Commission）也于 2012 年 6 月发布新的《商业银行资本管理办法》（中国版巴塞尔协议Ⅲ），提出在特定情况下商业银行应在最低资本要求和储备资本要求之上计提逆周期资本缓冲。目前，逆周期资本缓冲已成为巴塞尔成员国普遍认可并具备现实可操作性的一项重要银行资本监管工具。

国外学者对于逆周期监管的研究在 20 世纪末就已经开始，2008 年金融危机后研究重点转向具体政策的实施，关于逆周期资本缓冲工具的研究主要集中在以下三个方面。

一是逆周期监管的必要性，博里奥（Borio，2009）认为应从跨部门维度和时间维度来实施宏观审慎监管，其中时间维度就是确定风险积聚随时间的变化与发展，在政策上就是降低金融体系固有的顺周期性，即实施逆周期监管；卡鲁阿纳（Caruana，2010）将宏观审慎监管的目标表述为"通过控制金融机构之间的相关性和顺周期性来降低系统性风险"。

二是在逆周期资本缓冲机制中选择什么样的挂钩变量，雷普洛（Repullo，2009）对 GDP 增长率、信贷增长率和股票指数三个挂钩变量进行了实证分析，认为选择 GDP 增长率对最低资本要求的平滑效果最好；德雷曼（Drehmann，2010）的研究也表明，信贷/GDP 指标比实际 GDP 增长率更为理想。

三是分析评估逆周期资本缓冲政策工具在部分国家实施的影响与效果，瑞迪和维拉（Reddy and Villar，2010）对印度、杰德鲁普和克文罗格与施宁（Gerdrup，Kvinlog and Schaanning，2013）对挪威、格尔斯勒和塞德勒（Gersl and Seidler，2013）对中东欧国家的研究表明，不同国家运用逆周期资本缓冲政策在缓和信贷泡沫和经济周期性的表现存在较大差异，一些发展中国家的实施效果并不像巴塞尔委员会预期的那样令人满意。

我国关于逆周期资本监管的理论和实证研究开始较晚，基本都是始于 2008 年金融危机后，中国人民银行金融稳定报告（2010）指出，综合运用包括逆周期资本缓冲在内的宏观审慎监管工具，有助于应对系统性风险隐患，维护金融系统安全与稳定。李文泓（2009）指出，现阶段实施宏观审慎监管的一项重要任务就是针对金融体系的顺周期性，引入逆周期政策工具通过降低信贷活动、资产价格以及整个经济的周期性波动来减少金融失衡，缓解系统性风险。巴曙松（2012）对逆周期资本监管指标的设定进行了探讨，认为需要从宏观和微观选择多种经济指标来配合。李文泓和罗猛（2011）、陈雨露和马勇（2012）、俞晓龙和夏红芳（2013）等分别采用我国银行业数据对逆周期资本缓冲进行了实证分析，对挂钩变量的选择以及我国信贷增长过快和系统性风险积累状况进行了判断。

根据《巴塞尔协议Ⅲ》的规定，不同国家可以根据自身所处的经济周期设定不同的逆周期资本要求，这就必然要求各国监管当局在本国范围内制定统一的、适合的实施规则。然而截至目前，我国实践中逆周期资本缓冲工具的运用还很少，《巴塞尔协议Ⅲ》所推荐的逆周期资本缓冲机制及挂钩变量在中国是否有效可行以及如何改进完善，将是现阶段我国银行业宏观审慎监管的研究重点。

本书将以适用性研究为重点，根据我国商业银行的实际发展情况与数据资料，基于对我国金融与经济发展周期的分析与判断，评估《巴塞尔协议Ⅲ》逆周期资本缓冲工具在我国银行业的适用性。并在《巴塞尔协议Ⅲ》推荐的逆周期资本缓冲机制基础上，衍生出三种挂钩变量，创设金融发展监测指标并进行相关性分析，对逆周期资本缓冲运用的实际效果进行比较，期望对于我国银行业监管制度与国际监管要求的接轨，以及《巴塞尔协议Ⅲ》国际统一标准对中国银行业监管的实践推进有所裨益。

二、数据与指标

2012 年 6 月，中国银行业监督管理委员会发布了《商业银行资本管理办法（试行）》，要求从 2013 年 1 月 1 日起试行《巴塞尔协议Ⅲ》《各国监管当局实施逆周期资本缓冲的指引》中 0～2.5% 的逆周期资本缓冲，过渡期为 5 年，于 2018 年底前达到规定的资本充足率监管要求。但事实上目前我国并无实际计提逆周期缓冲资本的数据资料，因而本书尝试通过相关数据按照规则拟算出逆周期缓冲资本的计提时间和规模，并与中国经济金融实际发展周期拟合比较，以此对《巴塞尔协议Ⅲ》逆周期资本缓冲机制在我国银行业的适用性与政策效果做出有效判断与评估。

根据《巴塞尔协议Ⅲ》的建议，本书选择"信贷/GDP"作为挂钩变量估算逆周期缓冲资本的计提。本书采集并整理了 1999 年第四季度至 2018 年第二季度与中国银行业相关宏观经济数据。其中，为比较不同信贷口径对逆周期缓冲资本机制效果的影响，本书选取三种信贷数据口径。

（1）广义信贷人民币余额，包括金融机构各项贷款、有价证券及投资人民币余额，并扣除对政府的净债权，以更有效地反映经济发展的周期性。

（2）广义信贷本外币合计余额，包括金融机构各项贷款、有价证券及投资本外币合计余额，并扣除对政府的净债权。

（3）中国人民银行统计的社会融资总余额[①]，更广泛地包括实体经济从

[①]　根据中国人民银行采用的计算公式，社会融资规模主要包括人民币贷款、外币贷款、委托贷款、信托贷款、未贴现的银行承兑汇票、企业债券、非金融企业境内股票融资、保险公司赔偿、投资性房地产和其他金融工具融资十项指标。

金融体系获得的全部资金总额，包括银行、证券、保险、信托等。GDP 数据采用国家统计局公布的季度数据，并年化为年度 GDP。

为更客观全面地反映我国经济周期走势与银行业系统风险的累积，本书选取并构建两类指数作为周期判定变量：

（1）国家统计局发布的宏观经济景气指数（一致指数）①。

（2）通过因子分析法构建我国金融脆弱性指数，判断我国信贷领域和金融市场等领域的系统性风险累积。

本书的数据来源为国家统计局官网、中国人民银行官网、中国银行保险监督管理委员会官网、万得（Wind）咨询金融数据库。

三、逆周期资本的测算与定性分析

第一步，按照前面指标界定原则分别计算逆周期资本计提挂钩变量"信贷/GDP"在时期 t 的三种统计口径。其中，广义信贷余额 = 金融机构各项贷款 + 有价证券及投资 − 对政府债权，人民币余额为自 1999 年第四季度至 2018 年第二季度的季度数据，本外币合计余额与社会融资规模为自 2002 年第一季度至 2018 年第二季度的季度数据，GDP 为 1999 年第四季度至 2018 年第二季度的季度数据，公式如下：

$$RATION_{1t} = \frac{广义信贷人民币余额_t}{GDP_t} \times 100\% ;$$

$$RATION_{2t} = \frac{广义信贷本外币余额_t}{GDP_t} \times 100\%$$

$$RATION_{3t} = \frac{社会融资规模_t}{GDP_t} \times 100\%$$

第二步，计算挂钩变量与其长期趋势的偏离度（GAP），使用 Eviews 进行 HP 单边滤波（Hodrick-Prescot）分析得到"信贷/GDP"的趋势值（TREND），设定平滑系数 λ = 400 000，$GAP_{it} = RATION_{it} − TREND_{it}$，i = 1，2，3 分别代表

---

① 宏观经济景气一致指数反映当前经济的基本走势，由工业生产、就业、社会需求（投资、消费、外贸）、社会收入（国家税收、企业利润、居民收入）四个方面合成。

前面所述三种信贷口径。

第三步，计提逆周期缓冲资本 CCBi，i = 1，2，3 分别代表前面所述三种信贷口径，当 GAP 小于 2% 不计提，大于 10% 计提加权风险资产 2.5% 的超额资本，介于 2% ~10% 按 0.3125（GAP - 2%）比例计提。

逆周期缓冲资本计提结果如表 6 - 3 所示。

表 6 - 3　　　　中国银行业信贷/GDP 三种口径挂钩变量测算结果

年份	季度	广义信贷人民币余额/GDP		广义信贷本外币余额/GDP		社会融资规模/GDP	
		GAP1	CCB1	GAP2	CCB2	GAP3	CCB3
1999	Q4	- 0. 20	0. 00	NA.	NA.	NA.	NA.
2000	Q1	- 0. 64	0. 00	NA.	NA.	NA.	NA.
	Q2	- 4. 03	0. 00	NA.	NA.	NA.	NA.
	Q3	- 3. 01	0. 00	NA.	NA.	NA.	NA.
	Q4	- 0. 43	0. 00	NA.	NA.	NA.	NA.
2001	Q1	- 1. 32	0. 00	NA.	NA.	NA.	NA.
	Q2	- 0. 09	0. 00	NA.	NA.	NA.	NA.
	Q3	- 0. 69	0. 00	NA.	NA.	NA.	NA.
	Q4	0. 23	0. 00	NA.	NA.	NA.	NA.
2002	Q1	2. 04	0. 00	0. 02	0. 00	- 8. 15	0. 00
	Q2	4. 58	0. 81	2. 96	0. 30	- 4. 34	0. 00
	Q3	6. 17	1. 30	4. 77	0. 87	- 3. 42	0. 00
	Q4	6. 40	1. 38	5. 26	1. 02	- 4. 54	0. 00
2003	Q1	8. 59	2. 06	7. 86	1. 83	7. 45	1. 70
	Q2	13. 55	2. 50	13. 31	2. 50	10. 94	2. 50
	Q3	14. 63	2. 50	14. 65	2. 50	7. 89	1. 84
	Q4	12. 72	2. 50	12. 19	2. 50	1. 91	0. 00
2004	Q1	13. 69	2. 50	14. 21	2. 50	3. 56	0. 49
	Q2	9. 37	2. 30	8. 85	2. 14	0. 69	0. 00
	Q3	6. 45	1. 39	6. 36	1. 36	- 4. 14	0. 00
	Q4	2. 06	0. 02	1. 86	0. 00	- 7. 25	0. 00

续表

年份	季度	广义信贷人民币余额/GDP		广义信贷本外币余额/GDP		社会融资规模/GDP	
		GAP1	CCB1	GAP2	CCB2	GAP3	CCB3
2005	Q1	2.09	0.03	2.42	0.13	-3.58	0.00
	Q2	-2.19	0.00	-1.78	0.00	-4.99	0.00
	Q3	-2.80	0.00	-2.96	0.00	-6.02	0.00
	Q4	-5.68	0.00	-6.26	0.00	-10.88	0.00
2006	Q1	-3.28	0.00	-3.28	0.00	6.68	1.46
	Q2	-3.55	0.00	-2.72	0.00	-0.33	0.00
	Q3	-5.11	0.00	-4.29	0.00	-4.70	0.00
	Q4	-9.13	0.00	-8.50	0.00	-9.32	0.00
2007	Q1	-7.58	0.00	-6.82	0.00	0.23	0.00
	Q2	-8.43	0.00	-7.74	0.00	-1.35	0.00
	Q3	-10.72	0.00	-10.41	0.00	-3.52	0.00
	Q4	-16.25	0.00	-17.08	0.00	-8.55	0.00
2008	Q1	-16.54	0.00	-16.96	0.00	1.68	0.00
	Q2	-17.87	0.00	-18.92	0.00	-2.99	0.00
	Q3	-19.92	0.00	-22.03	0.00	-6.72	0.00
	Q4	-21.96	0.00	-24.45	0.00	-10.70	0.00
2009	Q1	-8.58	0.00	-11.44	0.00	34.10	2.50
	Q2	0.53	0.00	-1.10	0.00	25.90	2.50
	Q3	3.14	0.36	2.05	0.02	15.57	2.50
	Q4	1.79	0.00	1.15	0.00	5.96	1.24
2010	Q1	3.56	0.49	3.16	0.36	19.30	2.50
	Q2	4.66	0.83	3.98	0.62	10.78	2.50
	Q3	4.32	0.72	3.57	0.49	4.30	0.72
	Q4	1.67	0.00	1.01	0.00	-1.82	0.00
2011	Q1	-1.04	0.00	-1.58	0.00	5.78	1.18
	Q2	-1.46	0.00	-1.97	0.00	-0.09	0.00
	Q3	-3.02	0.00	-3.64	0.00	-7.74	0.00
	Q4	-4.83	0.00	-5.56	0.00	-11.49	0.00

续表

年份	季度	广义信贷人民币余额/GDP		广义信贷本外币余额/GDP		社会融资规模/GDP	
		GAP1	CCB1	GAP2	CCB2	GAP3	CCB3
2012	Q1	-1.82	0.00	-2.35	0.00	-3.23	0.00
	Q2	0.04	0.00	-0.26	0.00	-5.44	0.00
	Q3	2.09	0.03	2.42	0.13	-6.87	0.00
	Q4	1.33	0.00	2.25	0.08	-10.13	0.00
2013	Q1	4.56	0.80	6.26	1.33	10.93	2.50
	Q2	7.67	1.77	9.47	2.34	-0.47	0.00
	Q3	9.43	2.32	10.97	2.50	-5.81	0.00
	Q4	8.28	1.96	9.77	2.43	-11.95	0.00
2014	Q1	-13.72	0.00	-10.96	0.00	15.23	2.50
	Q2	-11.71	0.00	-8.63	0.00	19.38	2.50
	Q3	-12.39	0.00	-10.01	0.00	14.31	2.50
	Q4	-13.00	0.00	-11.72	0.00	9.35	2.30
2015	Q1	-4.68	0.00	-1.54	0.00	14.34	2.50
	Q2	-2.16	0.00	0.63	0.00	12.49	2.50
	Q3	3.67	0.52	6.65	1.45	10.40	2.50
	Q4	2.86	0.27	3.82	0.57	5.53	1.10
2016	Q1	10.94	2.50	11.05	2.50	15.49	2.50
	Q2	12.40	2.50	11.40	2.50	12.01	2.50
	Q3	12.47	2.50	11.67	2.50	5.80	1.19
	Q4	9.34	2.29	8.50	2.03	-0.53	0.00
2017	Q1	11.57	2.50	10.98	2.50	2.57	0.18
	Q2	10.33	2.50	9.05	2.20	-4.81	0.00
	Q3	8.09	1.90	5.63	1.13	-13.73	0.00
	Q4	2.62	0.20	-0.61	0.00	-24.73	0.00
2018	Q1	6.12	1.29	2.74	0.23	-26.80	0.00
	Q2	5.21	1.00	1.38	0.00	-35.39	0.00

从以上三个不同口径的"挂钩变量"计提的逆周期资本比较来看，CCB1与CCB2的计提周期基本一致，但计提比例稍有不同。样本区间内主要有三个阶段需要计提逆周期资本，与我国整体宏观经济与银行业发展的实际情况大体相符合。

第一阶段为2002年第二季度至2005年第一季度，由于东南亚金融危机的外部影响，加之早前通货膨胀宏观调控的惯性下滑，我国经济增长速度自1998年后出现大幅降低，为此政府实施了长达5年的以扩大内需确保经济增长为目的的"双松"政策，在货币政策方面取消贷款限额控制、降低法定存款准备金率、连续5次下调存贷利率，在财政政策方面大力发行国债、实施财政赤字政策，其结果是经济逐步回稳，信贷快速增长，2002年第二季度起信用扩张大幅偏离长期趋势，连续多个季度需提取逆周期资本缓冲。

第二阶段为2009年第三季度至2010年第三季度，2008年国际金融危机重创全球金融体系，中国经济增速出现回落，我国政府为了抗危机、保增长，实行积极的财政政策和适度宽松的货币政策，并于2008年底推出4万亿元经济刺激计划，此后信贷投放量快速攀升，金融系统性风险有所上升，2009年第三季度起连续多个季度需要计提逆周期缓冲资本，考虑到我国在一定程度上隔离了风险的跨市场传递，其有效为该时期内国民经济的平稳发展提供了条件。

第三阶段为2015年第三季度至2018年第二季度，考虑CCB3口径则提前至由2013年到2016年底。自2015年后中国人民银行、住房和城乡建设部、中国银行保险监督管理委员会三部委联合下发新政，刺激楼市，中国人民银行连续十次降息降准，并开放商业银行存款利率上限，连续刺激经济增长。2015年至2018年上半年，我国经济在国内外大环境下面临一系列的政治、经济挑战，宏观经济总体平稳运行，稳中向好，金融业改革不断深化，金融市场规模继续扩大，银行业资产负债规模持续增长，对经济转型升级支持力度增大。但这一阶段逆周期资本的计提在某种程度上更体现出我国防范金融风险、加强宏观审慎管理的艰巨任务。

从计提规模上看，虽然CCB1与CCB2计提周期相对一致，但CCB1计提规模早期比CCB2更显著，而中后期则出现过CCB2计提规模超过CCB1的现象，反映出我国外币信贷规模逐步加大，监管当局应予以适度关注。相比前两种口径，CCB3 的计提周期差异较大：第一阶段集中在 2003 年第一季度至 2004 年第一季度①，周期短于 CCB1 与 CCB2；第二阶段为 2009 年第一季度至 2011 年第一季度，周期长于 CCB1 与 CCB2，且计提规模更大；第三阶段计提周期最为显著，从 2013 年持续至 2017 年第一季度，计提周期明显早于 CCB1 与 CCB2 的计提周期，但后期相对计提规模较小。考虑到由于社会融资规模遵循增量统计原则，尽管处理为累积值仍与前两种信贷口径余额概念有所差异，且社会融资规模比广义信贷口径覆盖面更广，随着我国直接融资与各种金融工具融资规模占比逐渐增加，两者的该指标差异将更为明显。应该说，社会融资规模指标更适用于整个经济宏观调控的监测指标，而《巴塞尔协议 Ⅲ》逆周期资本缓冲机制更注重银行过度信贷投放带来的系统性风险积聚。

四、顺周期性缓释效果评估

能否缓解商业银行资本监管政策的顺周期性是衡量《巴塞尔协议 Ⅲ》逆周期资本缓冲机制适用性的重要标准。因此，我们还需要判断一国经济发展周期及金融发展水平。本书选取国家统计局发布的宏观经济景气一致指数，反映经济总体运行情况及其周期变化，这是目前国内外采用最多的反映经济周期的指标。此外，鉴于金融危机的发生频率会与经济危机有所差异，银行业逆周期缓冲资本政策则更应关注于金融周期，本书还拟构建了金融发展指数，以衡量金融发展的水平与变化，判断系统性风险累积情况，从而预警金融危机的发生，这也是逆周期资本缓冲机制政策效果的最直接体现。

由于金融发展水平很难用一种指标进行评估，大量文献表明金融发展离不开经济的发展，金融发展的深度结构指标与发展的广度规模指标同样重要。本书选择了三种类型八个变量建立我国金融发展监测指标体系（见表 6 - 4），采用动态因子分析法，运用 SPSS6.0 软件进行主成分分析（principal component analysis，PCA）并降维处理，合成出我国同期的金融发展指数，与逆周期缓冲资本的计提周期进行拟合比较。

---

① 2006 年第一季度单独计提 1.46% 的逆周期缓冲资本。

表6-4　　　　　　　　　　我国金融发展指数监测指标体系

类型	指标名称	指标含义
宏观经济指标	GDP 增长率	衡量一国经济总体发展状况
	通货膨胀率	衡量一国宏观经济与价格稳定状况
金融系统指标	国内信贷/GDP	衡量银行体系与信贷发展的规模
	M2/GDP	衡量金融深化程度与货币扩张程度
	名义利率	衡量市场层面资金成本与利率风险
	不良贷款率	衡量金融机构资产质量与信用风险
资产泡沫指标	股市总市值/GDP	衡量股票市场发展状况与泡沫风险
	房地产业景气指数	衡量一国房地产市场发展状况与泡沫风险

注：为消除季节效应，表中使用的增长率为同比增长率。
资料来源：万得（Wind）咨询金融数据库。

　　鉴于数据的可获得性和连续性，并集中研究了包含本轮金融危机的样本范围，本书选择2003年第四季度至2013年第四季度的数据进行因子分析。通过初始特征值合计发现八个成分因子中有三个特征值大于1，分别为3.425、2.406和1.026，根据特征值大于1作为主成分的原则，将八个指标变量降维处理为三个主成分（见表6-5），其主成分的累计贡献率达到85.72%（见表6-6），已经能够较好地反映八个指标的总体变动情况，可以显著代表8个指标变量。

表6-5　　　　　　　　　　　主成分特征向量

指标名称	主成分1特征向量	主成分2特征向量	主成分3特征向量
GDP 增长率	0.881	0	0.274
通货膨胀率	0.411	0.705	0.091
国内信贷/GDP	-0.81	-0.149	0.493
M2/GDP	-0.892	0.11	0.4
名义利率	0.061	0.921	-0.245
不良贷款率	0.655	-0.568	-0.025
股市总市值/GDP	0.146	0.825	0.327
房地产业景气指数	0.757	-0.154	0.609

表 6 - 6   成分分析特征值与贡献率

名称	成分 1	成分 2	成分 3	成分 4	成分 5	成分 6	成分 7	成分 8
特征值	3.425	2.406	1.026	0.67	0.286	0.124	0.058	0.006
贡献率	42.82	30.08	12.82	8.37	3.57	1.55	0.72	0.07
累计贡献率	42.818	5.831	31.106	13.49	8.656	3.694	1.608	0.726

$$主成分_i = (\sum_{j=1}^{j=8} 主成分_i 特征向量 \times 金融发展指数监测指标数值_j)$$

$$\times \sqrt{特征值_i}$$

$$金融发展指数 = \sum_{i=1}^{3} \frac{贡献率_i}{主成分累计贡献率} \times 主成分_i$$

根据以上方法估算金融发展指数，其中，$i = 1, 2, 3; j = 1, 2, 3, \cdots,$ 8，主成分$_i$ 分别代表三个主成分；金融发展指数监测指标数值 j 分别代表 GDP 增长率、通货膨胀率、国内信贷/GDP、M2/GDP、名义利率、不良贷款率、股市总市值/GDP、消费者信心指数八个指标的相应数值。我们将得出的金融发展指数与宏观经济景气指数分别和 CCB1、CCB2、CCB3 在图中进行拟合，如图 6 - 2、图 6 - 3 与图 6 - 4 所示。

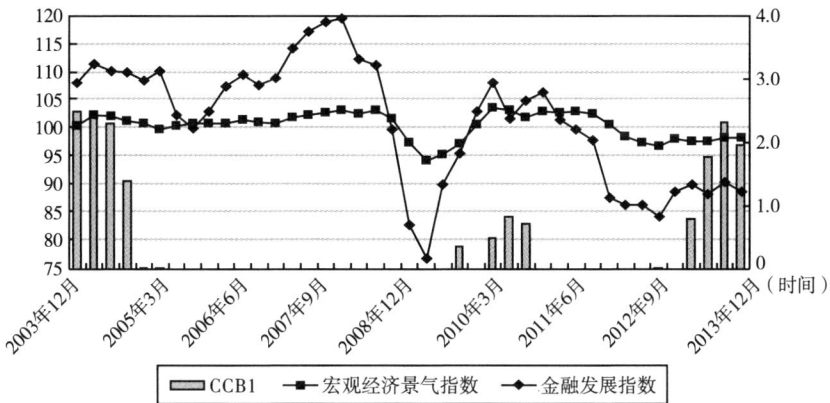

图 6 - 2　CCB1 与宏观经济景气指数、金融发展指数

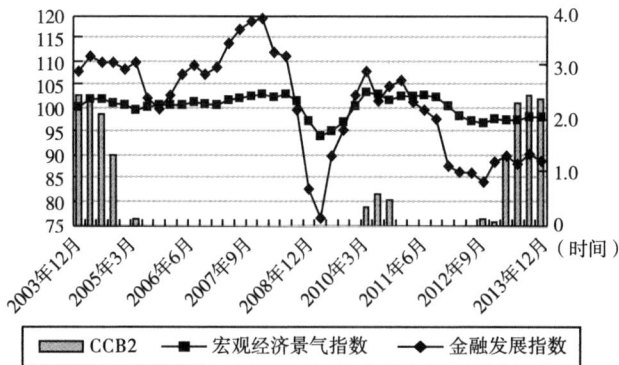

图 6 - 3　CCB2 与宏观经济景气指数、金融发展指数

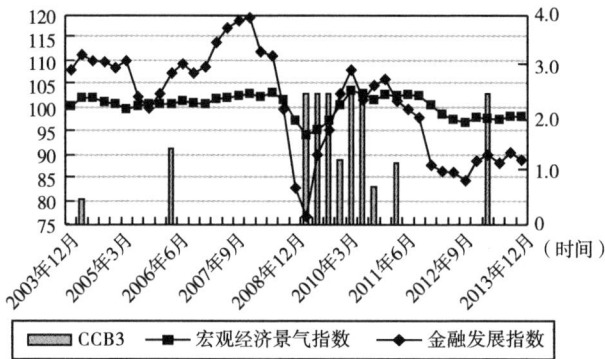

图 6 - 4　CCB3 与宏观经济景气指数、金融发展指数

由图 6 - 2 至图 6 - 4 分析我们可以看出以下四点。

（1）金融发展指数的波动比宏观经济景气指数的波动更为明显，金融系统性风险的累积和经济周期的变化并不完全同步，金融发展指数对于金融系统性风险的累积和金融周期的变化更加敏感。

（2）《巴塞尔协议Ⅲ》推荐的逆周期资本缓冲挂钩变量"信贷/GDP"能在一定程度上契合我国金融周期的波动，能够对我国金融体系的顺周期性起到一定的缓释作用，具有适用性。从三种口径挂钩变量计提效果的比较来说，CCB1 与 CCB2 的计提效果相对接近，其计提周期与金融发展指数更为符合，而 CCB3 与宏观经济景气指数拟合效果更好。这说明信贷口径为"广义信贷/GDP"的挂钩变量更能体现金融周期的波动，而信贷口径为"社会融资/GDP"的挂钩变量则更倾向于反映宏观经济周期波动。

（3）不同口径挂钩变量对金融风险积聚的预警作用与缓释效果是具有差异的。在样本范围内，金融发展指数一共显现过四次周期性的波动，前两种口径的 CCB1 与 CCB2 共捕捉住其中的三次，但在 2006～2007 年的上行周期内没有做出反应，对 2008 年危机爆发最为严重的由于经济过热、金融风险积聚造成的金融下行期也并未起到逆周期资本缓冲的预警与平滑周期的作用。

对比来看，社会融资比 GDP 口径下的 CCB3 对于四个上行周期都计提了逆周期资本，但从计提规模和计提时间来看，只有第三个周期最为显著，其余三个周期只计提了一个季度逆周期资本，虽然对下行周期起到了一定程度的预警作用，但逆周期缓冲资本应发挥的顺周期缓释作用很不明显。因为逆周期资本的计提与资本金的补充需要相当的一段时间，单独一个季度的计提周期过于短暂了。

（4）《巴塞尔协议Ⅲ》逆周期资本缓冲机制下的单一挂钩变量容易导致逆周期缓冲资本计提周期期限错配，降低商业化银行经济效率。由实证结果观察发现，三种信贷口径挂钩变量所测算的逆周期缓冲资本计提周期都存在以下现象：在金融环境刚刚走出衰退出现复苏趋势时，银行按照挂钩变量偏离度指示需要计提较高的逆周期资本缓冲，此时不仅资本融资成本较高而且还会限制商业银行信贷规模的正常发展，不利于经济的复苏回暖；而在经济逐渐步入繁荣后，例如 2007 年经济金融发展的高峰期，银行并没有在危机（2008 年金融危机带来指数的明显下降）来临前，利用较低的资本成本机会积累逆周期资本以在危机来临后用以抵御风险损失。这一定程度上体现出我国银行信贷行为受宏观经济形势影响的期限错配问题，此外也和国家宏观调控政策影响有关。

五、跨期相关性检验

为进一步研究逆周期资本缓冲机制三种口径挂钩变量与经济金融发展周期的相关性，我们利用 Eviews 软件分别对它们与宏观经济景气指数、金融发展指数的同期以及滞后 1～3 期进行相关性分析（样本数据采集范围和频率与前面相同），利用相关性系数判断各挂钩变量与宏观经济金融运行的关联紧密程度。

由表6－7与表6－8结果可以看出，"广义信贷人民币余额/GDP""广义信贷本外币余额/GDP"与指数的相关系数都高于"社会融资规模/GDP"与指数的相关系数，且三种口径挂钩变量与金融发展指数的相关系数高于与宏观经济景气指数的相关系数。由此说明，"广义信贷/GDP"口径的挂钩变量与金融发展指数的关系是几组指标中关系最为紧密的，利用该口径指标作为逆周期资本缓冲资本计提挂钩变量最能体现出金融周期的变化，能更为有效地起到平滑周期与预警作用。

表6－7　　三种口径逆周期计提变量与宏观经济景气指数相关系数（－）

相关系数	广义信贷人民币余额/GDP	广义信贷本外币余额/GDP	社会融资规模/GDP
宏观经济景气指数（同期）	0.32	0.27	0.22
宏观经济景气指数（滞后1期）	0.49	0.48	0.32
宏观经济景气指数（滞后2期）	0.56	0.58	0.34
宏观经济景气指数（滞后3期）	0.55	0.58	0.30

表6－8　　　三种口径逆周期计提变量与金融发展指数相关系数（－）

相关系数	广义信贷人民币余额/GDP	广义信贷本外币余额/GDP	社会融资规模/GDP
金融发展指数（同期）	0.48	0.37	0.30
金融发展指数（滞后1期）	0.66	0.60	0.33
金融发展指数（滞后2期）	0.78	0.75	0.40
金融发展指数（滞后3期）	0.82	0.81	0.41

从三种口径挂钩变量与指数的同期和跨期相关系数来看，滞后期的相关系数高于同期，且滞后3期的相关系数最大，这说明《巴塞尔协议Ⅲ》推荐的挂钩变量对于经济金融周期的判断有一定前瞻性。其中，"广义信贷人民币余额/GDP""广义信贷本外币余额/GDP"与金融发展指数滞后3期的相关系数达到0.8以上，相关程度较高，这也验证了前面所分析的我国银行信贷行

为受宏观经济形势影响的错峰特征。但随着滞后期限的增加相关性也增加，若逆周期缓冲资本的计提周期出现时机早于经济金融周期发生反转的若干期之前，也可能会造成妨碍经济复苏、提高资金成本的负面影响。

第四节　主要结论与政策建议

一、逆周期缓冲资市监管的适用性

本书根据《巴塞尔协议Ⅲ》框架中逆周期资本缓冲的计提方法，选取了三种口径挂钩变量，采用我国相关经济金融数据进行实证研究发现：《巴塞尔协议Ⅲ》逆周期资本缓冲机制对中国银行业具有一定的适用性与可行性，但其并不能完全满足应对顺周期性的监管要求。《各主权国家实施逆周期资本缓冲的指引》中给出的"信贷/GDP"可以作为我国逆周期资本计提的主要参考指标，但在口径选择与其他逆周期资本参考指标的协调配合上还需不断完善。

作为金融体系信用创造的核心指示变量，"信贷/GDP"缺口指标的确能在相当程度上识别与判断我国银行信贷增长过快与金融系统性风险的累积问题。银行信贷具有明显的亲周期性，会随着经济的波动而波动，在"金融加速器"的作用下，信贷过度地扩张或收缩有可能进一步加剧经济周期的波动。而"信贷/GDP"这个挂钩变量已经被经济总量GDP去量纲化了，可以不受一般性银行信贷行为与经济周期规律的直接影响。其长期内的变化上升趋势也较为平稳，相比单纯的GDP增长或信贷增长，与其长期趋势的偏离度指标能更为准确地捕捉我国系统性风险的积累与金融周期性波动。通过衡量"信贷/GDP"指标与其长期趋势值的偏离程度，不仅考虑了长期的金融深化趋势，而且作为一个比率变量，其比差分变量（例如单纯的信贷增长数值）平滑效果更好，可以将虚拟波动最小化。

需要特别指出的是，本书对实证结果和信贷数据的分析还揭示出，当前我国银行业已在一定程度上显现出信贷过度扩张的问题，我们必须警惕金融系统性风险的累积。建议我国银行监管当局持续监测不同口径的"信贷/GDP"缺口指标的变化，并结合相关经济与金融指标，在指标对比和相互印证中提取出全面、真实的经济信息作为决策参考，尽早确定适合中国国情的逆周期资本缓冲机制，以增强金融体系管理和抵御系统性风险的能力。

二、逆周期资本缓冲指标口径的选择与调整

实证结果显示，在挂钩变量指标口径选择上，"广义信贷/GDP"作为金融体系信用创造的核心指示变量，与金融体系系统性风险积累与金融周期性波动相关性高于"社会融资规模/GDP"，更适于作为银行逆周期资本计提的挂钩变量。"广义信贷人民币余额/GDP""广义信贷本外币余额/GDP"更能反映金融周期波动，且随着外币信贷的增长两者区别加大，要求监管机构加强和完善外币信贷管理，避免干扰逆周期资本计提时机与计提规模。"社会融资规模/GDP"对整体经济波动更敏感，但预警效果优于顺周期缓释效果，逆周期资本计提规模与期限不足。

考虑到信贷行为对经济金融形势反应的滞后相关特征，引入调节逆周期资本缓冲计提时机的时间因子和调节其规模大小的缓释因子，是逆周期资本缓冲工具进入实际操作阶段后需要尽快调节与完善的环节，以期使逆周期资本缓冲机制在我国实施时能够真正实现繁荣时适度累积、萧条时合理释放的监管理念，实现最优化成本效益等经济原则。

对于我国银行业监管当局来说，还需要考虑到逆周期缓冲资本在计提与释放过程中不同类型与规模银行之间存在差异性，设置系统重要性银行的调节系数。特别是在当前国际化经营的大环境下，对于跨国经营的商业银行应明确其所属母国与东道国的权责，区分该银行在不同国家的信贷风险暴露与信贷额。调节掌握好压力期释放逆周期缓冲资本的速度与力度，区别对待经济软着陆的轻微下滑与危机式的严重下滑，最终达到最优的逆周期平滑效果与缓释作用，保障商业银行的稳健经营，预防整个银行金融系统的系统性风险积聚与爆发。

三、逆周期资市监管调控工具协调配合

实证结果表明，如果单纯依靠"信贷/GDP"指标并不能完全准确地把握每个经济金融周期的波动，无论哪种口径挂钩变量的选取，在逆周期缓冲资本计提的时机与计提的规模上都存在明显的遗漏或偏差，同时，还存在信贷行为对经济金融形势反应滞后的相关特征。因此，在我国银行业逆周期资本监管的过程中，逆周期资本缓冲决策指标不能完全依赖"信贷/GDP"单一指标，应以"信贷/GDP"为主，同时参考其他指标综合判断逆周期资本计提时机与计提规模，避免单一指标偏差。例如适当结合社会融资规模、资产价格变动、资金成本价差、信贷状况实际调查、真实 GDP 以及其他宏观经济指标综合判断，因为非金融系统自身压力形成的单方面 GDP 下滑也会导致挂钩变量显著增大，多种经济指标相互配合才能避免导致错误决策。

在逆周期资本缓冲政策的具体实践中，我国还需要不断探索积累经验，形成可操作性强、符合国情的具体框架。注意协调配合使用银行资本留存缓冲与逆周期资本缓冲、逆周期资本缓冲与其他具有逆周期调控效果的宏观调控工具，避免政策冲突抵消效果，发挥政策合力；逆周期资本计提与释放过程注意考虑不同银行之间的差异性，对于跨国经营的银行明确母国与东道国的权责，区分银行在不同国家的信贷风险暴露与信贷额；注意压力期释放逆周期资本缓冲的速度与力度，区别对待经济软性着落的轻微下滑与危机式的严重下滑；注意合理安排逆周期资本缺口的资本金补充方式和计提准备时间，避免影响银行正常业务的发展与利润分配；注意合理安排逆周期资本缓冲政策实施过渡期，督促银行通过自身盈利水平提高或经营风险控制在长期内消化风险积累，减少外部强制性干预。

对于逆周期资本缺口的资本金补充方式和计提准备时间进行合理安排，避免影响商业银行正常信贷业务的发展与利润分配；合理安排逆周期资本缓冲政策实施的过渡期，不要急于求成，督促银行通过自身盈利水平的提高或经营风险的控制在长期内消化风险积累，减少外部强制性干预。早日建立健

全适合中国国情的逆周期资本缓冲机制，以增强金融体系管理和抵御系统性风险的能力。

四、强化银行逆周期监管考核和激励约束机制

宏观审慎监管的缺失，已被广泛认为是本轮国际金融危机发生的重要原因，构建宏观审慎与微观审慎监管有机结合的金融监管框架，已经成为国际社会的共识。作为宏观审慎监管重要组成部分，如何缓解金融体系的顺周期性是金融监管改革的核心议题之一。我国的银行业监督管理部门应及时更新银行业资本监管理念，提出我国银行业的逆周期监管模式，一定程度上弱化对商业银行规模、利润、增长率等指标的考核，给予银行金融机构更大的调节权限，加强对逆周期监管指标执行情况的考核，增强金融平抑经济周期的作用。目前我国商业银行逆周期资本要求为0，银行监管部门——中国银保监会正在配合中国人民银行制定我国的逆周期资本监管规则，根据我国经济运行和银行业经营的实际情况，科学慎重地选择逆周期资本监管的参考指标和实施方案，实施逆周期资本监管，以监管政策导向为指挥棒，切实加强宏观审慎逆周期资本监管。

激励约束机制的扭曲也是银行业经营过程中产生顺周期性的根源之一。现代商业银行在其股东和银行管理层之间也存在着现在公司制度下"委托—代理"问题，所有者和经营者相分离导致作为委托人的银行股东与作为代理人的银行管理层之间可能出现追求目标的差异，对管理层不科学的激励机制可能会扭曲甚至损害银行股东的利益。

目前，我国很多银行在对管理层和员工进行绩效考核时，都将薪酬与银行当期效益挂钩，无法实现薪酬安排和银行经营长期承担风险的一致性，也不能客观反映潜在的风险和预期损失。

在经济上行周期，在薪酬与当前收益相挂钩的激励机制下，银行管理层往往采取大胆冒进的顺周期经营策略，过度承担风险，以实现管理层的短期利润最大化，而忽视了其对银行未来经营产生的巨大风险。

在经济下行周期，由于银行薪酬激励机制的非对称性，即使银行出现亏

损，管理层也并不会因此受到应有的惩罚，这种激励机制促使银行管理层过度追求短期回报，进而形成银行激励机制的顺周期性。针对商业银行经营管理的短期行为的亲周期性，应逐步提高高管薪酬制度的科学性和合理性。构建和完善我国银行业监管的倒逼机制，建立银行业监管者多层次的激励制度和约束机制，在薪酬体系中引入风险调整理念，通过延期支付和扣减制度，使薪酬不仅能反映银行当期利润和风险，而且能反映未来的潜在风险和损失，真正实现高管人员和重要岗位员工的薪酬安排与长期风险承担的一致性。

第七章 杠杆率监管对我国
银行业适用性研究

杠杆率监管是《巴塞尔协议Ⅲ》改革中的又一个亮点。从《巴塞尔协议Ⅰ》提出资本充足率监管，到《巴塞尔协议Ⅱ》第一支柱下资本充足率指标计算中分母不断被风险敏感化，资本充足率监管带来的顺周期效应越来越被业界关注，由于缺乏对非正态分布等复杂风险的有效测量和监管，资本监管中出现大量套利行为，银行监管的激励约束机制的有效性受到质疑。特别是2008年金融危机爆发后，杠杆率与资本充足率较大程度背离带来的问题，以及为了应对危机快速降杠杆对危机的进一步影响，使杠杆率监管作为资本监管中资本充足率监管的辅助措施得到重视。那么，杠杆率监管的内涵与优缺点，以及在中国银行业发展的现阶段，《巴塞尔协议Ⅲ》中明确的杠杆率监管是否真的能有效遏制商业银行的监管资本套利行为，维护银行业的稳健运行，新的杠杆率监管标准对我国银行业及实体经济的适用性如何，是我们本部分研究要探讨的问题。

第一节 银行监管指标再讨论：
资本充足率与杠杆率

一、新形势下资本充足率指标面临的挑战

资本充足率监管指标，是一家商业银行的各级资本总额对其风险加权资

196

产的比率，保证银行可以化解吸收一定量的风险。在巴塞尔协议构建的银行资本监管框架的国际标准下，资本充足率毋庸置疑是保证银行等金融机构正常运营和发展所必需的资本比率，在实施资本监管过程中各国金融管理当局也都对商业银行资本充足率进行了明确的管制，以监测银行抵御风险的能力。但是，资本充足率监管具有两个方面明显的缺点，使其在新形势下面临着严峻挑战。

资本充足率监管的一个缺点是具有顺周期性，这是理论界和业界很久以前就注意到的问题。资本充足管理本身具有的顺周期性和资本充足率测量方法的风险敏感性是导致资本监管顺周期性的两个原因。

一方面来源于资本充足管理本身的顺周期性，资本约束会对银行信贷投放和宏观经济周期产生影响。在经济增长时期，银行资本约束压力较小，银行及监管当局均容易放松对系统性风险积累的预防，进一步刺激银行资产的扩张；而在经济衰退时期，银行资本约束压力增大，监管当局严格管控银行提高资本充足率，进一步限制了银行的资产扩张能力，形成"银行资本金融加速器"的效果。银行监管当局对于银行资本充足性的要求会改变银行的风险偏好、信贷政策、信贷行为等，通过银行的信贷渠道进一步加剧宏观经济周期波动的影响。

另一方面资本充足率的测量方法与内部模型也是导致其在资本监管中出现顺周期性的原因之一。在《巴塞尔协议Ⅱ》的推行过程中，各国金融监管当局与各商业银行十分重视资本监管的风险敏感性，特别是允许使用内部评级法后，商业银行对于违约概率（probability of default，PD）、违约损失率（loss given default，LGD）、违约风险暴露（exposure at default，EAD）和期限（M）等风险参数的设计与使用也具有风险敏感性，反过来进一步增强了资本充足率监管的顺周期性。

资本充足率监管还有一个缺点就是一定程度上导致了银行监管套利问题。"监管套利"是指金融机构利用不同监管机构制定的不同甚至相互冲突的监管规则或标准，选择金融监管相对宽松的市场展开经营活动，以此降低监管成本、规避管制和获取超额收益。对于商业银行资本监管而言，由于国际上有统一的资本充足率监管标准，所以不存在上述利用监管差异套利现象。

银行进行的监管资本套利（regulatory capital arbitrage）是指商业银行等金

融机构在不违背现行资本监管制度的前提下，通过某种金融设计，在自身实际承担风险水平不发生改变的情况下，形式上降低监管资本要求的行为。简单来说，银行的监管套利主要是利用资本充足率计算中的漏洞——主要是作为分母的风险资产计算中的漏洞。从《巴塞尔协议Ⅰ》到《巴塞尔协议Ⅲ》的资本充足率计算方法中分了因素几乎没有变化，只是在资本的界定上不断与时俱进，而计算资本充足率的分母则发生了很多改变，无论是对于风险覆盖范围的增加还是风险敏感性的提升。

1988年，《巴塞尔协议Ⅰ》出台后，监管资本套利就在西方发达国家迅速发展起来，成为银行资本监管与风险监管的一个漏洞。监管资本套利降低了银行资本监管制度的有效性，加剧了银行业的系统性风险，并推动《巴塞尔协议Ⅰ》向《巴塞尔协议Ⅱ》的发展过渡。起初，风险资产计算中不包括表外业务风险，在表内资产业务受到资本约束时，商业银行便大力发展表外业务，获取收益；监管者将表外业务的信用风险纳入风险资产计算后，银行又通过市场交易获取收益增长；监管规则再将信用风险、市场风险、操作风险全部纳入资本充足率分母（风险资产）中，即便资产证券化风险也受到资本约束，但由于计算内容和计量方法的原因仍存在监管套利的空间，导致系统性风险积聚。

《巴塞尔协议Ⅱ》引入了具有更高风险敏感性的内部评级法，特别是内部评级高级法的应用，给予了商业银行评估自身风险状况很大的自主性，与此同时，也给予了这些银行一定逃避监管的空间。在单纯的资本充足性监管框架下，要求银行从事高风险的业务需要更高的监管资本，而商业银行的目标是自身利益的最大化，在商业银行和监管者之间存在信息不对称的条件下，《巴塞尔协议Ⅱ》的一致性目标无法实现，激励相容约束没有形成，使商业银行有动机也有能力隐瞒自身真实的风险状况。《巴塞尔协议Ⅱ》中交易账户与银行账户监管标准不一致，表外业务的风险计提不足，都为银行监管套利提供了机会。

监管总是落后于业务实践的，金融机构持续进行金融创新的主要动力之一就是监管套利，而监管当局不断地修订完善监管制度的主要原因就是为了减少监管套利。

二、《巴塞尔协议 Ⅲ》引入杠杆率监管

关于商业银行资本与资产比率监管的发展演变路径可以概括为："早期杠杆率（存款保险制度建立前）—简单杠杆率（存款保险制度建立后）—风险加权资本资产比例（简单风险权重）—基于模型的资本资产比例（风险敏感性模型）—简单杠杆率与风险敏感资本充足率并用"。杠杆率指标简单、透明，资本充足率指标反映的信息含量更加丰富，反映风险更为敏感、全面，《巴塞尔协议Ⅲ》在 2008 年金融危机后，首次提出实施杠杆率指标与资本充足率指标双重约束，充分体现出新形势下杠杆率指标与风险资本监管指标的优势互补作用。

杠杆率监管并不是一项新型的银行资本监管工具，它的监管历史比资本充足率更长，在 1988 年《巴塞尔协议Ⅰ》实施之前，杠杆率就曾被作为银行业的微观监管工具进行使用，后来逐渐被资本充足率指标所取代。在某种程度上说，资本充足率指标就是衍生于杠杆率，资产的风险加权使其具有风险敏感性。金融离不开杠杆，商业银行天然就是以杠杆为经营的信贷中介，因此，在财务结构上高杠杆的存在是商业银行脆弱性的根源之一。

早期的杠杆率监管，是用资本与储蓄存款的比例来衡量资本充足性，意在保障银行拥有充足的资本来保护客户储蓄的安全，20 世纪 30 年代"大危机"后存款保险制度的建立，使银行损失的主要原因是由负债方的存款挤兑破产转变为资产方的损失，杠杆率监管指标的界定随之改革为资本与总资产的比率，自此，对资本充足性的监管要求逐步演变为对银行总资产风险的分析与调控。

1988 年《巴塞尔协议Ⅰ》最终标志着风险加权的"资本充足率"取代了"杠杆率"成为全球范围内最重要的银行资本监管指标。《巴塞尔协议Ⅱ》允许商业银行使用内部评级法以及适合自己的风险计量模型建立监管资本要求，复杂的计量模型取代《巴塞尔协议Ⅰ》的简单风险权重法，导致资本充足率与杠杆率的计算方法和计算结果的差距越来越大。

在 2008 年金融危机爆发之前，欧美地区国家普遍处在低利率、流动性过

剩的金融环境下，同时金融市场上不断创新的各种金融工具，为家庭部门、企业部门以及金融部门的杠杆率提供了上升空间，积累了大量系统性风险，加剧了银行业、金融体系乃至蔓延到实体经济的关联性与脆弱性。银行体系内很多银行的资本充足率和杠杆率出现较大程度的背离，最终风险爆发，金融体系损失严重、风险迅速蔓延。为了能够让金融机构挺过危机难关，商业银行尝试实施快速去杠杆化，结果不仅使商业银行的信贷中介功能被严重削弱，信贷成本不断攀升，贷款条件越加苛刻，大量坏账产生，而且导致整个金融市场各关联机构、实体企业部门和私人家庭部门出现进一步去杠杆化，危机的负面影响显著放大。

在此背景下，具有简单、透明、风险中性的杠杆率监管指标又重新回到了银行监管当局的视野。2009 年 3 月，英国金融服务局（FSA）在对金融危机的总结报告中，首次提出建立杠杆率监管，使其与资本充足率监管的补充措施，两者互相配合、发挥各自优势，借助于杠杆率监管来控制银行体系内资产负债表的过度扩张，防止金融危机再度发生。2009 年 12 月 17 日，巴塞尔委员会发布了《增强银行业抗风险能力（征求意见稿）》，就实施杠杆率监管提出了实质性建议。

三、杠杆率监管的内涵及优缺点比较

（一）杠杆率监管的内涵

金融机构有三种所谓的杠杆，包括资产负债杠杆、经济杠杆和内嵌杠杆。本书所研究的杠杆率倾向于资产负债杠杆率，即银行资本对银行资产负债表内总资产的比率。但在实践中，这个杠杆率的内涵界定也有不同的版本。

1. 美国银行业的杠杆率监管指标

美国和加拿大是很有代表性的实施杠杆率监管时间最长的国家，即使在前两版巴塞尔协议出台后资本充足率监管替代了杠杆率监管，这两个国家也一直沿用了杠杆率指标，因此，它们为杠杆率监管积累了一定的经验。美国银行控股公司的监管改革方案中，将杠杆率内涵界定为银行一级资本与经调整后的总平均资产的比率，这里，需要从银行一级资本中扣除投资项和递延税费之后的银行商誉的平均总资产。但是，经扣除项调整之后的银行总平均资产中仅包含银行表内资产，而不包含银行表外资产，从这个角度来说，美国银行业的杠杆监管并不能反映商业银行真实的杠杆水平。

2. 加拿大银行业杠杆监管指标

另一个实践经验较多的国家——加拿大在银行监管过程中，并没有直接使用杠杆率指标，而是使用了杠杆率的倒数，即杠杆倍数。杠杆倍数界定为银行资产负债表内总资产与特定类的资产负债表外资产之和与银行总监管资本（既包含一级资本，也包含二级资本之和）之比。相比较美国的杠杆率监管指标，加拿大银行业使用的杠杆倍数同时考虑了银行资产负债表内外的资产，覆盖面更完整，但是，其资本项还多纳入了二级资本，二级资本的损失吸收能力明显不如一级资本。

3.《巴塞尔协议Ⅲ》对杠杆率监管的界定

巴塞尔委员会在《巴塞尔协议Ⅲ：更具稳健性的银行和银行体系的全球监管框架》中，对杠杆率的定义及计算方法做了说明。杠杆率是指符合监管要求的资本（资本计量）与银行总暴露（暴露计量）的比率。在 2013 年 1 月 1 日至 2017 年 1 月 1 日的平行期内，按照 3% 的最低要求进行杠杆率测试。按照目前巴塞尔委员会的意见，银行杠杆率中的资本是指《巴塞尔协议Ⅲ》中新界定的一级资本和其主要形式，资产项则涵盖资产负债表内总资产和特定表外资产的风险总额进行比率计算，并规定一级资本中的普通股扣减项也要扣除。从巴塞尔委员会对银行杠杆率指标的界定来看，监管当局力图能够更准确、更真实地衡量出商业银行的杠杆率水平，不仅包含资产负债表的杠杆，而且还按照既定的风险转移因子将资产负债表外的资产一并纳入分母，这一定程度上也包括了内嵌杠杆（银行所持有的结构型金融工具本身所具有的杠杆）的含义。

（二）杠杆率监管的优势

银行杠杆率监管最显著的优点就是简单、透明，凭借其自身具有的顺周期性成为商业银行逆周期资本监管的有力工具。

（1）杠杆率监管指标的计算方法简单，即合格资本与风险总额的比率，为商业银行正常运营规定了杠杆率底线，实质上就是确定了银行发生问题时其股东所应该承担的最小损失幅度，这会一定程度上影响现代商业银行的风险承担行为与风险偏好态度。银行杠杆率指标越低，股东承担的有限责任所导致的道德风险就越小，从而承担风险的激励就越小。

（2）杠杆率监管指标的测算依据是商业银行公开的财务报表，信息透明、便于监督，相比较商业银行内部评级法等内部模型所使用的复杂计量方法与严格的评估程序，更加有利于银行业监管者与全体市场参与者进行检查、监督和比较。杠杆率指标不像资本充足率指标那么依赖于银行的各种数据库积累、参数设定、计量模型与内部风险管理程序，降低了银行业监管者的监管核查难度与压力，避免了银行业资本监管套利行为的出现和资本导向型资源配置的扭曲效应。

（3）杠杆率指标天然的顺周期性，恰好能更有效地实现宏观审慎监管理念下的逆周期监管原则。一般来说，商业银行会根据外部经济宏观形势、资本价格变化与风险测量状况动态调整自身的资产负债规模，在经济繁荣上升期，金融市场资产价格高企，银行会借机加快发展，扩大其资产负债规模，银行的杠杆约束作用就会提高；相反，在经济衰退下行期，银行收缩经营，资产负债规模下降，银行的杠杆约束作用就会降低。

（4）杠杆率监管指标与资本充足率指标的配合使用，能在硬性规模约束效应与风险敏感性之间形成最优权衡机制。杠杆率指标关注银行的整体业务规模，简单的比例关系有助于严格遏制银行资产规模的过度扩张，避免资本充足率指标与杠杆率指标出现较大幅度背离，系统性风险积累。2008年金融危机期间，许多金融机构为了渡过流动性难关，恐慌性地向外抛售某类金融产品，严重压低了金融资产的价格，导致原本低风险的一些资产出现大幅度损失，远远超过了其事先计提的抵御预期损失的监管资本。商业银行基于风险敏感性计量模型所设置的参数和测算的数值均未能充分有效地反映金融危机爆发带来的大幅市场波动，按照监管资本要求或银行内部模型计提的资本没能全部覆盖危机爆发带来的损失。

（三）杠杆率监管的缺点

杠杆率监管指标的主要缺陷也是由于其过于简单的计算方法，这个问题几乎是致命的缺陷，也正是因为如此，杠杆率指标才会在《巴塞尔协议Ⅰ》出台后逐步被资本充足率取而代之。

（1）一般来说，杠杆率指标只包括银行资产负债表的表内项目，即使包含表外项目也只是特定的少数类别，例如贷款承诺、流动性便利、直接信用替代与备用信用证等。商业银行有机会通过将资产由表内转移到表外来实施资本监管套利，而实际上，银行所承担的真实风险并未发生转移。而如果把商业银行全部或是更多类型的表外业务和衍生产品纳入杠杆率监管指标考量范畴，杠杆率将会变得十分复杂，目前阶段还难于把控。

（2）杠杆率监管指标的规模约束效应较强，但它过于片面地强调了银行业风险状况中的规模因素，一定层面上忽视了导致银行发生损失更重要的原因——不同的资产具有差异化的风险度，导致对商业银行形成逆向激励。如银行会选择资本成本更低、风险程度更高的风险资产，来代替资本成本更高、风险程度更低的风险资产，以期实现提高商业银行总体资本回报率的目的。单纯依靠杠杆率监管不仅不能有效降低银行风险，还可能增加监管套利，隐藏积累风险，这也是杠杆率指标一度被放弃的主要原因。

四、我国杠杆率监管与《巴塞尔协议Ⅲ》的比较

2012年6月，"中国版巴塞尔协议Ⅲ"——《商业银行资本管理办法（试行）》颁布，资本充足率、杠杆率、拨备率和流动性比率作为四大监管工具在我国银行监管中发挥核心作用。针对杠杆率监管工具的《商业银行杠杆率管理办法（修订）》（以下简称《办法（修订）》）于2014年通过，并于2015年1月30日公布。该《办法（修订）》对杠杆率监管在中国银行业实施的总则、杠杆率指标的计算、信息披露的要求，以及杠杆率监督管理的程序进行了解释，并规定自2015年4月1日起施行，2011年发布的原《商业银行杠杆率管理办法》被替代。

从杠杆率监管要求的最低标准比较来说，为有效控制商业银行的杠杆化程度，维护商业银行安全、稳健运行，我国银行业监管当局要求商业银行并表和未并表的杠杆率均不得低于4%，高于《巴塞尔协议Ⅲ》平行监测期杠

杆率3%的最低要求水平。

从杠杆率的定义和计算方法比较来说，我国商业银行的杠杆率指标是指商业银行持有的、符合有关规定的一级资本净额与商业银行调整后的表内外资产余额的比率。分子项资本计量中一级资本和一级资本扣减项为《商业银行资本管理办法（试行）》所定义的一级资本和一级资本扣减项。分母项从商业银行调整后的表内外资产余额中扣除的一级资本扣减项不包括商业银行因自身信用风险变化导致其负债公允价值变化带来的未实现损益。商业银行在计算调整后的表内外资产余额时一般不考虑抵质押品、保证和信用衍生产品等信用风险缓释因素。调整后的表内资产余额为扣减针对相关资产计提的准备或会计估值调整后的表内资产余额。表外项目中可随时无条件撤销的贷款承诺按照10%的信用转换系数计算，其他表外项目按照《商业银行资本管理办法（试行）》规定的信用风险权重法表外项目信用转换系数计算。

《巴塞尔协议Ⅲ》杠杆率指标中分子项资本的计量，以其协议中一级资本为准，从资本中完全扣除的项目也从分母暴露中扣除，分子资本与分母暴露的计量保持一致，扣除项包括商誉及其他无形资产（抵押贷款服务权利除外）、递延税资产、现金流套期储备、预期损失准备金缺口等。分母暴露计量的一般原则，总体上遵循与会计账户保持一致，表内项目与非衍生品暴露应扣减专项准备金和估值调整。对表内项目和表外项目均使用与财务会计方法一致的资产负债表项目计量。

考虑到表外项目可能是商业银行出现过度杠杆的重要源头，《巴塞尔协议Ⅲ》在计算杠杆率指标时，统一使用100%的信用转换系数（CCF）。对于无条件撤销的承诺，适用10%的信用转换系数。对比可知，两者的资本计提及扣减项目大体相同。而《巴塞尔协议Ⅲ》的杠杆率暴露扣除项更为细致、覆盖面更广，有一些产品在我国的发展还相对落后。但在表外信用转换系数上，《巴塞尔协议Ⅲ》没有像我国一样区分权重，而是统一按100%的系数全额转换，充分体现出其对资产负债表表外项目过度杠杆的强烈控制意愿，这也是本轮欧美金融危机的重要教训之一，如表7-1所示。

表 7 - 1　　　　　　　我国杠杆率监管标准与《巴塞尔协议Ⅲ》的比较

项目	我国《商业银行杠杆率管理办法》	《巴塞尔协议Ⅲ》
分子项：资本计量	一级资本和一级资本扣减项为《商业银行资本管理办法（试行）》所定义的一级资本和一级资本扣减项	《巴塞尔协议Ⅲ》新确定的一级资本
分子的扣减项	商誉及其他无形资产； 净递延税资产； 贷款损失准备缺口； 贷款损失准备缺口； 资产证券化销售利得； 确定受益类的养老金资产净额； 直接或间接持有本银行的股票； 现金流储备； 负债公允价值变化带来的未实现损益	商誉及其他无形资产； 递延税资产； 现金流套期储备； 预期损失准备金缺口； 与资产证券化销售相关的收益； 确定收益类的养老金资产及负债； 所持有本银行的股票； 与其他金融机构交叉持有的资本工具； 其他
分母项：资产暴露	调整后的表内外资产余额；从调整后的表内外资产余额中扣除的一级资本扣减项不包括商业银行因自身信用风险变化导致其负债公允价值变化带来的未实现损益	调整后的表内外资产项目；一般计量原则总体上遵循与会计账户一致的原则与计量方法
表内项目	调整后的表内资产余额为扣减针对相关资产计提的准备或会计估值调整后的表内资产余额	会计方法规定的资产负债表中的项目，扣除项和一级资本扣除项相一致。回购协议和证券融资；衍生品
表外项目	调整后的表外项目余额：表外项目中可随时无条件撤销的贷款承诺按照10%的信用转换系数计算；其他表外项目按照《商业银行资本管理办法（试行）》规定的信用风险权重法表外项目信用转换系数计算	《协议》中的表外项目，包括承诺（包括流动性便利）、无条件可撤销承诺、直接信用替代项目、承兑、备用信用证、贸易信用证、未完成交易和未清算证券。对于无条件撤销的承诺，适用10%的信用转换系数。其余统一使用100%的信用转换系数（CCF）
最低标准	4%	3%

　　资料来源：根据《巴塞尔协议Ⅲ：更具稳健性的银行和银行体系的全球监管框架》（巴塞尔委员会官网，2010 年 12 月）和《商业银行杠杆率管理办法（修订）》（中国银行业监督管理委员会官网，2015 年 1 月）自行整理。

　　根据我国银保监会定量测算结果显示，总体上，根据修订后的《商业银行杠杆率管理办法》，我国商业银行的杠杆率水平有所提升，修订后的《商业银行杠杆率管理办法》并没有提高我国商业银行的资本要求。其主要影响因素为：修订后的《商业银行杠杆率管理办法》不再要求除可随时无条件撤销的贷款承诺以外的承兑汇票、保函、跟单信用证、贸易融资等其他表外项目均采用100%的信用转换系数，而是根据具体项目，分别采用 10%、20%、

50%和100%的信用转换系数。且为进一步提高我国商业银行杠杆率监管指标的透明度，修订后的《商业银行杠杆率管理办法》对商业银行杠杆率指标的相关信息披露提出了更明确的要求。规定境内外已经上市的商业银行，以及未上市但上一年年末并表总资产超过1万亿元人民币的商业银行应当按季披露杠杆率指标信息，每半年按照规定模板披露杠杆率相关信息；其他商业银行应当至少按发布财务报告的频率披露杠杆率指标信息。监管当局力图更加有效地控制我国商业银行的杠杆化程度，以维护商业银行安全、稳健地运行，如表7-2所示。

表7-2 　　　　　　　　　我国商业银行杠杆率指标明细

序号	项　　目
1	表内资产（除衍生产品和证券融资交易外）
2	减：一级资本扣减项
3	调整后的表内资产余额（衍生产品和证券融资交易除外）
4	各类衍生产品的重置成本（扣除合格保证金）
5	各类衍生产品的潜在风险暴露
6	已从资产负债表中扣除的抵质押品总和
7	减：因提供合格保证金形成的应收资产
8	减：为客户提供清算服务时与中央交易对手交易形成的衍生产品资产余额
9	卖出信用衍生产品的名义本金
10	减：可扣除的卖出信用衍生产品资产余额
11	衍生产品资产余额
12	证券融资交易的会计资产余额
13	减：可以扣除的证券融资交易资产余额
14	证券融资交易的交易对手信用风险暴露
15	代理证券融资交易形成的证券融资交易资产余额
16	证券融资交易资产余额
17	表外项目余额
18	减：因信用转换减少的表外项目余额
19	调整后的表外项目余额
20	一级资本净额
21	调整后的表内外资产余额
22	杠杆率

资料来源：《商业银行杠杆率管理办法（修订）》，中国银行业监督管理委员会官网，2015年1月。

第二节 杠杆率遏制商业银行监管
资本套利有效性模型分析

引入杠杆率监管指标作为资本充足率指标的补充，已经成为后危机时代国际范围内银行业资本监管的大势所趋，《巴塞尔协议Ⅲ》和中国银保监会也都出台了过渡期的具体实施方案。相对于计量风险加权资产的内部评级法，杠杆率监管指标最大的优势体现在其对商业银行监管资本套利行为的遏制作用。但资本充足率与杠杆率的双重约束过渡期内，该目标是否能够实现，理论界和业界还存在很多争论。

本部分的研究探讨在一个存在信息不对称的条件下，将商业银行区分为安全类与风险类两种。在期初，监管当局只能依赖于商业银行自己提供的信息报告，从而无法有效识别其真实类型。到了期末，监管当局可以基于商业银行当期的经营回报，对其真实风险类型进行客观判断，并对具有监管资本套利嫌疑的商业银行个体给予相应的惩罚。我们分别设定是否存在内部评级法与杠杆率监管的四种情况，推导商业银行的最优化行为。以评判杠杆率监管指标的限制能否有效遏制银行监管资本套利的问题。

一、银行监管资本套利行为的分析

监管资本套利（regulatory capital arbitrage），是指商业银行在不违背监管当局资本监管要求的前提下，进行某种金融设计，能够在不改变自身实际风险承担的条件下却能降低监管资本要求。监管资本套利根源于监管资本与经济资本的不一致性。

监管资本是监管当局所要求的资本，确定监管资本的标准是资本的用途，即防范吸收银行损失，关注主体是监管当局。从数量上来看，其他条件不变，监管当局总是希望银行持有更多的资本，以提高银行吸收损失的能力，减少银行破产倒闭的风险，确保银行体系稳定。而经济资本是经济意义上的资本，是银行根据自身风险衡量计算的银行应该持有的资本，其确定标准是银行实际承担的风险量，经济资本是在监管资本不存在时银行自身的最优资本数量。鉴于税收、信息不对称以及银行代理成本的存在，银行的资本成本必然大于负债成本，监管资本与经济资本之间也必然存在差异。如果把这种差异理解为商业银行接受监管所承担的监管税收，就不难理解银行为什么总是想方设法降低监管税收、产生监管资本套利行为了。

商业银行进行监管资本套利行为的动机主要有以下三个方面：（1）为了满足监管当局提出的资本充足率要求。银行将资产负债表内风险资产组合中适当风险权重的一部分进行转让或风险转移，使银行在资本未发生变化的条件下，降低风险加权资产总额，进而提高银行资本充足率。（2）提高银行资本收益水平。商业银行在监管资本标准相同的不同资产组合中，减少低风险、低收益资产，保留高风险、高收益资产，提高银行资本配置效率。（3）释放出资本以支持更大规模的资产业务。监管资本套利通过提高名义资本充足率可以适当减少实际监管资本的占用量，银行内部释放出来的资本，可进一步支持开展新的业务、增加利润来源。

资本监管框架的缺陷使监管资本套利大量出现，这降低了资本监管制度的有效性，使银行业系统性风险加剧，银行监管当局一直不断通过实践寻找有效的方法遏制监管资本套利行为。《巴塞尔协议Ⅲ》之前，为了消除监管资本套利，业界一直在努力提高银行内部评级法的风险敏感性，但以社会福利最大化为目标的监管资本和以自身价值最大化为目标的经济资本难以完全实现统一，监管者与被监管者内在目标的不一致性使激励相容约束尚未有效形成。

资本充足率监管之所以允许银行使用内部评级法，是因为监管当局认为银行能够对自身的资产风险特性有更准确地识别与判断，其自行测算出的风险资产可以最大限度地保证模型具有高风险敏感性，监管当局则通过后期的审查以及惩罚手段，督促商业银行不要进行监管资本套利。早期（《巴塞尔协议Ⅰ》阶段），巴塞尔委员会曾在银行交易账户的市场风险测量上试用过内部评级法，效果不错，但后来《巴塞尔协议Ⅱ》将其应用于更大范围，尤其是信用风险，效果却不尽如人意，没能遏制银行的监管资本套利行为。究其原因，一是在早期使用内部评级法评估的风险资产占银行整体暴露的比例较小，监管当局识别套利行为也相对容易，一旦发现可以及时有效地对其进行惩罚并纠正；而《巴塞尔协议Ⅱ》几乎将内部评级法的使用范围扩展到全部资产，加之各种金融创新工具日趋复杂，对监管套利的识别难度加大，等到监管当局发现银行进行了监管资本套利行为时，银行可能早已处于危机之中，"大而不倒"等问题使监管当局很难通过惩罚手段有效纠正套利行为并挽回影响。二是早期的银行交易账户的市场风险测量大多具有日数据，监管当局可以清晰及时地回溯检验，识别套利行为，而应用于全部风险资产后，面对大量信用风险资产，例如信贷资产等，资产风险活跃数据频率非常低，监管当局难以及时回检发现问题。

据统计，美国次贷危机爆发前 5 年，其主要商业银行在总资产规模增长一倍左右的同时，风险加权资产仅仅增长了 25% 左右，表内复杂的资产证券化等业务带来的风险无法由资本充足率指标有效衡量。直到危机爆发前夕，这些银行的资本充足率仍然大多维持在 10% 以上，远高于《巴塞尔协议Ⅲ》最低要求 8% 的比例。貌似安全稳健的数据实际上潜藏着巨大的风险，商业银行很可能已经通过大量监管资本套利行为调整其资本充足率达标，资本充足率与杠杆率指标大幅度背离，资本监管效率被严重削弱。为了解决这个问题，危机后《巴塞尔协议Ⅲ》恢复引入杠杆率限制作为计算资本充足率时银行内部评级法的补充，我国也在 2012 年开始实施杠杆率指标监管。然而，理论与实践中，杠杆率监管指标的引入究竟能否真正有效地遏制银行监管资本套利还是一个存在争论的问题。很多研究指出，提高风险敏感性的内部评级法对降低银行风险是有帮助的，缺乏风险敏感性的资本监管才会导致银行资产风险的增加，缺乏风险敏感性的资本监管无法有效降低商业银行风险倾向，例如罗切特（Rochet，1992）、谢尔登（Sheldon，1996）、霍瓦基米安和凯恩（Hovakimian and Kane，2000）等的研究。也有一部分研究支持引入杠杆率监管，认为风险敏感性的资本充足性监管和杠杆率限制监管的结合，是可以提高资本监管有效性的，但有效程度要综合考虑到监管当局和商业银行间存在的信息不对称性、商业银行自己所提供的风险报告信息的真实性、银行的损失承诺水平等，例如库皮克与奥布莱恩（Kupiec and O'Brien，1995）、埃斯特雷拉（Estrella，2001）、比克塞尔与布卢姆（Bichsel and Blum，2005）、希尔德布兰德（Hildebrand，2008）等的相关研究。

我国对于杠杆率监管与资本套利的研究并不是很多，中国银监会课题组（2010）在《商业银行资本监管制度改革》系列报告中，对建立杠杆率监管标准以弥补资本充足率的不足提出了应关注的问题与建议，总体来说是认同使用杠杆率监管限制信贷规模的过度扩张作用的。党均章（2011）对杠杆率监管的演进、意义、实施影响以及监管当局的要求进行了简要分析，认为杠杆率监管不仅能降低顺周期性，还能遏制监管资本套利。陈梦雯等（2011）分析了资本充足率监管与杠杆率监管相结合的政策实施效果，两者同时执行的时候只有更为严格的监管政策真正发挥了作用，但却无法有效遏制监管资本套利行为。黄海波等（2012）运用线性规划方法得出类似结论，认为杠杆率监管是在顺周期性与监管资本套利之间的一种权衡，杠杆率监管不一定遏制监管资本套利，反而可能刺激银行试图从低风险资产向高风险资产进行转换。我国国内对银行杠杆率监管进行理论分析的研究并不多，且它们都未考虑监管者与被监管者之间的信息不对称问题。

二、基本模型设计

本书模型在监管者与被监管者之间存在信息不对称的条件下展开。期初，商业银行自己选择本银行的资本结构，作为监管当局只能依靠商业银行提供的信息资料报告，所以并不能有效判别其真实风险。由于税收、代理成本等影响商业银行的资本成本高于其债务成本，它们出于利润最大化动机会倾向于进行监管资本套利行为。期末，商业银行的资产投资回报真实暴露，监管当局可以通过对银行是否安全的风险类型做出判别，对于存在监管资本套利行为的商业银行进行惩罚。模型结果显示，如果监管当局在期末的风险类别判别机制具有不完全性，商业银行就存在动机进行监管资本套利行为，在这种条件下，适时引入杠杆率监管指标进行约束将有助于遏制商业银行逐利性的监管资本套利行为。

假设模型中的商业银行可分为风险型银行与安全型银行两种类型。由于监管者与被监管者之间存在信息不对称的因素，商业银行了解自己所属的类型，而监管当局事前不能甄别，只能在事后进行判断。假定风险型银行和安全型银行的总资产规模都是相等的，我们把其标准化为 1。商业银行总资产来源于银行存款与资本两个部分，银行可以根据自己的风险偏好决定两者之间的比率，即：

$$Deposit + Capital = 1$$

其中，Deposit 代表储蓄；Capital 代表资本。假定存在存款保险制度，商业银行所有的存款能够被其完全覆盖，即存款风险不存在，存款利率等于无风险利率，标准化为 0，即期初的 1 单位银行存款到期末的价值仍然为 1。假定 1 单位银行的资本到期末的价值为 $W_{Capital}$，由于市场不完全性存在，商业银行资本的机会成本会高于存款利率，因而有 $W_{Capital} > 1$。假定风险型银行与安全型银行都具备风险中性的特征，并追求自身期望收益的最大化。安全型银行的资产总值期末价值为 $1 + x$，风险型银行的资产总值期末可能呈现两种不同情况，其相应的价值与概率分布为：

$$RW = \begin{cases} 1 + x, & P \\ 1 - x, & 1 - P \end{cases}$$

其中，$0 < x < 1$，这意味着在 $(1 - P)$ 的概率下，风险型银行有出现亏损的可能性，其期末资产总价值最小是 0。当概率 $P > \frac{1}{2}$ 时，则风险型银行的期望收益为 $P(1 + x) + (1 - P)(1 - x) = 2Px - x + 1$ 大于无风险收益 1，否则理性的商业银行会选择退出市场。我们再假设风险型银行的期望收益 $2Px - x + 1 \geq W_{capital}$，则在任何资本结构水平下，这样的风险型银行都不会主动选择退出市场。

到期末，银行监管当局通过回溯检查判别商业银行所属的真实风险类型。由于监管当局在期初仅依靠银行提供的信息报告，不能准确识别其所属风险类型；到期末监管当局可以依靠银行最终实现的真实资产收益率指标进行甄别，再次判断其所属的风险类型。但是，由于概率分布，在期末风险类型的银行有可能出现和安全类型银行相同的资产收益率水平，都为 $1 + x$，此时的银行监管者只能在一定概率 $(1 - P)$ 下识别出风险类型银行，予以相应的惩罚或纠正措施。因此，我们认为，银行监管当局此时的判别机制具有不完全性。

假定当商业银行的资本 Capital < 0 时，即发生银行破产，破产所带来的外部社会成本为 Cost。商业银行实行现代公司的有限责任制度，因此，作为银

行的股东并不会承担全部社会成本 Cost，商业银行的风险爆发及其导致的损失是具有负外部性的。

三、不存在资市监管情形下的模型推导

假定条件下，安全型银行的预期利润是：

$$\pi s = (1 + x)(Deposit + Capital) - Deposit - Wcapital \times Capital$$

很明显，安全型银行预期利润最大化的解为：$Capital = 0$，$Deposit = 1$，$\pi s = x$。

这意味着，安全型银行可以在不持有任何资本的情况下，单纯依靠银行储蓄存款来满足其全部的资本金需求。考虑到模型前提假定安全型银行出现亏损的可能性为零，因而它是不会破产的，对于安全型银行来说，其个体最优运营方式的选择是实施零资本运营，同时这也是考虑社会成本的社会最优选择。

假定条件下，风险型银行的预期利润为：

$$\pi r = P\big[(1 + x)(Deposit + Capital) - Deposit - Wcapital \times Capital\big]$$
$$+ (1 - P)\max\big[(1 - x)(Deposit + Capital) - Deposit - Wcapital \times Capital, 0\big]$$

可知，风险型银行预期利润最大化的解为：$Capital = 0$，$Deposit = 1$，$\pi r = Px$。

这意味着，与安全型银行一样，风险型银行业可以在不持有任何资本的情况下，单纯依靠银行储蓄存款来满足其全部的资本金需求。但是，与安全型银行所不同的是，风险型银行有可能在 $(1 - P)$ 的概率下发生经营破产，破产最终会带来外部社会成本 Cost。也就是说，风险型银行实施无资本经营，可能会给整个社会带来 $(1 - P)Cost$ 的期望成本损失。要想避免风险型银行发生破产，该类型银行至少需要持有足以弥补其投资亏损数额的资本水平 x。所以该类型银行需要持有的资本水平为 $Capital = x$。要将风险型银行 x 水平的储蓄存款变为银行资本，这种转变会使银行逾期利润水平由 $Capital = 0$，$Deposit = 1$ 时的 $\pi r = 2Px$，降低为 $Capital = x$，$Deposit = 1 - x$ 时的 $\pi r = 2Px - Wcapital \times Px$，风险型银行的预期利润水平降低 $(Wcapital - 1) \times Px$。假定风险型银行发生破产带来的社会成本足够大，大到对于整个社会来说，通过增加该类型

商业银行所持有的资本以防范风险，是有助于整个社会福利得到整体提高的。那么有：

$$(1-P) \times Cost > (Wcapital - 1) \times Px$$

推导得到：

$$Cost > \frac{P}{1-P}(Wcapital - 1) \times x$$

四、只存在杠杆率监管情形下的模型推导

按照《巴塞尔协议Ⅲ》杠杆率监管指标的要求，各类商业银行持有的银行资本占银行总资产规模应达到相应比例，在本书模型中，假设风险型银行与安全型银行的总资产规模是相等的，两者都标准化为1，因此，风险型银行与安全型银行在同样杠杆率监管要求下所持有的最低规模资本也是相等的，设为 Capital – min，为了防范商业银行爆发危机，我们将银行持有的最低资本数量设定为：

$$Capital - min = \frac{1}{2}x$$

在这种情形下，安全型银行所持有的最低资本，无论从银行内部来说还是从社会整体外部来说，都是不经济的。因为在信息不对称的前提条件下，银行监管当局设置的杠杆率限制是综合考虑银行危机爆发时所导致的整个社会成本与安全型银行付出过度资本成本两个选择的权衡之举。根据模型推导，如果安全型银行数量占整个社会全部银行数量的大多数，那么，监管当局实施杠杆率监管的效率和效益是低于无任何资本监管状态下的效率和效益的。由于杠杆率指标的界定原则，杠杆率监管是缺乏风险敏感性的。

五、只存在内部评级法监管状态下的模型推导

允许银行使用内部评级法是《巴塞尔协议Ⅱ》最重要的内容之一，它更加广泛地涵盖了信用风险、市场风险和操作风险，资本充足率指标也由此更

加具有风险敏感性。内部评级法允许商业银行根据自身对风险状况与模型参数的设定确定其风险加权资产，商业银行应据此持有相对应的资本水平，以满足监管当局资本充足率监管要求的标准。

本书假定划分了安全型银行和风险型银行两种不同风险水平的商业银行，在只使用内部评级法的前提下，监管当局在期初无法准确判断商业银行所属风险类型，只能依据银行使用内部评级法提供的信息报告，对于安全型银行来说，监管当局要求其持有的最低资本水平为0，安全型银行必然会如实报告真实的情况并无须持有资本。

对于风险型银行来说，监管当局要求其持有的最低资本水平为 $\frac{1}{2}$x，而风险型银行的反应则会有所差异，这类银行存在两种选择，一种是向监管部门真实报告其风险状况，其将被要求持有数额为 $\frac{1}{2}$x 的资本；另一种则是向监管部门隐瞒其真实风险状况，期初并不会被发现，其将被允许持有数量为0的资本。假定真实报告时风险型银行的预期利润为 πr(risky)，隐瞒报告时风险型银行的预期利润为 πr(safe)，很明显，πr(risky) < πr(safe)，因此，风险型银行是有利益动机进行监管资本套利行为以获取更高预期收益的。

监管当局为了降低银行隐瞒真实风险状况、进行监管资本套利动机，会在期末银行总资产收益率落实后进行回溯检查，识别银行所属的真实风险类型，并对甄别出的隐瞒了真实风险状况的银行进行惩罚，假定罚金记为 F，是该银行资本期末余额的一个确定比率，即：

$$F = sCapital_t$$

其中，$Capital_t$ 为商业银行的资本金在期末的余额，假定监管当局对于当期经营损失的风险型银行可以做出完全的甄别，对于经营成功的风险型银行，其总资本收益率与同期的安全型银行是完全相同的，我们以概率 q 进行判别。

这种条件下，选择真实报告自身风险状况的风险型银行，其预期利润为：

$$\pi r(risky) = \frac{3 - Wcapital}{2}Px$$

选择隐瞒报告自身风险状况的风险型银行，其预期利润为：

$$\pi r(\text{safe}) = P(x - qF)$$

这时，$Capital_t = x$，将 $F = sCapital_t$ 代入上式，得到：

$$\pi r(\text{safe}) = (1 - qs)Px$$

假定商业银行是理性的，它会在 $\pi r(\text{risky})$ 与 $\pi r(\text{safe})$ 两种预期收益之间进行比较，选择预期收益更高的一种，从而决定是否要进行监管资本套利。当满足以下条件时，风险型银行会选择真实报告其自身风险状况，即：

$$\frac{3 - \text{Wcapital}}{2} > (1 - qs)$$

经化简得到：

$$qs > \frac{\text{Wcapital} - 1}{2}$$

由模型推导可知，监管当局判别出风险型银行隐瞒自身实际状况的概率 q 和一旦发现隐瞒对其惩罚的力度 s 是风险型银行是否进行监管资本套利的决定因素，只有这两个指标大到一定程度，内部评级法才能够真正起到遏制商业银行监管资本套利行为的作用。当监管当局的识别银行风险隐瞒的能力非常弱，即 q 值很小甚至等于 0 时，监管当局就没有办法在经营成功的风险型银行与如实报告的安全型银行之间做出任何判断，无论惩罚力度 s 设置多大，内部评级法都无法遏制商业银行进行监管资本套利行为。此外，当资本成本 $\text{Wcapital} > 3$ 时，即使监管当局对隐瞒银行的判别能力再强，惩罚力度再大，也都没有办法遏制银行进行监管资本套利行为。

六、同时存在杠杆率与内部评级法监管状态下的模型推导

如果按照《巴塞尔协议 Ⅲ》的监管要求，银行监管当局在使用内部评级法的基础上引入杠杆率限制监管，我们来分析同时存在杠杆率监管与内部评级法监管的情形。此时，监管当局会要求所有商业银行都持有一个最低的资本数额，满足杠杆率的监管要求，由于假定资产规模相同，无论是风险型银行还是安全型银行，持有的资本规模都为 $\overleftrightarrow{Capital - \min}$，对比单纯

只有杠杆率监管时的 Capital－min 来说，此时的最低资本水平要求会更低，即 $\overleftrightarrow{Capital－min} < \frac{1}{2}x$。对于风险型银行来说，如果向监管当局真实报告自身风险状况，仍然按照内部评级法的要求持有 $\frac{1}{2}x$ 的最低资本数量。其他条件下的其他类型银行，包括安全型银行以及隐瞒自身风险状况的风险型银行，都被要求持有 $\overleftrightarrow{Capital－min}$ 数量的资本，此时，应选择真实报告自身风险状况的风险型银行，其期望利润仍然为：

$$\pi r(risky) = \frac{3－Wcapital}{2}Px$$

如果选择隐瞒报告自身风险状况的风险型银行，其期望利润则变为：

$$\overleftrightarrow{\pi r(safe)} = P\{[1 + x －(1 － \overleftrightarrow{Capital－min})](1 － qs) － Wcapital \times \overleftrightarrow{Capital－min}\}$$

变化可得到：

$$\overleftrightarrow{\pi r(safe)} = (1 － qs)Px + P(1 － qs － Wcapital \times \overleftrightarrow{Capital－min})$$

因为 Wcapital ＞1，所以有 1 － qs － Wcapital ＜0，比较 $\pi r(safe) = (1 － qs)Px$ 与 $\overleftrightarrow{\pi r(safe)} = (1 － qs)Px + P(1 － qs － Wcapital \times \overleftrightarrow{Capital－min})$ 可以得出以下关系：

$$\overleftrightarrow{\pi r(safe)} < \pi r(safe)$$

这就证明，在内部评级法的基础上引入杠杆率指标监管后，风险型银行如果能够真实报告自身风险状况，该银行的预期利润并不会发生任何改变，而如果隐瞒报告自身真实风险状况，该银行的预期利润将会明显下降，有可能最终导致该风险型银行改变进行监管资本套利的行为决定。

我们继续比较 $\pi r(risky) = \frac{3－Wcapital}{2}Px$ 与 $\overleftrightarrow{\pi r(safe)} = (1 － qs)Px + P(1 － qs － Wcapital \times \overleftrightarrow{Capital－min})$，为了有效地遏制风险型银行进行监管资本套利行为，需要设法满足 $\overleftrightarrow{\pi r(safe)} < \pi r(risky)$，也就是要求 $\overleftrightarrow{Capital－min}$ 满足以下的条件：$\overleftrightarrow{Capital－min} > \frac{1 + 2qs － Wcapital}{(1 － qs)P － Wcapital}$，因此，我们可以得出以下结论，给定概率 q 反映了监管当局对商业银行经营状况最终的判别能力强弱，比例 s

反映甄别成功后的惩罚力度，在内部评级法的基础上引入杠杆率指标监管，且杠杆率要求大于$\dfrac{1+2qs-Wcapital}{(1-qs)P-Wcapital}$，就可以有效地遏制风险型商业银行进行监管资本套利。

我们在上式中对甄别概率 q 进行求导，可得$\dfrac{\partial \overrightarrow{Capital-min}}{\partial q}<0$，这意味着，为实现银行资本监管的激励相容约束，监管当局对商业银行的判别能力越强，杠杆率指标代表的最低资本要求就越低。在 q = 1 的极端条件下，$\overleftrightarrow{Capital-min}=0$，反映出当银行监管当局在期末具备完全的判别银行风险状况的能力时，实施内部评级法就可以有效地遏制风险型商业银行进行监管资本套利，内部评级法与杠杆率监管双重约束退化为只依靠内部评级法模型。相反，在 q = 0 的另一个极端条件下，$\overleftrightarrow{Capital-min}=1$，反映出当银行监管当局在期末完全不具备判别银行风险状况的能力时，实施内部评级法失效，内部评级法与杠杆率监管双重约束退化为只依靠杠杆率指标监管的模型。

最终得出结论，在内部评级法的基础上引入杠杆率指标监管方法，是对于监管当局对商业银行的识别判定能力不足的一种补充。杠杆率监管指标会随着监管当局的识别判定商业银行风险状况的能力变化而变化，监管当局对商业银行风险状况识别判定的能力越低，商业银行资本监管中需要引入的杠杆率监管要求也就越高。

以下进一步分析杠杆率监管指标的引入对于遏制商业银行监管资本套利行为的作用，我们对双重监管机制下风险型银行隐瞒自身风险状况的情形进行变换，即：

$$\overleftrightarrow{\pi r(safe)}=P\{[1+x-(1-\overleftrightarrow{Capital-min})](1-qs)-Wcapital\times\overleftrightarrow{Capital-min}\}$$

变换后得到：$\overleftrightarrow{\pi r(safe)}=P\{[1+x-(1-\overleftrightarrow{Capital-min})]-Wcapital\times\overleftrightarrow{Capital-min}\}-pqs[1+x-(1-\overleftrightarrow{Capital-min})]$

由此可知，在使用内部评级法的基础上，引入杠杆率指标监管，最低资本持有比率$\overleftrightarrow{Capital-min}$的上升可以通过两条路径对商业银行产生影响：第一条路径是，随着该指标$\overleftrightarrow{Capital-min}$的上升，风险型银行选择进行监管资本套利最终所获得的预期收益公式中的前半部分会随之下降，即使不考虑隐瞒惩罚，风险型银行也会因为杠杆率监管要求的上升而被迫持有更高数量的资本，导致银行资本成本上升，如果期末银行投资取得成功，其最终的预期收益水平也会随之下降；如果期末投资失败，由于银行持有的资本因杠杆率要求提高而上升，投资失败后银行需要自身承担的损失就越高，杠杆率的提高降低了现代银行有限责任制度的卖权价值。第二条路径是，随着 $\overleftrightarrow{Capital-min}$ 的提高，风险型银行选择进行监管资本套利最终所获得的预期收益公式中的后半部分会随之上升，考虑监管当局对风险型银行监管资本套利行为的惩罚，随着杠杆率的提高银行持有的资本增多，这就意味着能够被用来接受惩罚的资本金就越高，监管当局的惩罚会越重。

七、主要结论及政策建议

以上的理论模型建立在监管者与被监管银行信息不对称的条件下，将商业银行划分为安全型银行与风险型银行两类。我们分别设定了不存在资本监管、仅存杠杆率监管、仅存在内部评级法监管，同时存在杠杆率监管与内部评级法监管四种情形，从理论上推导商业银行的最优化行为，并评估其进行监管资本套利行为的收益与成本，据以评判《巴塞尔协议Ⅲ》杠杆率监管究竟能否有效遏制商业银行监管资本套利的问题，改善银行业资本监管中的一大难题。

经过四种组合模型的推导，研究结果显示以下六点。

（1）《巴塞尔协议Ⅲ》与中国银行保险监督管理委员会引入的杠杆率指标监管能够作为以内部评级法为基础的、风险敏感性更强的资本充足率监管的有力补充，其有效性得到了理论支撑。

（2）在监管者与被监管者商业银行存在信息不对称的条件下，杠杆率监管指标的实施可以和内部评级法监管一起有助于遏制监管资本套利。

（3）在内部评级法的基础上引入杠杆率指标监管后，商业银行如果不提高内部评级的风险敏感性，不能真实反映自身风险状况，其预期收益会因杠杆率监管的强化明显下降，最终导致该风险型银行改变进行监管资本套利的行为决定。

（4）监管当局应提高商业银行经营状况的甄别能力与事后的惩罚力度，以更有效地遏制风险型商业银行进行监管资本套利。监管当局对商业银行风险状况的甄别能力越低，商业银行资本监管中需要引入的杠杆率监管要求就越高。两种极端情况是，如果监管当局具有完全判别能力，内部评级法对有效遏制监管资本套利起绝对作用，无须引入杠杆率指标监管；如果监管部门完全不具有判别能力，则内部评级法对有效遏制监管资本套利完全失效，只能依靠杠杆率监管。

（5）杠杆率监管要求的上升会通过两条途径对商业银行产生影响：一是降低现代银行有限责任制所赋予的卖权的价值。杠杆率监管要求的提高会迫使高风险银行持有更多数量的最低资本，一旦危机爆发用以承担损失（包括社会损失），从而降低了高风险银行进行监管资本套利的收益。二是提高了银行因进行监管资本套利被监管部门惩罚的威慑力。杠杆率监管要求的提高会使银行持有的最低资本数量上升，一定程度上确保其监管资本套利行为被发现后惩罚的力度。

（6）在银行资本监管框架中引入杠杆率指标监管是有成本的，风险相对较低的银行反而处于不利地位，为达到统一的杠杆率监管标准，它们不得不持有比个体最优决策水平更多的资本，无论从商业银行个体层面还是社会整体层面，这都是一种资本浪费。因此，我国银行业资本监管在引入杠杆率监管的实践操作中，应理性客观地权衡与评估遏制监管资本套利的效益与增加资本成本的付出两个方面。

第三节　我国银行业杠杆现状与杠杆率监管建议

一、资产负债规模保持增长但增速回落

根据中国银行保险监督管理委员会公开数据资料显示，截至 2018 年 6 月，我国商业银行总资产规模达到 195.65 万亿元，比 2017 年同期增长 6.9%，总负

债规模达 181.28 万亿元，比 2017 年同期增长 6.5%，总资产与总负债规模常年保持增长态势，2017 年之前，增速平均水平保持在 13% 左右，而 2017 年之后，商业银行总资产与总负债增速大幅下降至 7% 左右，如图 7 - 1 与图 7 - 2 所示。

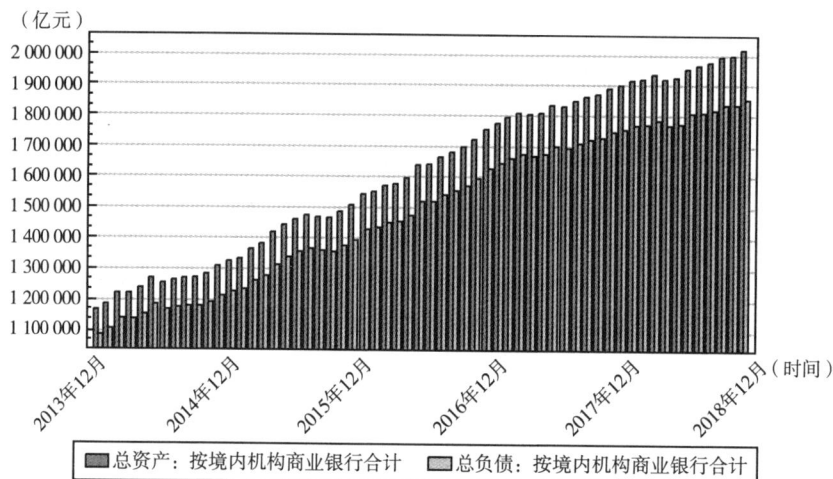

图 7 - 1　中国银行业总资产、总负债增长

资料来源：万得（Wind）金融数据库、中国银行保险监督管理委员会公布数据。

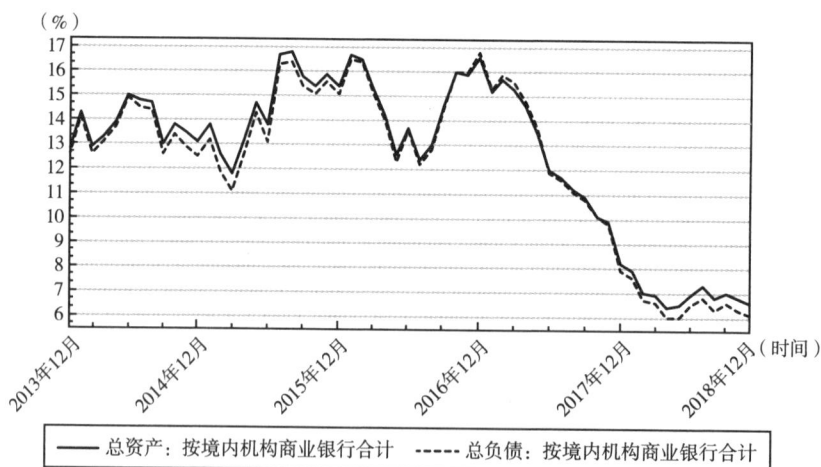

图 7 - 2　中国银行业总资产、总负债同比增速

资料来源：万得（Wind）金融数据库、中国银行保险监督管理委员会公布数据。

　　我国银行业保持了行业资产负债规模的平稳增长和盈利能力的相对稳定，保证了金融市场的平稳运行，未发生重大风险事件。2017 年以来，随着我国金融监管与去杠杆力度的逐步加大，银行业资产负债规模的扩张速度也趋于平缓。当前和今后一段时期我国金融领域仍处在风险的易发高发期，风险点多面广，呈现隐蔽性、复杂性、突发性、传染性、危害性的特点。要坚持"稳中求进"的工作总基调，立足标本兼治、主动攻防和积极应对兼备，坚决打好防范化解重大风险攻坚战。

　　银行业存贷款增速也出现回落。截至 2018 年 6 月，金融机构人民币各项存款余额 171.0 万亿元，同比增长 8.4%，增速比 2017 年末低 0.6 个百分点；金融机构本外币贷款余额 127.3 万亿元，同比增长 12.7%，增速与 2017 年末持平，存贷款余额规模保持增长，但增速却在波动中趋于回落，如图 7－3 与图 7－4 所示。

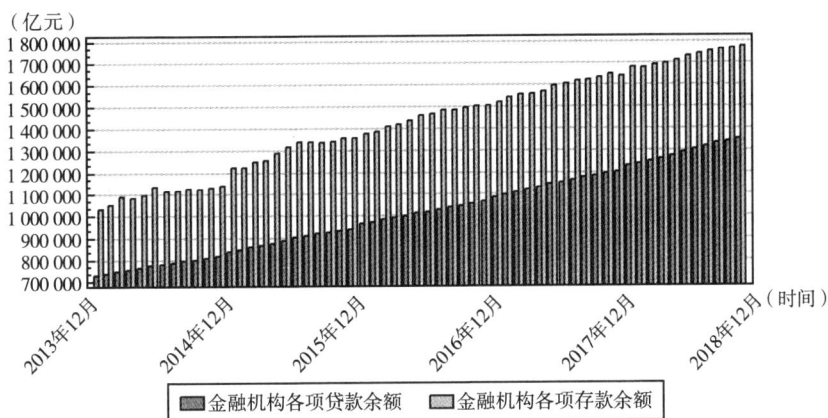

图 7－3　金融机构存款余额与贷款余额

资料来源：万得（Wind）金融数据库、中国银行保险监督管理委员会公布数据。

　　房地产行业是我国新的发展阶段的一个重要支柱产业，房地产行业也成为我国银行业信贷投放的重点领域。根据中国人民银行公开数据显示，我国主要金融机构投放于房地产行业的贷款余额仍在各行业中保持强劲势头。房地产贷款余额从 2014 年底的 17.37 万亿元，增长至 2018 年 6 月的 35.78 万亿元，增幅 106%，远远高于银行总资产增长率与银行各项贷款增长率。

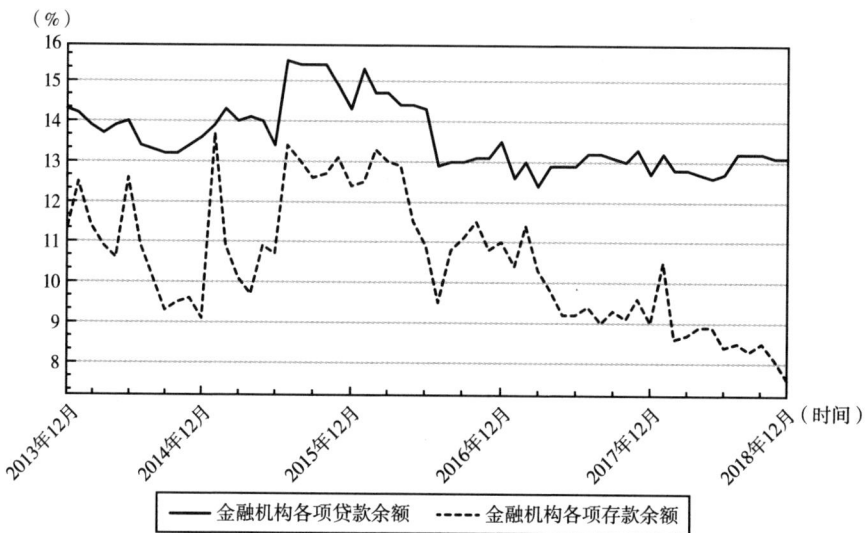

图7-4　金融机构各项存款贷款余额同比增速

资料来源：万得（Wind）金融数据库、中国银行保险监督管理委员会公布数据。

二、我国商业银行总体杠杆率水平

依据《巴塞尔协议Ⅲ》与中国银行保险监督管理委员会颁布的《商业银行杠杆率管理办法》，杠杆率的计算公式为一级资本与银行表内外总资产之和。我国银行业监管当局要求商业银行并表和未并表的杠杆率均不得低于4%，高于《巴塞尔协议Ⅲ》平行监测期杠杆率3%的最低要求水平。通过中国银行保险监督管理委员会公布的数据整理计算，我国商业银行的杠杆率总体达标，且长期保持在6%～7%左右的水平，反映出我国商业银行业的资本是比较充足的，抵御风险的能力也较强。如表7-3所示。

表7-3　　　　　　　　　　　我国商业银行杠杆率指标

日期	商业银行表内外总资产（亿元）	一级资本净额（亿元）	杠杆率（%）
2014 年 12 月	1 308 017.00	92 481.00	7.07
2015 年 12 月	1 509 380.00	110 109.00	7.29
2016 年 12 月	1 759 383.00	124 861.00	7.10

日期	商业银行表内外总资产（亿元）	一级资本净额（亿元）	杠杆率（%）
2017 年 12 月	1 904 180.00	139 488.00	7.33
2018 年 09 月	1 997 574.00	149 722.00	7.50

资料来源：根据万得（Wind）金融数据库、中国银行保险监督管理委员会公布数据整理计算。

三、银行表内外和"影子银行"同时加杠杆

我国银行业的表外业务持续增长，风险隐患值得关注。截至 2017 年末，银行业金融机构表外业务余额 302.11 万亿元（含托管资产表外部分），同比增长 19.17%。表外业务余额相当于表内总资产规模的 119.69%，比 2016 年末提高 10.54 个百分点。其中，担保类 18.34 万亿元，承诺类 21.98 万亿元，金融资产服务类 186.09 万亿元。商业银行表外业务管理仍然较为薄弱，表内外风险可能出现交叉传染。[①]

我国银行业出现同业负债快速扩张趋势，以股份制商业银行为代表的中小银行呈现同业负债占比居高不下的态势。从本质上说，同业负债就是金融同业机构间的负债关系，可以使金融业整体资产负债表扩张，赋予机构持有更多资产的能力。除了传统的资金端以回购、拆借、同业存款为形式建立的同业债权，近年来为金融机构扩表发挥重要作用的同业负债方式还包括同业存单、同业理财等。同业理财严格意义上属于资产受托管理业务，但对给出预期收益率类型的同业理财而言（无论保本或者非保本）实质上仍然表现为金融机构（资管产品）的类债权融资方式扩表。相比较国有大型商业银行，股份制中小银行普遍受到的各种限制比较多，例如规模优势不足、营业网点较少、存款性负债吸收能力偏弱等，因此，为了追求更高的收益并提高资金利用效率，同业负债成为这些中小银行业加杠杆的一个重要渠道。以上市股份制银行为例，自 2014 年以来，其同业负债占总负债的比例一直保持在 20%以上，但 2016 年来稍有下降趋势。

---

① 资料来源：中国人民银行金融稳定分析小组.2018 年中国金融稳定报告［R］.2018.

根据中国人民银行公开的数据，截至 2018 年 9 月末，我国各类金融资管产品的总规模高达 104.5 万亿元，其中银行同业理财是银行互持的重要产品之一。根据《中国银行业理财市场年度报告（2016 年）》，截至 2016 年底，全国共有 497 家银行业金融机构持有存续的理财产品，理财产品数 7.42 万只，理财产品存续余额为 29.05 万亿元，较年初增加 5.55 万亿元，增幅为 23.63%，我国占表内资产的比重达到 16.5%，成为表外扩张主力，其中银行同业理财的规模为 5.99 万亿元，占全部理财产品存续余额的 20.61%，较年初上升 7.84%，使同业理财成为银行理财规模边际增长的重要力量。[①]

商业银行的运作是从负债端融入资金，资产端融出资金，但每一笔负债端的资金并不对应资产端资金，商业银行相当于一个"蓄水池"。在获取足够的低价资本金后，股份制等中小商业银行转向资产端，开始在资产端增加投资，具体表现为通过期限错配实现资金套利，也就是商业银行扩表的加杠杆。商业银行为了实现少计风险资产、少占资本金和少提拨备的目的，不断突破行业和区域的限制，通过资产管理、委外投资等通道出具资产负债表，最终进行监管套利，而资产管理人也采用质押和期限错配的方式再次加杠杆，从而刺激了"影子银行业"的快速发展。

四、建立高效的杠杆率监管体系

首先，监管部门首要任务是制定精准的杠杆率监管目标。监管部门应结合我国的实际情况，在国际监管标准约束下，基于《商业银行杠杆率管理办法》以及《商业银行资本充足率管理办法》等现行制度，制定符合国情的杠杆率监管制度，搭建一套行之有效的杠杆率监管体系。

其次，优化监管手段持续加强资本监管。商业银行是专业经营风险的机构，商业银行的资本是吸收化解潜在风险的缓冲器。基于此监管机构对商业银行提出最低资本监管要求是顺理成章的，也是极其必要的。因此，对于监管机构而言，要持续加强对商业银行资本的监督管理，进而防范金融体系的

---

① 资料来源：中国银行业理财市场年度报告（2016 年）。

系统性风险。同时，监管机构还要结合商业银行经营实际与时俱进，持续迭代更新，确保监管手段的完善。监管机构最常用的监管方式是非现场监管，即通过商业银行定期上报报表的形式进行监管，此种监管的弊端在于，对于报表数据的真实性和数据构成合理性难以进行辨别。相较发达国家而言，其对银行业的监管是将政府监管与外部审计有机融合，对监管发现问题处以高额罚金、吊销牌照等处罚措施。因此，结合国外银行业监管经验，我国监管机构应当加强对商业银行的现场检查力度，结合大数据云计算技术，有机融合现场检查和非现场监管两种方式，通过两者之间的数据共享、交叉印证机制，及时地对商业银行的各类风险进行全面评估和预警，有效降低商业银行出现风险的概率。

最后，监管机构应对商业银行杠杆率进行分类监管。不同类型的商业银行有其特有的客群结构、风险偏好、经营特点，因而其杠杆率会呈现不同水平。本书主要依据商业银行资产规模进行分类，将国内中资商业银行划分为国有商业银行、全国性股份制商业银行、城市商业银行以及农村商业银行四大类。由于各类商业银行资产规模存在较大差异，所处细分领域的市场竞争环境各不相同，因而其所面临的风险水平和风险敞口也不尽相同。监管机构应依据风险水平、敞口大小对不同类型商业银行的监管标准进行合理的划分，将杠杆率作为银行业风险管理的重要监管指标。除了以资产规模作为分类标准，我们还可以选择商业银行是否上市、是否为系统重要性银行作为分类标准，还可以结合银行所在区域的经济发达程度，制定差异化的杠杆率监管标准。

综上所述，监管机构应当定期、不定期对商业银行的杠杆率和各类风险管理状况进行监督检查，并对我国银行业的整体杠杆率变动情况进行持续监测。在《巴塞尔协议Ⅲ》监管体系下，结合我国商业银行经营发展实际，建立宏观审慎监管体系，用以强化对我国银行业系统性风险的监控、预警与防范。针对不同地区的商业银行杠杆率制定差异化监管标准，同时监管机构要持续监测银行业的杠杆率水平变化，防范化解系统性金融风险。

第八章 强化中国银行业资本监管的创新性建议

在对《巴塞尔协议Ⅲ》的资本充足率监管、杠杆率监管和逆周期资本缓冲监管三大改革亮点进行适用性评估的基础上，构建中国银行业微观审慎与宏观审慎并重的资本监管体系，设法扩充银行资本，不仅在数量上更要在质量上提高银行资本抵御风险、减少损失的能力，丰富银行资本形式，注重新型资本工具创新；控制银行利用表外转化或"影子银行"造成加权风险资产的无序膨胀，增加风险，强化系统性风险预警机制，在安全稳定的基础上对我国银行实施去杠杆，结合国际最新的监管理念进行本土化政策建议，为《巴塞尔协议Ⅲ》的逐步推进和有效实施奠定基础，实现中国银行业资本监管的全面升级和完善。

第一节 加快中国银行业资本工具创新

一、中国银行业资本工具创新的现实意义

我国银行业的资本充足水平一直比较稳定，这也是我国银行业能够在本轮金融危机中表现良好、抗击外部严重冲击的重要原因，强大的资本充足实力维护了我国银行体系的稳健运行。但是，面对实体经济的信贷扩张在某种程度上来说是一种刚性需求，资本充足率监管要求的提高会使我国银行业在信贷收缩与资本不足的两难境地徘徊，为解决资本缺口，我国商业银行迫切

需要各种资本工具的支持。不同于欧美活跃银行资本的创新过度，我国银行业长期面临着资本结构过于单一、资本补充渠道狭窄的问题，恰恰需要合理的新型资本工具创新。中国银行业实施资本工具创新具有以下重要意义。

（一）有助于降低我国银行资本成本，增加资本管理灵活性

在规模导向型的经营战略下，我国商业银行风险加权资产一直处于快速增长过程中，资本消耗较多，随着资本充足率监管要求的提高，使资本补充压力持续存在。特别是 2013 年"中国版巴塞尔协议Ⅲ"的实施，使大量不符合要求的二级资本工具不得不退出①，银行的资本补充压力更加明显。长期以来我国商业银行持有资本的构成特点是，资本充足水平较高，特别是核心资本充足比率处于世界领先水平，但是由于资本结构单一、缺乏新型资本工具，我国商业银行持有的二级资本数量、一级资本数量、核心一级资本数量几乎相同，由表 8-1 可知，我国商业银行的一级资本几乎完全由核心一级资本组成，近年来核心一级资本占比一级资本比例虽有小幅下降，但仍保持在 95%以上。由于核心一级资本主要由银行的普通股与留存收益构成，资本成本较高，加之《巴塞尔协议Ⅲ》对储备资本和逆周期资本缓冲的要求，核心一级资本的缺口压力就更大了。

表 8-1　我国商业银行核心一级资本充足率与一级资本充足率比较

时间	核心一级资本净额（亿元）	一级资本净额（亿元）	核心一级资本充足率（%）	一级资本充足率（%）	核心一级资本占比一级资本（%）
2013 年 12 月	75 793	75 793	9.95	9.95	100.00
2014 年 12 月	90 739	92 481	10.56	10.76	98.12
2015 年 12 月	106 268	110 109	10.91	11.31	96.51
2016 年 12 月	119 367	124 861	10.75	11.25	95.60
2017 年 12 月	132 195	139 488	10.75	11.35	94.77
2018 年 09 月	142 610	149 722	10.80	11.33	95.25

资料来源：万得（Wind）金融数据库。

---

① 据统计，2013 年末，需要退出银行合格资本范畴的不符合要求的二级资本债券就有 9000 亿元之多。

根据国际银行业发行新型资本工具的经验，优先股、永续资本债券等其他一级资本工具的发行成本大概在 8% ~9.3% 的幅度内，而发行二级资本债券的成本只有 6% ~7.5% 的幅度，都远低于发行核心一级资本普通股 11.2% ~18.5% 的融资成本平均水平。我国商业银行普遍以"纯度"最强、资本成本最高的普通股作为一级资本的绝对构成，从经济意义上来说是缺乏效率的。因此，创新新型资本补充工具的使用，拓展资本补充渠道对于我国商业银行降低资本成本，改善我国银行业资本结构，维持经营盈利水平具有重要意义。

（二）适应国际监管要求，提高资本损失吸收能力

本轮金融危机暴露出国际银行业资本监管方面的重要问题，西方主要商业银行由于资本工具的过度创新，即使危机四伏、濒临崩溃，但其仍然维持着满足监管要求形式上的资本充足率水平，在其银行资本组成中债务资本工具占比偏高而普通股占比较低，资本结构不合理。《巴塞尔协议Ⅲ》做出改革，重新界定资本，强调不仅要重视资本数量，更要注重资本质量，取消了原来的三级资本，将一级资本重新划分为核心一级资本和其他一级资本，强化银行普通股和留存收益以外的其他一级资本工具的合格标准，例如必须无固定期限、是非累积性的、不可强制转为普通股或减记、不带有利率跳升赎回条款等，强化银行资本吸收损失的能力。在国内外资本监管要求不断提高的背景下，我国作为巴塞尔委员会和金融稳定理事会的成员国，要积极地参与国际银行资本监管新标准的制定过程，反过来督促我国商业银行保持稳健经营、保证资本工具的合格标准，提高资本质量。引导新型资本工具的研发，是我国在新时代背景下，主动适应国内外银行监管准则的重要举措，提高我国商业银行的国际竞争力的必要之举，发展引入合格新型资本工具创新也是我国商业银行适应国内外监管要求，提高资本减少损失能力的客观要求。

（三）适应现代银行业发展，增强金融服务实体经济的能力

"十三五"时期，我国面临着复杂多变的国际国内经济金融形势和艰巨繁重的改革发展任务，随着我国银行业转型发展改革进程不断深入，我国商业银行要积极创新发展、提质增效，增强金融对实体经济的支持作用。从我国现阶段来说，间接融资仍然占有主要地位，银行业信贷仍然是金融支持实体

经济固定资产投资的主要渠道，经济增长的信贷支持作用使得银行责无旁贷。如果商业银行资本缺口长期存在，势必会制约我国商业银行的信贷投放能力与投放意愿，提高贷款定价，限制银行服务社会，支持实体经济发展的作用。从这个角度来说，我国商业银行要进一步加强资本工具创新，在坚持原有资本补充方式的基础上，拓宽融资渠道，控制融资成本，通过资本工具创新增强自身的转型发展能力与服务实体经济的能力。

（四）稳定资本市场，有助于金融体制改革

商业银行资本工具创新不仅有利于维护资本市场的稳定，还有利于金融体系的发展与金融体制的改革，培育更合格的资本投资者。金融危机后，欧美等发达国家经济处于动荡中，复苏缓慢，国内外宏观环境具有一定的不确定性，受此影响，我国资本市场长期相对低迷。如果国内商业银行提高外部融资需求，并全部通过资本市场发行普通股来完成，势必会给资本市场的稳定运行带来一定影响与冲击。外援的股本融资会给银行带来股价稀释、控股地位动摇等困扰。按照《巴塞尔协议Ⅲ》的要求，新型资本工具包括非普通股权益工具和债务工具等，如果我国商业银行增加发行创新类型的资本工具，势必会有助于改变其过度依赖高资本成本的普通股融资的局面，多元化资本工具品种及发行渠道，缓解银行大规模融资对资本市场稳定运行的压力。同时，商业银行加快新型资本工具创新的脚步，还有助于不断丰富我国金融市场的金融工具品种和投资者选择，对于促进金融市场改革发展、增强直接融资方式的实力、刺激债券市场发展以及培育多元化的投资主体等方面都具有重要意义和实践价值。

二、我国商业银行可选资本工具现状

长期以来，我国商业银行的资本补充渠道主要是围绕《商业银行资本充足率管理办法》[①]的监管资本相关规定，即商业银行核心资本和附属资本。

---

① 2004年，中国银监会颁布的《商业银行资本充足率管理办法》在很长一段时间内是我国银行业资本监管的核心准则，直至2012年6月中国银行业监督管理委员会发布的《商业银行资本管理办法》对我国商业银行资本充足率计算和监管要求提出新的规范。

核心资本包括实收资本和普通股，以及资本盈余、盈余公积、未分配利润、少数股权等。核心资本的补充渠道主要依靠内源融资和外源融资。内源融资是指银行通过自身积累的利润进行资本补充，即所谓的留存收益，包括盈余公积和未分配利润，是普通股股东权益的主要部分。银行运用自身留存收益补充资本是最简单也容易操作的内部融资方式，且不会削弱原有股东的控股比例，有利于银行长期发展。内源融资是商业银行资本补充最持久、最根本的方式。据统计，2017年我国商业银行整体共实现净利润17 477亿元，比2016年的16 490亿元同比增长5.98%[①]。如果按照20%的股息分配率计算，利润留存将达到13 982亿元，因此，从长期发展来看，如果能合理降低股息分配率转增利润，可进一步提高内源融资效率。

与内源融资相对应，外源融资是指商业银行通过一定方式向外部其他经济主体筹集资金。近年我国通过引进战略投资者、发行新股等方式，在一定程度上为商业银行补充资本金缺口提供了支持。但这些方式会在一定意义上稀释原有股东的权益，甚至弱化原有股东的控股权。其中，发行新股的若干方式（定向增发、公开增发、配股等）也可以帮助商业银行在二级资本市场快速筹集到资本金。当然，这种方式同样面临着分散控股权的问题，而且资本成本相对较高。但因为外源融资供给量的规模优势，目前外源融资方式是我国商业银行补充资本金的主要方式。

目前，我国商业银行补充核心一级资本的渠道主要通过在上海、深圳证券交易所首次公开募股发行（initial public offerings，IPO）和增发普通股；或者通过发行可转换债券，待可转换债券等转股后进行补充。普通股（或债转股后）是我国在核心一级资本补充层面上唯一的工具，这种渠道是风险吸收能力最强、最为稳健的补充方式。通过发行优先股用以补充其他一级资本；通过在银行间债券市场发行二级资本债券，以补充二级资本。除此之外，现阶段我国商业银行其他核心一级资本补充工具的创新几乎为零，多数为其他一级和二级资本工具转为普通股的嵌入式设计。表8-2是2017年以来我国一些上市银行不同渠道的融资情况。

---

① 资料来源：万得（Wind）金融数据库。

表 8 − 2 近期上市商业银行沪深股市融资

融资方式	商业银行	证券简称	发行日期	融资规模（亿元）
首次公开发行（IPO）	成都银行	成都银行	2018 年 1 月 31 日	25.25
	张家港农商行	张家港行	2017 年 1 月 24 日	7.90
股票增发	北京银行	北京银行	2017 年 12 月 28 日	206.41
	浦发银行	浦发银行	2017 年 9 月 4 日	148.30
	兴业银行	兴业银行	2017 年 4 月 7 日	260.00
优先股	杭州银行	杭银优 1	2018 年 1 月 4 日	100.00
	建设银行	建行优 1	2018 年 1 月 15 日	600.00
	江苏银行	苏银优 1	2017 年 12 月 21 日	200.00
	上海银行	上银优 1	2017 年 12 月 14 日	200.00
	招商银行	招银优 1	2018 年 1 月 12 日	275.00
可转债	光大银行	光大转债	2017 年 4 月 5 日	300.00
	宁波银行	宁行转债	2018 年 1 月 12 日	100.00
	无锡农商行	无锡转债	2018 年 3 月 14 日	30.00
	江阴农商行	江银转债	2018 年 2 月 14 日	20.00
	常熟农商行	常熟转债	2018 年 2 月 6 日	30.00

资料来源：万得（Wind）金融数据库。

　　商业银行通过发行普通股、优先股或可转换债券来进行资本补充具有一定的优势，但无论以普通股发行补充核心一级资本，还是以优先股出售补充其他一级资本，在实际操作中都需要满足主板上市或新三板的高门槛。如果上市银行的市场估值相对偏低，那么将导致银行的核心资本补充效率下降，同样的股份发行数量所带来的融资规模却偏低。对于那些难以或尚未上市进入资本市场的城市商业银行、农村商业银行为代表的中小型商业银行，想要补充核心一级资本和其他一级资本则难上加难，只能通过引进原有股东的增资或者新股东的引入来完成。

　　监管部门鼓励商业银行进行资本工具创新政策推出后，永续债成为未上市银行补充一级资本的最优选择，未来终将成为商业银行多种资本补充渠道的重要组成部分。永续债本质上虽为债务，但由于其期限较长甚至没有到期日，没有发生风险事件触发减记或转为普通股条款从而具备较强的损失吸收能力，不同于一般债券，其在某种程度上具有一定股权性质，成为未上市银行补充其他一级资本的优先选择。在通常情况下，与股权融资不同，永续债有还款压力，但不影响商业银行股权结构；与一般债券相比，永续债利息可递延、本金可减记且不可恢复，因而财务风险较一般债券更低。

按照《巴塞尔协议Ⅲ》的要求，附属资本即二级资本，它的补充方式主要由非公开储备、发行优先股、资产重估增值、可转换债券、混合资本债、长期资本债、税前一般准备金提取等。在我国，由于受到各种应用性的限制，例如股票市场与债券市场发展不完善、市场化程度低等条件，且我国的监管政策与《巴塞尔协议Ⅲ》还存在一定差异，我国商业银行附属资本的补充方式十分简单，主要就是长期次级债券和混合资本债券，成为仅次于留存收益之后的重要资本补充工具。综上分析可知，我国商业银行的资本来源结构相当单一，创新资本补充工具十分有必要，我国商业银行应该在《巴塞尔协议Ⅲ》与我国资本监管新规《商业银行资本管理办法》的共同指导下，更加注重一级资本的补充，同时开拓二级资本新型工具的创新。

三、资本工具创新的核心要素

《巴塞尔协议Ⅲ》取消了原有的三级资本，将商业银行资本工具简化为一级资本工具和二级资本工具两大类。按照资本作用来说，一级资本是商业银行保持的"持续经营资本"（going concern capital），维持商业银行安全稳健经营，降低商业银行发生破产的概率是一级资本的主要作用。二级资本是商业银行持有的"破产清算资本"（gone concern capital），在商业银行发生破产清算的极度威胁下进行损失吸收，降低政府需要付出的救助成本，避免造成更大的社会外部成本，《巴塞尔协议Ⅲ》特别明确了只有一套二级资本的合格标准。《巴塞尔协议Ⅲ》通过设置资本"双保险"力图保证无论在正常经营情况下，还是破产清算情况下，都能最大限度地保护纳税者和存款者的合法利益。因此，资本工具的核心要素都必须是保证其具备损失吸收的条件和机制，无论对于一级资本工具还是对于二级资本工具来说，触发事件和损失吸收方式是银行必须关注的。

（一）触发事件：损失吸收的条件

触发事件即触发资本进行损失吸收的条件，触发事件要素是理解和控制创新型资本工具的关键特征。当满足触发事件的相关规定时，这种新型资本工具才能被激活，通过被减记或转为普通股来吸收银行损失。对触发事件的设计，主要关注触发变量的选择与触发条件的确定方式。

通过对新型资本工具目标的判断，决定触发变量的识别以及被激活的程度。目前阶段，国际银行业对新型资本工具的触发变量识别主要有单触发事件和双触发事件两种。一种观点认为，触发事件应该由商业银行自行设定，例如限定普通股股价下限；另一种观点认为，应根据整个银行业的整体系统性风险决定，而非个体银行；双触发事件则认为，应该是两种单触发事件的综合，个体银行资本比率或股价下降到阈值以下，同时整个银行体系处于危机中。在商业银行持续经营过程中，确定触发事件的国际通行经验是，选择会计指标、市场指标或系统性指标，银行监管当局要在各种指标之间进行权衡，其相关优缺点比较如表 8 - 3 所示。从我国具体情况来看，总体经济态势稳中有升，银行资本水平相对充足，触发事件的设计应相对谨慎，选择双触发事件的设计机制更为适合我国国情。

表 8 - 3　　　　　　　　　　触发事件三类挂钩指标比较

指标	举例	指标优点	指标缺点
会计类指标	资本充足率、资本收益率	设计简单、操作透明	不能及时、有效反映银行真实风险与经营情况
市场类指标	股票价格、CDs 价差	市场敏感性强，具有前瞻性，易于观察	依赖于股票市场的有效性
系统性指标	股指价格	能反映整个金融系统及宏观经济形势	缺乏市场透明度，对于不同银行个体也有失公平

（二）减记或转股：损失吸收的机制

《巴塞尔协议Ⅲ》提出两种资本工具本金参与吸收损失的方式，减记或强制转为普通股，确保商业银行在难以为继的情况下，利用其发行的非普通股一级资本与二级资本在纳税人之前吸收损失的相关机制。2011 年，《提高监管资本质量的最终改革方案》的出台进一步明确了这种机制，巴塞尔委员会在全球范围内要求国际活跃银行在发行的非普通股一级资本以及二级资本需要在发行合同中明确规定新型资本工具必须包含减记或者转股条款，即说明新型资本工具吸收损失机制的触发事件，以及触发事件一旦发生，如何实施自动减记或强制转为普通股。如果选择减记条款完成资本工具的损失吸收作用，应明确是全额减记还是部分减记，具体比例是多少，例如，目前市场上见到的混合资本债务或有可转换债券（contingent convertible bonds，Coco Bonds）大多采用全额减记的方式，也有按 75% 比例减记的。如果选择强制转股方式完成资本工具的损失吸收作用，应确定吸收风险损失的转股比例，往往和触发点时的股票价格或初始发行价格相关。对于新型资本工具来说，除了明确触发指标与损失吸收机制之外，还要明确各类资本工具的其他合格标准，例如是否有固定期限、是否有累积性、是否带有利率跳升赎回条款等。

四、新型资本工具创新：或有资本

根据上述分析的资本工具创新核心要素，触发事件和损失吸收机制是新型资本工具创新必须设置的合理要件。这种运行机理下创新的资本工具，就是或有资本工具。或有资本（contingent capital），是指一个在某特定事件（触发事件）发生的情况下商业银行可募集股本或其他实收资本项目的工具。或有资本工具是目前国际范围内关注比较广泛的新型资本补充工具，未来监管框架下可能会逐步引入更多的或有资本工具。

目前，在国际上使用或有资本工具进行资本补充比较有代表性的发行者有英国的劳埃德金融集团、荷兰的莱博银行以及瑞士信贷银行。我们从资本工具要素设计、触发事件、损失吸收机制、相关转换监管措施等方面对英国劳埃德金融集团与荷兰莱博银行进行分析（见表 8 - 4），并据此尝试设计符合我国国情和银行业发展阶段的或有资本工具要素变量。

根据前面分析，考虑到我国银行业规模庞大、结构复杂、差异化明显，在建立或有资本触发事件时不宜使用单一触发条件，考虑到系统性风险，选用双触发事件是比较符合我国现有国情的。且我国资本市场发展尚不完善，在触发事件指标选择上也应慎用单纯的市场指标，可将财务会计指标与市场指标进行配合。据此我们尝试设计一套适合我国宏微观情况的双触发事件或有资本工具，为我国商业银行创新资本工具、丰富资本工具形式提供参考，如表 8-5 所示。

表 8-4 或有资本工具发行国际案例比较

发行机构	荷兰莱博银行	英国劳埃德金融集团
名称	高级或有票据	增强型或有票据
到期日	10 年	不低于 10 年
息票利率	6.875%	交换债券利率基础上溢价 1.5%～2.5%（占比约 10%）
转换触发事件	股权/风险加权资产 <7%	核心一级资本充足率 <5%
转换价格	证券本金的 75% 永久注销；其余 25% 加上应计利息变现返还给投资者	劳埃德金融集团发行的股价
转换后结果	储备	普通股
转换前状态	优先于银行发行的所有次级债务	与较低的二级资本享有同等级
监管措施	不识别监管目标	较低的二级资本（核心一级资本为满足银行监管当局的压力测试）

资料来源：根据 Pennacchi（2010）、Giuseppe（2010）、George et al.（2011）整理。

表 8-5 或有资本工具发行国际案例比较

	触发事件 I	变量描述
宏观变量	GDP 缺口	可用 HP 滤波法得出偏离长期趋势的 GDP
	银行同业拆借利率	银行同业拆息参考名义利率与 CPI 差异
	T 时段银行业指数收益率	超过 T 时段的国家银行股市指数收益率
	触发事件 II	**变量描述**
微观变量	一级资本充足率	一级资本/风险加权资本
	资本充足率	资本总额/风险加权资本
	股权回报率	股权回报率均值
	杠杆率	股权/资产总额
	T 时段异常变动	商业银行回报超过平均指数收益率的差

资料来源：崔婕. 巴塞尔协议 III 框架下中国商业银行资本监管研究［M］. 北京：经济科学出版社，2017.

第二节　构建中国银行业系统性
风险预警指标体系

《巴塞尔协议Ⅲ》基于危机后的教训建立了宏观审慎的银行业监管理念，其推行的核心动态目标之一就是要及时发现系统性风险的预警信号并限制金融风险在银行金融体系内的积聚。

一、加强银行业系统性风险监管的内涵

2008 年全球性金融危机的爆发反映出防范和抵御银行业系统性风险的重要意义，金融危机的爆发催生了《巴塞尔协议Ⅲ》。根据协议要求，商业银行必须上调资本充足率以加强抵御金融风险的能力，各商业银行的一级资本充足率与核心一级资本充足率指标，分别从之前的 4% 提升至 6%、从 2% 上升至 4.5%，以保证商业银行能够更好地防范和抵御风险。

虽然我国至今并未爆发由银行系统性风险引起的金融危机，但我国银行业一直存在着风险隐患，近年来银行业的风险隐患愈加严重。第一，银行的业务形式较为单一，主要业务形式仍为传统的存款及贷款业务，但在当前的市场环境下，存款利率与贷款利率的息差逐渐缩小，从而使银行的盈利减少；第二，近年来，国内生产总值增长速度减缓，中小企业盈利下降，从而影响中小企业对于银行的还款情况，进而造成银行的不良贷款余额上升，不良贷款率提升；第三，同业及表外业务的发展将金融机构紧密联系在一起，整个银行业的风险增加；第四，由银行到实体企业的资金链较长，降低了资金周转效率，对金融体系与实体经济的发展均有不利影响。这些风险隐患都将增大银行业系统性风险，2013 年的"钱荒"事件便是给我们的警示，因此，加强银行业系统性风险监管，防范系统性风险具有重要的意义。

自金融危机后，银行业系统性风险已受到国内外的高度关注，但由于银

行业系统性风险有其自身的复杂性，关系到金融领域的各个方面，因而对于系统性风险这一概念，国内外众多学者从不同角度给予了不同的解释，迄今为止仍没有一个统一的精准定义。

国外研究方面，巴塞洛缪和卫伦（Bartholomew and Whalen，1995）早期界定了系统性风险的内涵，是某种全局性的外部事件对经济整体产生的负面冲击。米什金（Mishkin，1999）从金融资源配置角度，因受某一意外事件扰乱金融市场信息，导致金融市场难以实现资源配置最优状态。考夫曼（Kaufman，1996）认为，因某事件影响导致整个内部关联的系统遭受冲击的风险和概率体现为系统性风险。国际清算银行（BIS，2009）从更宏观的视角突出系统性风险的传染性，认为当整个体系或系统中的某一成员出现债务违约时，将对其债权人或交易对手产生冲击，造成成员间的连锁违约放大效应，导致整体体系的崩溃。金融稳定理事会（FSA，2009）指出，系统性风险是受到宏观经济波动、产业政策调整、国外金融冲击等外部因素影响时，一国金融体系出现动荡的可能性。

国内研究方面，翟金林（2001）、范小云（2002）、包全永（2005）等分别从系统性风险的诱因与结果、金融机构与金融市场的共同构成性、系统功能是否正常发挥等角度，界定了系统性风险及其管理。狭义的系统性风险是指由于某个机构的突发性事件冲击，传染至其他单位，从而扩大至整个系统。与考夫曼的观点类似，刘春航等（2011）认为，外部偶然因素会引起不稳定性在整个系统内传染，这种负外部性扩大到实体经济的不确定性即为系统性风险。周小川（2010）、巴曙松等（2013）将系统性风险分为时间维度和横截面维度，前者体现为顺周期性，并从传染角度分析了羊群效应。通过羊群效应自我积累和加速；后者在空间维度上强调金融机构、金融市场、金融部门与实体经济共同构建的网络之中。白雪梅等（2015）运用网络结构、危机传染等证明了金融网络能够传染和放大金融危机。

不同于个别银行的风险，系统性风险的影响范围广，影响程度深，对金融体系甚至整个经济造成的损失也更为严重。结合国内外众多学者关于系统性风险的定义和理解，我们可以大致总结出银行业系统性风险区别于一般银行风险所具有的一些特征。第一，关联性。所有银行同属于一个银行系统，银行与银行之间是互相关联的，当系统性风险发生时，系统内的银行成员都会直接或间接受到其影响，只是影响程度或大或小。第二，风险传染与放大性。银行系统是较为复杂的，当个别银行的风险产生时，这一风险将会通过银行间同业业务等扩大风险范围，此外，风险传染的同时也伴随着风险的放大，较小的风险在传染过程中可能由于银行间的复杂关联而催生更大的风险，即次生风险。第三，负外部性。系统性风险具有明显的负外部性，风险的影响范围可能扩散到更大的系统层级，而不仅仅局限于自身所在的系统。银行业系统风险可能扩散至金融业乃至整个经济，进而导致经济危机的发生。第四，宏观复杂性。银行系统是一个庞大而复杂的系统，系统内的银行数量多且关系复杂。系统性风险的产生以及传导机制也是复杂而多变的，因此，对于系统性风险的识别、监测度量和防范等都需站在宏观角度出发。第五，风险收益不对称性。一般来说，风险与收益成正比，高风险往往伴随着高收益，然而银行业系统性风险的风险收益是不对称的，因为它只能带来损失，不能带来收益，风险收益的不对称性是系统性风险与一般性风险的主要不同之处。

二、国内外银行业系统性风险预警的经验与不足

银行业系统性风险由内部风险因子与外部风险因子共同作用。内部风险因子是指源于银行体系内部的风险，例如流动性风险、信用风险、战略风险等，银行经营时间越长，业务类型越多、规模越大，积累的风险越复杂，单个银行的风险会因风险传染机制扩大至整个银行体系，最终导致银行业系统性风险爆发。外部风险因子是指源于银行体系外不利于银行业的事件或因素，银行体系与金融市场、宏观经济相互作用、相互影响，形成系统性风险的外部风险因子。系统性风险的爆发多伴有金融市场与宏观经济的异常表现，这又会加剧系统性风险的严重程度。《巴塞尔协议Ⅲ》提出进行宏观审慎监管，银行业监管者应及时建立风险预警机制，跟踪风险的集聚与扩散过程，预防系统性风险，降低其破坏力。

银行业系统性风险的发生与传染可以帮助有关部门进行系统性风险的预警与防范，国内外学者的相关研究主要包括危机理论、预警指标体系设计以

及银行业系统性风险预警研究。

关于危机成因及预警机制的研究，截至目前共有四代经典危机理论。克鲁格曼（Krugman，1979）提出了第一代危机理论，从经济基本面、固定汇率制度等基础层面失衡，分析危机成因，选取外汇储备、国内信贷、央行对公共部门的信贷、预算赤字等指标作为预测货币危机的指标。奥博斯菲尔德（Obsfeld，1994）提出了第二代危机理论，指出以经济基本面影响为主，应强调公众对汇率政策预期的重要作用，基于固定汇率制的缺陷，内外失衡时需通过资本管制合理引导公众预期。麦金农与克鲁格曼（Mckinnon and Krugman，1997）等学者基于东南亚金融危机提出第三代危机理论，提出金融过度，强调危机传染的广度和深度，支持国家调控，关注资本流动逆转。克鲁格曼（2001）又提出第四代危机理论，进一步强调外债水平和资产价格的重要影响，这里的外债是指对本国企业部门的外债，外债增加带来负面预期，进而影响资产价格。综合四代危机利率，我们可以得出，银行系统性风险的备选指标需要重视宏观经济层面和中观行业层面，包括总量指标、发展指标和价格指标。

基于四代危机理论提出的重要危机影响因素，国内外学者多围绕综合指数法研究预警有效性。弗兰克尔和罗斯（Frankel and Rose，1996）提出经典FR概率模型；卡明斯基、利索登和莱因哈特（Kaminsky，Lizondon and Reinhart，1998）提出KLR信号法，设定预警指标阈值；刘遵义（1995）使用主观概率法，设计东南亚国家金融危机预警模型；国际货币基金组织（IMF）构建金融稳健指标体系（FSI），突出实体经济波动对银行体系的冲击；意林和刘（Illing and Liu，2003）运用因子分析法构建了加拿大综合金融压力指数；我国的陈守东等（2006）运用Logit方法建立了宏观经济与金融市场风险的预警模型；蒋海等（2009）通过主观赋值及多因子分析构造了我国的金融安全指数；吕江林等（2011）通过逐步回归构建了我国金融系统性风险预警指标体系。特别针对银行危机预警的研究相对来说比较少，沈悦等（2008）采用主观赋值法构建了我国银行危机的预警指标体系；张强等（2010）利用夏普模型对我国上市银行系统性风险做了实证研究；马运全（2011）在构建我国银行业系统性风险预警模型时特别引入了银行不良贷款率、资本充足率等业界指标。

　　系统性风险预警的主流方法为综合指数法，把相关指标综合加权以反映系统性风险，其核心思想是选择、判定影响因素与系统性风险的关系，量化反映当前的危机程度。具体应用时，一是根据测算的金融压力指数是否超过历史均值一定幅度来判断金融压力；二是以历次金融危机时期的指数为参考值，判断金融危机。综合指数法简单明了，可操作性强，即使一个国家没有爆发过金融危机也能适用，但缺点是对风险的反应有可能出现滞后。

　　目前对于银行业系统性风险研究的局限性：第一，研究对象多为整个金融系统，没有突出银行体系重要性；第二，指标体系更多地局限于银行内部指标；第三，样本数据在风险建模中数据代表性不足。我们尝试从以下四个方面予以拓展：一是梳理银行业系统性风险的驱动因素，分宏观、中观、微观三个层面分别对金融市场和宏观经济的冲击、银行系统内部运行的冲击、经济个体行为的冲击进行研究；二是采用逐步回归法建立压力指数模型，确定指标权重；三是采用样本外数据对模型进行验证，评价模型稳健性；四是实现对银行业系统性风险的时间、空间两维监测预警体系。

三、中国银行业系统性风险预警指标设计

　　以四代危机理论及预警指数构建作用机制为基础，银行业系统性风险预警识别过程在结合了数据的时效性、可取性与概括性等筛选原则后，我们分析筛选出了以下四大类的指标，如表8-6所示。

表8-6　　　　　　　　　　银行业系统性风险预警备选指标

类型	名称	代码	作用方向
宏观经济指标	经济增长率	GDP	正向
	广义货币增长率	M2	适度
	采购经理指数	PMI	正向
银行业系统指标	不良贷款率	NPL	负向
	拨备覆盖率	PC	适度
	资本充足率	CAR	适度
	流动性比率	LR	适度
	存贷比	DLR	适度

类型	名称	代码	作用方向
行业冲击指标	房地产投资增长率	HIR	正向
	固定资产投资增长率	FaIR	正向
	国房景气指数	HI	正向
价格冲击指标	居民消费价格指数	CPI	适度
	银行间同业拆放利率（O/N、1W、1M）	SHIBOR	适度

第一大类是宏观经济指标，此大类主要包含 GDP 增长率、广义货币 M2 增长率与采购经理指数（PMI）三个指标。宏观经济指标主要是为观察银行业在实体经济的影响下可能产生的风险与经济累积水平。银行业依托于实体经济而发展，并且为实体经济提供相应的服务，实体经济的增长或下滑都会对银行业的发展带来正面或负面的影响。

第二大类是银行业的指标，此类指标是为了体现银行业系统的内部因素，包括风险性因素、银行内部的发展等，而另外的三大类指标则是银行业的外部影响因素，包括不良贷款率（NPL）、拨备覆盖率（PC）、资本充足率（CAR）、流动性比率（LR）和存贷比（DLR）。银行系统内部的管理流程、业务效率与行业发展都是测算银行业系统本身的稳定程度的评价标准。银行市场由各式的银行主体而构成，而各个银行主体之间的业务交流又会带来各种的市场风险、流动性风险等。银行业指标主要代表了银行系统在某一个时点的系统性风险以及内部各类银行主体的分布情况。

第三大类是行业冲击指标，此类指标主要包括国房景气指数、固定资产投资增长率以及房地产投资增长率，主要是为了验证与识别行业周期性波动对银行业系统性风险产生的影响。如今的实体经济与金融市场中，以房地产行业为代表的重点行业对于银行业的资产与资金流向都有着重大的影响，尤其是贷款方面，个人贷款基本以房地产购房贷款为主，可以说是对银行业的风险性有着较大比重的影响，银行信用风险仍然是银行业面临的主要风险，这一点从 2008 年的全球金融危机就可以得到证明。虽然行业冲击指标引入银行业系统性风险指标体系较晚，但在我国存在大量房地产信贷的情况下，房地产持有的共同的风险敞口也是系统性风险的爆发原因。

第四大类是价格指标，此类指标主要包括两个方面内容，一方面是以居民消费价格指数（CPI）为代表的指标，即对个人主体产生影响的因素；另一方面是以银行间同业拆放利率（SHIBOR）为代表的指标，即影响银行间同业负债的价格指标。居民消费价格指数影响了居民对于消费、储蓄、贷款的意愿选择，会为银行主体带来与之相关的信用风险与流动性风险。银行间同业拆放利率则会反映金融市场的流动资金与流动资产的现状，影响银行主体间的资金流动，可能为银行主体带来相应的流动性风险。

四、中国银行业系统性风险预警模型构建与实证

（一）模型的构建与数据选取

本书借鉴意林和刘（Illing and Liu，2003）的研究思路以及弗兰克尔和罗斯（Frankel and Rose，1996）的 FR 概率模型，构建我国银行业系统性风险指数，即银行业压力指数（banking stress index，CBSI）。假定金融压力是一个连续的变量，将 CBSI 作为衡量银行业系统性风险程度的因变量，其他诱发性因素指标作为预警自变量，得出银行业系统性风险预警模型。因变量为 Y，选值 Y = 1 时表示银行业系统性风险较高，Y = 0 时表示银行业系统性较低；向量 X 表示自变量，β 为参数，构建 CBSI 概率（Probit/Logit）模型，即：

$$P\{Y = 1\} = F(X, \beta), P\{Y = 0\} = 1 - F(X, \beta)$$

其中，

$$F(X, \beta) = \frac{1}{1 + e^{-f(x, \beta)}}, f(x, \beta) = \beta_0 + \sum_{i=1}^{N} \beta_i x_i$$

分析确定自变量 X 和参数 β，计算出某一时点银行业压力指数（0 < 指数 < 1），据此判断银行业系统性风险时点的状态。

以上数据来源于万得（Wind）数据库、中国银行保险监督管理委员会、中国人民银行、国家统计局及 SHIBOR 官方数据公布。数据长度选取 2007 年 9 月至 2015 年 9 月共计 108 个时点的月度数据。

（二）参数的估计结果

1. 变量筛选

第一步，做单因素分析，判别每个指标的风险区分能力，选择较强的作为备选变量。准确率（accuracy ratio，AR）检验可接受标准为，单因素大于10%，模型整体大于40%。基于此标准，剔除所有 AR 值低于10%的指标，进入下一轮筛选，如表8-7所示。

表8-7　　　　　　　　　　备选变量显著性分析　　　　　　　　单位:%

指标	GDP	CPI	PMI	M2	FLIR	HIR	HI	LR	NPL	DLR	PC	CAR	SHIBOR O/N	1W	1M
AR	70	30	72	40	31	40	56	34	5	17	1	45	3	8	12

第二步，做多因素分析，判断各变量之间的相关性，如表8-8所示。

表8-8　　　　　　　　　　多因素相关性分析　　　　　　　　单位:%

NAME	GDP	CPI	PMI	M2	FaIR	HIR	HI	LR	DLR	CAR	SHIBOR 1M
GDP	100	43	70	42	56	60	85	-79	70	-81	-24
CPI	43	100	21	-29	9	76	60	-23	10	-33	41
PMI	70	21	100	43	35	33	57	-60	43	-51	-16
M2	42	-29	43	100	80	6	44	-52	61	-38	-63
FaIR	56	9	35	80	100	42	66	-62	64	-54	-42
HIR	60	76	33	6	42	100	85	-47	16	-32	22
HI	85	60	57	44	66	85	100	-73	58	-65	-15
LR	-79	-23	-60	-52	-62	-47	-73	100	-54	62	24
DLR	70	10	43	61	64	16	58	-54	100	-89	-62
CAR	-81	-33	-51	-38	-54	-32	-65	62	-89	100	39
SHIBOR 1M	-24	41	-16	-63	-42	22	-15	24	-62	39	100

2. 模型回归

通过 SASS 对上述指标采取逐步回归的方法，得出结果如表8-9、表8-10所示。

表8-9 参数估计结果

序号	参数	变量（Xi）	估计值	标准差	P值	VIF	指标权重（%）
1	β_0	Intercept	83.2146	26.9184	0.002	0	—
2	β_1	PMI	-1.0224	0.3224	0.0015	1.5882	40.09
3	β_2	HIR	-0.1835	0.058	0.0016	1.5260	24.29
4	β_3	LR	-72.7059	29.347	0.0132	2.0136	21.00
5	β_4	SHIBOR 1M	0.7478	0.2925	0.0106	1.2545	14.61

表8-10 模型整体显著性检验

检验全局零假设：BETA = 0

检验	卡方	自由度	P值
似然比	48.5591	4	0.0001
评分	34.5573	4	0.0001
Wald	16.0805	4	0.0029

模型检验结果显示，在0.05的置信水平上，各变量与模型整体都是显著的，模型拟合程度较好，且变量之间不存在多重共线性。可得到银行业系统压力指数的核心方程为：

$$f(x,\beta) = 83.2146 - 1.0224\text{PMI} - 0.1835\text{HIR} - 72.7059\text{LR}$$
$$+ 0.7478\text{SHIBOR}(1M)$$

入选指标在空间风险维度上成为银行业系统性风险的诱发因素。采购经理指数（PMI）反映经济总体情况和变化趋势，是经济景气先行指标，权重40.09%表明实体景气指数对银行信用风险的重要性，成为影响银行业系统性风险的最重要因素。房地产投资累计增长率（HIR）反映该行业对我国银行业整体信贷资产的影响，指标权重为24.29%。流动性比率（LR）反映了资产负债结构差异化下银行个体流动性风险，指标权重为21%。银行间市场同业拆借利率（SHIBOR-1M）衡量了同业负债能力和银行间市场效率，进而影响银行业整体流动性风险水平和价格水平，指标权重为14.61%。

入选指标在空间主体维度上，分别从宏观、中观和微观三层预测银行业系统性风险。采购经理指数宏观层面反映我国整体经济景气程度；房地产投资累计增长率从中观层面分析房地产支柱行业对银行的影响；流动性比率兼具中观和微观层面，反映了银行系统整体和个体银行的流动性水平；银行间市场同业拆借利率反映了银行所依存的银行间市场的效率与状态。

入选指标在不同时间维度上综合预测了银行系统性风险。采购经理指数与房地产投资累计增长率均为领先指标，根据国际经验，采购经理指数几乎稳定地领先经济波动数个月，房地产投资累计增长率、房价变化也将导致银行不良贷款率明显提高。流动性比率是实时指标，反映现阶段我国商业银行的流动性；SHIBOR 更是能够实时反映银行间市场的流动性水平。

由模型可知，信用风险和流动性风险是现阶段诱发我国银行业系统性风险的两大主因，信用风险传染源反映出银行业赖以生存的宏观经济、产业政策对银行的重要影响，实体经济恶化导致不良贷款率增长，一旦超过预警阈值必然会使银行业系统性风险上升。房地产行业指标反映了金融机构共同风险敞口对银行业系统性风险的影响。流动性风险传染源重在体现系统内的危机传染性，系统内部某一个节点一旦出现违约，内部成员间的交易违约传染、清算机制传导会使风险迅速扩散至整个银行业系统。

（三）模型结果实际分析

由图 8 - 1 可知，以 0.5 为中间界限，我国银行业压力指数显示出三个阶段超出该界限。

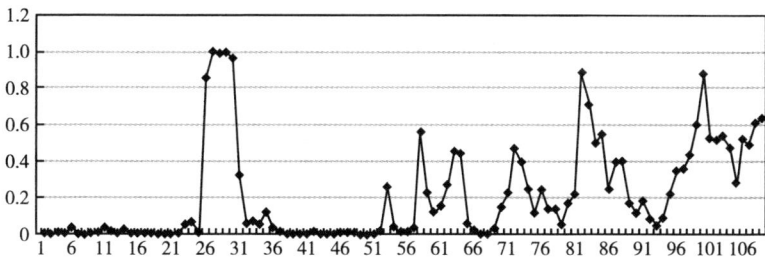

图 8 - 1　银行业压力指数散点

第一阶段：2009 年底至 2010 年初。此阶段连续 5 个月出现压力指数超界，体现出 2008 年次贷危机的后续影响，通过次贷危机→国外经济→我国经济→我国银行业的传导渠道，通过渗透实体经济渠道对我国银行业产生影响，从时间长度来看，这一过程大约经历了 2 年。从具体指标来看，经理采购指数低于 50, 2009 年底更达到 38.8 的历史性最低位, 房地产投资增速下降至个位数, 生产与投资放缓, 信用风险突出。为遏制金融危机对我国经济的冲击, 国家通过扩大内需、提升基础设置配置等方式, 力图缓解经济下滑趋势。

第二阶段: 2013 年下半年。受 2013 年 6 月银行间市场"黑天鹅"事件冲击, 银行同业市场流动性紧张, 利率上升, 流动性风险凸显引发系统性风险增大, 待银行间市场流动性缓解后, 压力指数随之下降。

第三阶段: 2014 年底至 2015 年第 3 季度。此阶段, 指标 GDP 增速持续下滑, 采购经理指数徘徊在荣枯线 50 附近, 房地产投资增速回落, SHIBOR1 达到较高水平, 信用风险和流动性风险共同作用拉高了系统性风险。与此判断相对应, 当时我国银行保险业督管理委员会公布的本阶段银行业相关数据, 不良贷款率出现持续上升, 拨备覆盖率则持续下降, 具体数据如表 8 – 11 所示, 贷款损失准备增长小于不良贷款增长额, 信用风险暴露导致银行业压力指数呈上升状态。

表 8 – 11　　　　　　　　2015 年我国银行业信用风险主要监管指标

项目	2014 年底	2015 年第 1 季度	2015 年第 2 季度	2015 年第 3 季度	2015 年第 4 季度
不良贷款额（亿元）	8 426	9 825	10 919	11 863	12 744
不良贷款率（%）	1.25	1.39	1.5	1.59	1.67
拨备覆盖率（%）	232.06	211.98	198.39	190.79	181.18
贷款损失准备（亿元）	19 552	20 826	21 662	22 634	23 089

资料来源: 中国银保监会网站, www.cbrc.gov.cn。

五、风险预警指标构建结论性建议

第一, 信用风险和流动性风险是我国银行业系统性风险现阶段最为显著的诱因与导火索。特别是信用风险, 鉴于我国间接融资的主导地位, 信贷资产占比较高, 信用风险在相当长时期内仍会是我国银行业贡献度最显著的风险因素。对比信用风险来说, 流动性风险的贡献度虽然稍低, 但其对系统性风险的触发却更为敏感，可以单独引发银行业系统性风险的上升，甚至导致流动性危机，2008年美国次贷危机和我国2013年6月银行间市场流动性紧张正是典型案例。

第二，从侧面证明了金融机构共同的风险敞口对系统性风险的真实影响。对于在宏观经济中具有显著重大影响的产业应给予重视，防止金融机构共同风险敞口对于银行业乃至金融体系致命性的冲击。正如本模型中房地产投资增长率作为行业因素入选预警指标体系，位列第二大权重。说明房地产行业对我国银行业系统性风险的重要性。

第三，加快构建我国银行业系统性风险预警机制，科学预防系统性风险爆发具有重要实践意义。构建的系统性风险预警指数显示，2015年以来，我国银行业的系统性风险压力指数一直持续相对高位运行，需引起监管当局的高度重视。从导火索来看，是在银行业信用风险和流动性风险的共同作用下产生的，并逐步转变到以信用风险为主，对于宏观经济产生不确定性影响。商业银行不良贷款可能出现重点局域爆发甚至全面爆发的情况，一旦出现问题银行，可进一步通过流动性风险产生连锁传染反应，致使银行信贷资产质量大幅下滑，银行业信用风险压力逐步增大，经济增速持续放缓、加剧银行业系统性风险的爆发概率甚至危机，必须引起监管当局的高度重视，构建银行稳健经营的安全网。

第三节　中国银行业稳健去杠杆的实施路径

一、银行业去杠杆的内涵与目标

（一）去杠杆的内涵

信用中介职能作为商业银行最基本的职能，主要体现在两个方面；一方面是商业银行的负债业务，即吸收社会闲散资金，包括个人和单位的闲散资金，并支付一定的成本；另一方面，银行再通过将集中的资金进行贷款发放，包括个人贷款和对公贷款，即银行的资产业务，支持个人的资金需求，推动实体经济发展。银行的信用中介职能背后隐含了三个方面的内容：一是银行杠杆与生俱来，从某种意义上来说，银行是经营杠杆的机构，首先其经营天然具有杠杆属性。二是资产负债业务的属性决定了银行天然的期限错配属性。首先基于存款方对于期限结构的不同需求，包括活期存款、不同期限的定期存款，而且存款金额大小不等；其次，借款人的需求也不一致，为满足贷款人的需求，银行发放不同期限、不同金额的贷款金额，存款期限与贷款期限不一致必然会造成存贷的期限错配，导致银行经营流动性风险的可能。三是从政策要求及银行经营的本质来看，银行贷款要支持实体经济的发展，而不是通过非传统的方式，运用资金获取的便利性追求资产回报率的不断增长和资产的快速膨胀。所以说，传统资产负债业务杠杆经营是商业银行内生的，是其存在的基础，传统业务杠杆是通过信贷业务进行的货币创造过程，是良性的正常的杠杆，而非银行去杠杆的目标。

（二）银行去杠杆目标

商业银行在保持传统合理杠杆经营的背景下，去杠杆的核心目标是降低主动期限错配和同业之间的主动负债，做大表内外资产规模、主动以短期负债支持长期资产等方式，通过加长链条套利或资金空转套利，而对实体经济发展并没有推动作用，甚至起到反作用，放大了银行杠杆率。资产负债表内业务，同业资金在金融机构之间通过低成本负债和高收益投资来赚取差价，例如，发行短期同业存单主动负债，配置长久期同业存单、购买他行理财等行为。资产负债表外业务，银行通过委外投资的方式进行加杠杆和期限错配，甚至将委外资金投资于高风险底层资产来实现高收益，不仅扭曲了传统信贷业务杠杆率，增加了"影子银行"杠杆，随着期限错配的进一步加剧，高信用风险也随之产生。例如，委外投资配置资产、发行非保本理财进行主动负债、表内外资产与负债的配置行为。这种情况不仅提高了银行传统信贷业务的杠杆，而且也提升了"影子银行"的杠杆，期限错配进一步加剧，高信用风险随之产生。这种资金脱实向虚，一方面增加了实体企业的资金成本和杠杆水平；另一方面也增加了银行流动性风险、信用风险、利率风险，如其中一个环节发生问题，极有可能造成整个银行业的系统性风险，波及整体经济的运营。

从银行安全性、流动性、经营管理的原则分析，为了加大盈利，通过加大短期主动负债，从而加大针对同业资产、表外资产的投资力度，通过牺牲银行短期的流动性换取盈利性。在经济高涨、资金较充足的情况下，银行侧重盈利性经营，流动性风险发生的可能性不大，但在经济下行、流动性趋紧时，这种加杠杆行为很大程度上打击了金融系统脆弱性，进而危及整个系统的安全性。

二、注重银行业去杠杆可能引发的风险

第一，资金脱实向虚、空转虚耗，出于趋利性、趋同性，银行倾向于将资金投向短期产生高收益的资产，例如房地产、同业资产，资金并未为实体企业提供支持，一方面，催生金融泡沫；另一方面实体经济融资变难、成本增加，经济运营效率下降。

第二，宏观层面的流动性风险。由于银行经营主要通过存贷业务的期限错配引致，当市场利率上升，或市场上出现突发问题，造成市场资金供应不足，引发银行无法短期融到充足的新资金对接到期资金，对应资产尚未到期，无法实现变现或者变现打折比例极高，造成成本上升，导致银行临时性缺乏资金，甚至资金链断裂，流动性风险随之产生。

第三，微观层面的金融机构信用风险高企。经过银行、"影子银行"多链条的流动，资金价格大幅上浮，往往最终的债务方为难以直接获取银行信贷资金的淘汰行业、低效能或风险极高的企业，导致银行信用风险、潜在不良贷款率迅速攀升，不断侵蚀银行业资本金和风险抵御能力。

第四，同业间负债产生的利率风险。银行通过发行同业存单、理财等方式从同业获取低成本资金，例如货币政策收紧、利率上行、同业资产负债渠道的盈利空间被挤压，甚至出现资产收益与负债成本之间的倒挂，利率风险随之产生，甚至会产生信用风险。

第五，跨区域、市场的"影子银行"行为和违规违法风险，加剧了监管的难度。一方面，很多银行增加杠杆的活动脱离于监管视线，相关信息并未被纳入传统的货币金融统计口径中，另外，通过"影子银行"间的层

层关联，在某种程度上商业银行实际成为流动性的创造者，在此情况下，央行出台的货币政策会受到一定程度的影响，乘数效应较难衡量；另一方面，一些金融机构利用监管空白或缺陷打"擦边球"，套利行为严重，而且在资金紧缩、融资极度困难的情况下，可能会滋生高利贷、庞氏骗局等违法犯罪行为。

第六，金融系统性风险。流动性风险和信用风险由于期限错配、加久期、加杠杆造成进一步扩大，信用风险、流动性风险可能造成系统性风险的爆发，影响金融系统的稳定性。

三、银行业去杠杆的国际经验

（一）美国银行业的经验教训

（1）银行表内外业务、"影子银行"同时加杠杆。美国银行业加杠杆的过程起始于20世纪90年代，随着美国银行业混业经营模式的放开，加杠杆的过程随之开始。2000~2007年，美国房地产业务发展迅猛，在房地产资产和按揭贷款的带动下，美国银行业增长迅速，美国商业银行存款类负债占比不足70%，非存款类负债占比长时间维持在30%以上。而且为了规避监管，一方面，通过传统资产负债业务不断加大表内杠杆；另一方面，通过对同业负债配置表外和"影子银行"体系中的长久期、高风险资产来赚取期限错配差价。在此期间，金融企业的杠杆率不断提升，从2001年的13.3倍提升至2008年的23.6倍，例如，2007年末雷曼兄弟杠杆率高达37倍造成其破产，高盛的杠杆率也高达26.2倍。2004年，美联储开始了第五轮加息周期，2004~2006年，连续17次分别加息25个基点，基准利率从1%上调至5.25%，持续加息行为导致次贷危机爆发，次级贷款大面积出现违约，致使商业银行不良贷款率大幅提升。在此之前，金融机构由于房地产业务包装的金融产品风险暴露，迅速进入降杠杆下行周期，主要体现在，一是资产端规模受到收益率提升造成的资产价格重估影响而逐渐缩水；二是利率的上调导致负债端融资难度加剧，同业资金借贷变难，流动性风险集中显现；流动性的收紧导致资产难以短期变卖，融资难和资产抛售加剧了资产贬值，进而产生了资金回笼的流动性问题，负债成本提升、资产不断减值的恶性循环，最终造成银行资产负债规模迅速减少。

（2）监管应对。为应对冲击，美国财政部和美联储相继出台了一系列的应对措施，一是美联储大幅度调低联邦基金利率，降低再贴现率，降低市场融资成本，采取各种非常规措施增加市场流动性供给，扩大信贷规模，恢复市场信心。二是在美国财政部的主导下，美联储通过提供贷款、机构注资、购买股权和不良资产等方式，提供流动性给出问题的金融机构。美国财政部推出了 1500 亿美元的"一揽子"刺激政策，援助并接管"两房"，次贷危机的爆发使得雷曼兄弟倒闭，其他投资银行如贝尔斯登则通过并购主动转型为传统商行。三是强化监管，此次次贷危机中，除了货币政策和财政政策，美国采取的金融监管体制改革是意义最重大、影响最为深远的非常规措施，美国在 2010 年推出《多德—弗兰克法案》，进一步扩大美联储和监管机构监管权限，意在防范化解系统性风险，同时为限制银行自营交易，开始采用"沃尔克规则"；要求资产证券化风险留存，发行机构和投资者共担风险；加强对衍生品市场的监管，避免因过度投机产生风险。

（二）欧元区的经验教训

（1）金融危机爆发之前，在欧元区长期宽松货币政策的刺激下，欧洲银行业务资产规模保持较长时间的扩张，至 2007 年底，欧元区银行总资产规模接近 30 万亿欧元，7 年间，资产规模将近增长一倍。欧元区债务结构不合理是造成其杠杆率高企和债务危机发生的一个主要原因，从欧元区商业银行资产负债规模扩张结构来看，扩张主要来自非存款类负债的驱动，而且短期债务占比较高，长期债务占比较低，另外，负债主要集中于银行部门，危机前，欧元区货币金融机构的同业借款主要来源于银行部门，其占比超过 20%，而非银行部门和私人部门负债占比较低，存款类负债在总负债中的比例降至不足 35%。

（2）监管应对。一是加强监管，提出增加资本，提升资本充足率的监管要求。去杠杆本质上就是增加资本和减少导致负债增加的资产，2008 年之前，欧元区银行的一级资本充足率普遍低于 8%，一方面，欧元区银行通过减少信贷规模去杠杆，另一方面，通过增加银行权益降低杠杆率进行去杠杆，还有通过政府直接向银行注资、提供低利息贷款增加银行资本，到2012年，一级资本充足率提升至11%，至2016年，部分银行的一级资本充足率甚至达到13%以上。二是经营模式从投资银行业务向传统商业银行转型，降低同业负债比重。在债务危机中，欧元区银行业损失最为严重的为衍生品和交易资产等核心业务板块，此后很多银行开始从混业经营逐步进行转型，通过传统信贷业务和零售业务来替代高资金杠杆的投行业务，实现商业银行回归本源的分业经营模式。欧元区存款在2019年占货币金融机构负债比例达到31%，到2016年末，该比例提升了10个百分点，银行间存款占比下降了3个百分点，降至18%。三是加强监管。2014年，欧元区由欧洲中央银行直接监管欧元区银行，欧元区正式启动银行业单一监管机制；2016年，为进一步强化银行业的出清机制而减少政府信用背书，《银行复苏与清算指令》生效，要求危机银行的股东和债权人承担风险，政府不轻易救助。

（三）日本银行体系的经验教训

（1）同业负债加杠杆，注入房地产行业。伴随着宽松货币政策和利率市场化，日本银行在20世纪80年代商业银行杠杆率明显上升，80年代初，存款占总负债的比重为63%，80年代末下降至53%，主动负债占比提升至27%，提升了10个百分点。一方面，整体流动性比较宽松；另一方面，金融机构不断加杠杆，这提升了银行的风险偏好，日本商业银行资金投向房地产、金融的比重持续增加，风险进一步加剧。1985~1990年的5年，通过公司、零售信贷银行对房地产行业的资金注入提升了9.5%；对金融、证券和保险等非实体经济的贷款占比从6.9%提升至10.4%，其中很大一部分最终也投向了房地产市场；而对实体企业的贷款占比则从25.6%下降至15.9%。

（2）去杠杆化不坚决，影响经济恢复。1989年，日本央行加息，日本银行业不良贷款率从1992年的2%飙升至1995年的14%，这也直接导致日本地产泡沫破灭。相较于欧美的措施，日本监管当局对银行业不良贷款的处理不够坚决和及时，采取拖延、掩盖的方式；9年之后才推出了《金融再生法》，对金融机构的破产处理的原则进行明确规定，而未及时采取坚决的处理措施，造成银行业未及时出清风险。城市银行主动负债依旧处在非常高的水平，主动负债率达43%，另外，未通过有效措施进行注资、减少负债，日本银行业资本充足率也没有明显改善，例如日本三菱东京银行的资本充足率整个90年代都没有提高，而其存款在整体负债中的占比还呈下降的趋势。日本银行业去杠杆进程缓慢，未能及时向制造业等实体经济提供资金支持，造成了后续日本经济持续低迷。

（3）而在美国次贷金融危机后，日本金融监管部门吸取经验教训，采取的措施得当有力，值得学习，平衡了创新和监管的关系、长短期行为，将发展金融定义为国家战略。推出包括长短结合的金融改革方案，其中两项短期举措包括：一是强化对银行信贷行为的现场检查，确保金融中介功能，有效抑制其资产业务扩张；二是制定对金融机构的财政注资计划，确保提升资本充足率。另外，日本还推出了四项中期举措，一是将金融机构信用评级纳入监管范围；二是加强金融机构证券化资产的信息披露；三是提高保险公司的偿付能力标准；四是针对大型金融集团的跨境和跨业风险，成立专门工作组进行监控。

（四）简要评述

（1）加杠杆是一个渐进的过程，一般首先通过表内途径加杠杆；其次扩展至表外业务；最后通过"影子银行"加杠杆，杠杆的链条逐渐拉长。从加杠杆的过程可以看出去杠杆产生风险的途径，先是信用风险的传导，受到资产端缩水的影响造成流动性风险，银行为了应对流动性风险，通过打折变现资产加剧了信用风险，两者相互影响，造成恶性循环。因此，去杠杆会加剧金融系统的脆弱性，最终有可能引发金融体系的系统性风险。

（2）欧美央行、政府在去杠杆的过程中有所为有所不为，其处置金融机构风险的措施更具市场化，更加有力坚决，能够使风险实现迅速出清，并为实体经济的发展创造了良好的环境；日本在总结第一次教训后，处理金融风险采取了两种不同的方式，第一次危机应对不够果断，掩盖金融机构的问题，金融机构风险不但未实现出清，而且还传至实体经济，影响经济增长；针对第二次危机，则采取了更积极的态度，采取更坚决的措施，取得良好的效果。

四、防止银行业去杠杆化危机的逻辑分析：判断"明斯基时刻"

（一）费雪—明斯基—库分析的理论逻辑

克鲁格曼从费雪—明斯基—库分析逻辑出发，得出的结论是债务出清造成资产折价抛售，货币供应收紧，价格下行，造成通货紧缩的进一步加剧，随即引发资产价格崩溃的"明斯基时刻"。在经济上行周期，投资者随着经济向好程度的增加愿意承担的风险水平也随之提升，其资产所产生的现金收入不足以偿付他们用来获得资产所举的债务，资产价格崩塌，银行信用收缩，进入经济恶性循环，金融危机随即发生。然后去杠杆导致银行缩表，企业及个人因负债过度，消费需求降低，实体经济发展受到影响。

（二）"明斯基时刻"临界点之前的加杠杆

"明斯机时刻"临界点到来之前，一般具备宽松的货币政策和充裕的市场流动性，存款水平相对较高。银行可以通过同业主动负债获取充裕的低成本资金，通过提高负债水平从而提高杠杆率。但由于监管以及数据传导的滞后性，在银行业加大同业负债，同业业务出现大幅增长时，相关监管机构未能第一时间识别风险，并制定针对性的政策，这也一定程度上助长了商业银行提升风险偏好；通过期限错配将低成本资金投资于高风险高收益的资产，例如推升了房地产资产价格的持续增长。资产价格的上涨会产生一种假象，其实并不是实体经济增长或客户真实需求的提升推动的，而主要是由于充裕的资金推动，在某种程度上掩盖了隐藏的风险，制造繁荣假象。在监管机构发现问题后，通过减少货币供给，资产价格将进入下行通道，金融机构的信用风险和流动性风险将同时爆发，"明斯基时刻"随即到来。综上所述，在经济上行期间，我国银行业加杠杆处于类似欧美日发达国家触发"明斯基时刻"的前半程，我国监管机构结合国际经验和中国国情已采取有效的降杠杆措施。

（三）"明斯基时刻"临界点的判断标准

标准一：银行因为期限错配造成的短期资金出现缺口，导致资产折价抛售。在流动性趋紧时，出现短期内不能通过同业拆借增加负债，从而偿还到期负债，在这种情况下，商业银行为了防止短期资金链断裂，只能通过低价抛售资产的方式换取流动性。

标准二：在市场资金紧缺、利率快速上升时，因资产所产生的现金收入无法弥补为应对流动性需求而支付的负债成本，利率快速上升造成的同业资产业务利润收窄，极端情况还会出现收益倒挂，逐步形成了"明斯基时刻"临界点的触发。所以监管机构需加强同业负债比例较高的商业银行的监管，同业负债产生的资金成本高于同业资产的利息收入，且期限错配导致资产变现出现问题，则银行的"明斯基时刻"极有可能发生。

（四）我国银行业去杠杆的逻辑分析

美欧日去杠杆是一个基于次贷危机造成的信用风险和流动性风险的被动去杠杆过程。我国银行业去杠杆是监管机构主导的主动行为，主要针对降低银行业同业负债驱动的杠杆率。聚焦资金脱实向虚、流动性风险管理和基础信贷资产的信用风险管理。相比较而言，我国监管机构掌控了银行业去杠杆的主动权。

基于以上标准可以得出结论，我国银行暂未满足"明斯基时刻"的触发条件，为了进一步规避杠杆化危机的发生，监管机构需要阻断银行业向"明斯基时刻"临界点的靠近路径，为杠杆率回归理性争取更多的时间，不建议采用高压政策快速去杠杆。

五、银行业去杠杆化的配套政策建议

金融去杠杆的目标是不发生系统性、区域性风险，实现金融体系安全。但从以上的分析中可以看出，金融去杠杆在运作的过程中也可能会引发其他风险。如何有效防止明斯基时刻临界点，使去杠杆能够稳步推进，不发生金融系统性的风险，基于以上发达国家金融去杠杆的案例，强化金融监督，选择稳健的货币政策和积极的财政政策是符合我国国情的策略组合。从目前去杠杆的效果来看，实体经济部门杠杆率略有上升，金融杠杆率持续回落，已经回落至 2014 年水平。具体建议如下。

（1）为了促进银行资产结构调整，要保持经济稳健发展，为银行端资金提供合理出口。在"资产荒"的情况下，银行资金难以流向优质的资产，为了能够保持利润的增长，在利润增长的压力下，银行资金脱实向虚，流向高杠杆率和低效率的资金占有非金融部门，而这些非金融企业不能充分运用银行信贷资金，无法向实体经济进行传导，从而推动各相关实体产业的发展。而在供给侧改革政策的引导下，推进实体经济去库存、去杠杆，从政策上鼓励支持实体经济的发展，实体经济回报率预期的提升，将会带动和吸引银行信贷资金投放，引导银行信贷资金流向实体企业，逐步从脱实向虚转为脱虚向实。

（2）实施稳健适中的货币政策，为市场提供稳定的流动性。在保持中度偏紧的政策连续性的同时，加入一定的相机抉择的灵活性，一是货币发行量要维持相对稳定。市场流动性是否稳定是银行去杠杆是否成功的关键外部环境，要维持相对稳定的市场流动性，在此情况下，商业银行应稳步推进资产处置，例如信贷额度到期之后便退出。如果流动性偏紧或偏宽松，应避免恐慌性处置资产造成市场流动性瞬间消失，导致资产高成本甚至难以处置，价值急剧缩水，引发恶性循环。二是信贷风险定价的机构性调整。为了抑制银行加杠杆的冲动，通过对"限短放长"货币投放政策的执行来限制银行通过短期扩张同业负债带动资产扩张的盈利空间。

（3）配合稳健的货币政策，实施积极的财政政策。配合松紧适度的货币政策，在去杠杆的过程中，财政政策显得更为重要，通过适度增加财政赤字，加大减税的力度，尽量对冲对公司、个人去杠杆过程中，需求降低对经济增长的影响，弥补了企业及个人需求，并助力于结构调整。另外，金融机构在去杠杆过程中，还面临资本不足、资本充足率较低的约束，要通过财政资金的支持，充实金融机构的资本金，并通过不断完善治理结构，提升金融服务实体经济的能力。财政政策在具体的实施过程当中也要差异化推进。

（4）加强穿透式监管，持续推进去杠杆监管政策的执行。

第一，强化部门之间的政策协同度。一方面，要做好央行货币政策和财政主导的财政政策的统一；另一方面，央行主导的缩表与监管部门针对银行开展的去杠杆政策应协调统一、互相促进。

第二，循序渐进地推进去杠杆工作。金融高杠杆是经济发展、金融创新不断累积的结果，金融去杠杆并非一日之功，要充分考虑整体经济环境，评估各项政策的相互影响，做好去杠杆工作的统筹计划，合理把握去杠杆政策的节奏和力度，为各项工作落实准备充分时间，避免因政策的集中推进，影响经济的短期增长以及金融系统稳定。

第三，区分新增业务和存量业务，采取差异化的政策。对于新增业务，严格按照新的监管标准执行；针对存量业务，要实现在规定时间内的逐步整改，最终符合新规的要求；对负债占比较高的银行，要求制订提升的计划，逐步提升个人和企业的负债，降低银行主动负债至合理水平。

第四，制定新旧政策转换之间的合理过渡期，给银行实现新的监管目标留有充裕的整改时间，切勿采取过急的政策，造成市场恐慌和过度反应。

第五，统筹金融信息，通过加强风险摸底、重点排查、实现穿透式监管，进而促进风险信息披露程度，杜绝监管套利。

（5）配合目前金融去杠杆进程，建议建立体系化的去杠杆监管指标体系，除银行资本充足率等指标之外，将同业负债规模、占比，同业理财或表外理财规模及增速，委外投资、资产管理、融资类业务等纳入单家银行监管监测指标，综合评价去杠杆成效，辅助监管机构从整体上控制去杠杆的力度和节奏。

参考文献

［1］巴曙松，王凤娇. 逆周期资本监管指标的设定［J］. 资本市场，2012（7）：20－22.

［2］巴曙松，朱元倩，等. 巴塞尔资本协议Ⅲ研究［M］. 北京：中国金融出版社，2011.

［3］巴曙松，左伟，朱元倩. 金融网络及传染对金融稳定的影响［J］. 财经问题研究，2013（2）：3－11.

［4］陈雨露，马勇. 中国逆周期资本缓冲的"挂钩变量"选择：一个实证评估［J］. 教学与研究，2012（12）：5－16.

［5］戴金平，金永军，刘斌. 资本监管、银行信贷与货币政策非对称效应［J］. 经济学（季刊），2008，7（2）：481－508.

［6］戴林，郑东文. 逆周期宏观审慎监管的理论、框架及其局限性研究［J］. 金融监管研究，2015（2）：92－104.

［7］党均章. 杠杆率监管对商业银行影响几何？［J］. 银行家，2010（8）.

［8］范从来，高洁超. 银行资本监管与货币政策的最优配合：基于异质性金融冲击视角［J］. 管理世界，2018（1）：53－65.

［9］黄海波，汪翀，汪晶. 杠杆率新规对商业银行行为的影响研究［J］. 国际金融研究，2012（7）：68－74.

［10］靳玉英，贾松波. 杠杆率监管的引入对商业银行资产结构的影响研究［J］. 国际金融研究，2016，350（6）：52－60.

［11］李梦花，聂思玥. 资本充足率监管对银行稳健性的非线性影响——基于面板门槛模型的分析［J］. 中南财经政法大学学报，2016，216（3）：60－70.

［12］李树生，王文峰. 商业银行逆周期资本缓冲监管：实证分析及可行

性研究［J］. 经济与管理研究, 2014 (8): 19 - 24.

［13］李文泓, 罗猛. 巴塞尔委员会逆周期资本框架在我国银行业的实证分析［J］. 国际金融研究, 2011 (6): 81 - 87.

［14］李文泓. 关于宏观审慎监管框架下逆周期政策的探讨［J］. 金融研究, 2009 (7): 7 - 24.

［15］李扬, 彭兴韵. 存款准备金与资本充足率监管的货币政策效应［J］. 财经理论与实践, 2005 (3): 11 - 18.

［16］刘春航, 朱元倩. 银行业系统性风险度量框架的研究［J］. 金融研究, 2011, (12): 85 - 99.

［17］刘鹏, 辛华. 资本工具创新路线图——解读《关于商业银行资本工具创新的指导意见》［J］. 中国金融, 2013 (2): 33 - 35.

［18］刘晓锋, 朱大鹏, 黄文凡. 资本约束对我国商业银行资产负债表影响的实证研究［J］. 国际金融研究, 2016: 61 - 71.

［19］马建堂, 董小君, 时红秀, 等. 中国的杠杆率与系统性金融风险防范［J］. 财贸经济, 2016, 37 (1): 5 - 21.

［20］潘凌遥, 彭建刚. 中国银行业逆周期资本计提机制研究——基于经济资本度量的视角［J］. 金融经济学研究, 2014 (7): 13 - 22.

［21］肖卫国, 吴昌银, 尹智超. 资本充足率对银行风险承担水平影响的实证分析［J］. 统计与决策, 2017 (7): 166 - 168.

［22］谢清河. 我国商业银行资本工具创新问题研究［J］. 经济体制改革, 2014 (4): 130 - 134.

［23］熊启跃, 黄宪. 资本监管下货币政策信贷渠道的“扭曲”效应研究——基于中国的实证［J］. 国际金融研究, 2015 (1): 48 - 61.

［24］俞晓龙, 夏红芳. 我国商业银行逆周期资本缓冲模型改进［J］. 海南金融, 2013 (10): 43 - 46.

［25］张小波. 逆周期资本缓冲机制的拓展及其在中国的适用性分析［J］. 国际金融研究, 2014 (5): 71 - 79.

［26］赵静, 王海杰, 卢方元. 银行治理视角下资本监管对银行风险承担的影响研究［J］. 南京社会科学, 2017 (8): 32 - 40.

［27］中国人民银行金融稳定分析小组. 中国金融稳定报告［M］. 北京:

中国金融出版社，2014.

[28] 中国银监会课题组.《商业银行资本监管制度改革》系列报告 [R]，2010.

[29] 中国银监会课题组. 商业银行资本监管制度改革（四）：建立反周期资本监管框架 缓解新经济周期效应 [J]. 中国金融，2010（4）：75 - 77.

[30] 周小川. 金融政策对金融危机的响应——宏观审慎政策框架的形成背景、内在逻辑和主要内容 [J]. 金融研究，2011（1）：1 - 14.

[31] 朱波，卢露. 中国逆周期资本缓冲调整指标研究——基于金融脆弱时期的实证分析 [J]. 国际金融研究，2013（10）：86 - 96.

[32] 邹传伟. 对 BaselⅢ逆周期资本缓冲效果的实证分析 [J]. 金融研究，2013（5）：60 - 72.

[33] Adam Gersl, Jakub Seidler. Excessive Credit Growth and Countercyclical Capital Buffers in Basel Ⅲ: An Empirical Evidence from Central and East European Countries [J]. Economic Studies and Analysis/Acta VSFS, 2012（2）：91 - 107.

[34] Bank for International Settlements. Cycles and the Financial System [R]. 71st Annual Report, 2001：123 - 141.

[35] Bartholomew P. F., Whalen G. W.. Fundamentals of Systemic Risk, in Banking, Financial Markets and Systemic Risk. Research in Financial Services：Private and Public Policy [M]. JAI Press, 1995（7）：3 - 17.

[36] Basel Committee on Banking Supervision. Basel Ⅲ Leverage Ratio Framework and Disclosure Requirements [R]. Bank for International Settlements, 2014.

[37] Basel Committee on Banking Supervision. Capitalisation of Bank Exposures to Central Counterparties-Initial Consultative Document [R]. Bank for International Settlements, 2010.

[38] Basel Committee on Banking Supervision. Countercyclical Capital Buffer Proposal-Consultative Document [R]. Bank for International Settlements, July 2010.

[39] Basel Committee on Banking Supervision. Enhancements to the Basel Ⅱ Framework [R]. Bank for International Settlements, July 2009.

［40］ Basel Committee on Banking Supervision. Fundamental Review of the Trading Book-Consultative Document ［R］. Bank for International Settlements, 2012.

［41］ Basel Committee on Banking Supervision. Guidance for National Authorities Operating the Countercyclical Capital Buffer ［R］. Bank for International Settlements, December 2010.

［42］ Basel Committee on Banking Supervision. Revisions to the Basel Ⅱ Market Risk Framework-Final Version ［R］. Bank for International Settlements, 2009.

［43］ Basel Committee on Banking Supervision. Revisions to the Basel Securitisation Framework-consultative document ［R］. Bank for International Settlements, 2012.

［44］ Basel Committee on Banking Supervision. The non-internal Model Method for Capitalizing Counterparty Credit Risk Exposures-Consultative Document ［R］. Bank for International Settlements, 2013.

［45］ Basel Committee on Banking Supervision. The Regulatory Framework: Balancing Risk Sensitivity, Simplicity and Comparability, Discussion Paper ［R］. Bank for International Settlements, 2013.

［46］ Borio C., Furfine, P., Lowe, C.. Procyclicality of the Financial System and Financial Stability: Issues and Policy Options ［J］. Bis Papers Chapters, 2001, 6 (1): 1 – 57.

［47］ C. Pederzoll, C. TorrIcellI. CapItal Requirements and Business cycle regimes: Forward-looking Modelling of Default ProbabIlItIes ［J］. Journal of BankIng & FInance, 2005, 29 (12): 3121 – 3140.

［48］ Chen, Y. K., Ho, Y. F., Hsu, C. L.. Are Bank Capital Buffers Cyclical? Evidence of Developed and Developing Countries ［J］. Journal of Financial Studies, 2014, 22 (3): 27 – 56.

［49］ Christopher Fildes, The Spectator, 1995, August.

［50］ Drehmann M., Gambacorta L., Jimenez G., Trucharte C.. Countercyclical Capital Buffers: Exploring Options ［J］. Ssrn Electronic Journal, 2010, 317 (68): 1 – 18.

［51］E. CatarIneu-Rabell, P. Jackson, DP Tsomocos. ProcyclIcalIty and the New Basel Accord: Banks' ChoIce of Loan RatIng System ［J］. Economic Theory, 2005, 26（3）: 537 – 557.

［52］Edge, Rochelle M., Meisenzahl, Ralf R.. The Unreliability of Credit-to-GDP Ratio Gaps in Real-time: Implications for Countercyclical Capital Buffers ［R］. FEDS Working Paper, 2011.

［53］FSB. Macroprudential Policy to us and Frameworks'—Update to G20 ［R］. Finance Ministers and Central Bank Governors, Feb. 2011（2）.

［54］Furlong, F.. Capital Regulation and Bank Lending ⌊J⌋. Federal Reserve Bank of San Francisco Economic Review, 1992: 22 – 35.

［55］Gabriel Jiménez, Steven Ongena, José-Luis Peydró, Jesús Saurina. Macroprudential Policy, Countercyclical Bank Capital Buffers and Credit Supply: Evidence from the Spanish Dynamic Provisioning Experiments ［R］. National Bank of Belgium, Working Paper Research, 2012.

［56］Gerdrup, K., Kvinlog, A. B., Schaanning, E.. KeyIndicators for a Countercyclical Capital Buffer in Norway-Trends and Uncertainty ［R］. Norges Bank Staff Memo, 2013.

［57］H. P. MInsky. The Financial Instability Hypothesis ［J］. Economics WorkIng Paper ArchIve, 1992（20）.

［58］Jokivuolle, E., Kiema, I., Vesala, T.. Why do We Need Counter-cyclical Capital Requirements? ［J］. Journal of Financial Services Research, 2014, 46（8）: 55 – 76.

［59］Jokivuolle E., Pesola, J. Viren, M.. Why is Credit-to-GDP a Good Measure for Setting Countercyclical Capital Buffers? ［J］. Journal of Financial Stability, 2015, 18（4）: 117 – 126.

［60］Karsten Gerdrup, Aslak Bakke Kvinlog, Eric Schaanning. Key Indicators for a Countercyclical Capital Buffer in Norway-Trends and Uncertainty ［R］. Norges? Bank, June 2013.

［61］Kaufman G. G.. Bank Failures, Systemic Risk and Bank Regulation ［J］. The CATO Journal, 1996, 16（1）: 17 – 46.

［62］ Mathias Drehmann, Leonardo Gambacorta. The Effects of Countercyclical Capital Buffers on Bank Lending ［J］. Applied Economics Letters, 2012 （19）: 603 – 608.

［63］ Minsky H. Stabilizing an Unstable Economy ［M］. McGraw-Hill, 2008.

［64］ Paola Bongini, Luc Laeven, Giovanni Majnoni. How Good is the Market at Assessing Bank Fragility? A Horse Race between Different Indicators ［J］. Journal of Banking and Finance, 2002 （5）: 1011 – 1028.

［65］ Peek, J. and E. . Rosengren, Crunching the Recovery: Bank Capital and the Role of Bank Credit ［C］. Conference Series Proceedings, Federal Reserve Bank of Boston, 1992 （36）: 151 – 186.

［66］ Peek, J. and E. . Rosengren, The capital Crunch: Neither a Borrower nor a Lender Be ［J］. Journal of Money, Credit and Banking, 1995: 625 – 638.

［67］ R. Repullo, J. Saurina, C. Trucharte. Mitigating the Procyclicality of Basel Ⅱ ［J］. Economic Policy, 2010 （25）: 659 – 702.

［68］ R. Repullo, J. Saurina. The Countercyclical Capital Buffer of Basel Ⅲ: A Critical Assessment. CEMFI Working Paper No. 1102, 2011 （3） .

［69］ Richard F. Syron. Statement to Congress, Failure of the Rhode Island Share and Deposit Indemnity Corporation ［J］. Federal Reserve Bulletin, 1991, 77 （6）: 425 – 430.

［70］ S. Hanson, A. Kashyap, C. Stein. A Macroprudential Approach to Financial Regulation ［J］. The Journal of Economic Perspectives, 2011 （25）: 3 – 28.

［71］ Syron R. . Are We Experiencing a Credit Crunch? ［J］. New England Economic Review, 1991: 3 – 10.

［72］ Vanden Heuvel S. . Capital Adequacy, Bank Lending and Monetary Policy ［D］. Doctoral Essay, Department of Finance, University of Pennsylvania, 2001.